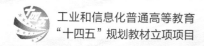

工业和信息化普通高等教育
"十四五"规划教材立项项目

高等院校
市场
营销
新形态
系列教材

U0589416

市场调查与分析

调研策划 数据挖掘 报告交付

微课版

王微微 / 主编

伍冬梅 赵娟娟 / 副主编

M ARKETING
M ANAGEMENT

人民邮电出版社
北京

图书在版编目（CIP）数据

市场调查与分析 ：微课版 ：调研策划　数据挖掘
报告交付 / 王微微主编. -- 北京 ：人民邮电出版社，
2023.6
高等院校市场营销新形态系列教材
ISBN 978-7-115-61131-4

Ⅰ. ①市… Ⅱ. ①王… Ⅲ. ①市场调查－高等学校－
教材②市场分析－高等学校－教材 Ⅳ. ①F713.52

中国国家版本馆CIP数据核字(2023)第022251号

内 容 提 要

　　本书以培养市场调查与分析职业技能为核心，以工作流程为主线组织教学内容，让读者了解市场调查的全流程，并介绍了结合互联网技术、大数据和算法进行数据挖掘的新技能。本书内容包括市场调查准备，制订市场调查方案，设计市场调查问卷，组织控制市场调查，整理、分析和挖掘市场调查资料，预测市场发展趋势，完成市场调查报告。

　　本书可作为应用型本科院校、职业院校的统计、经济管理等相关专业学生学习市场调查与分析的教材，也可以作为市场研究人员、营销人员、经营管理人员的工具书。

◆ 主　　编　王微微
　　副 主 编　伍冬梅　赵娟娟
　　责任编辑　刘向荣
　　责任印制　李　东　胡　南

◆ 人民邮电出版社出版发行　　北京市丰台区成寿寺路 11 号
　　邮编　100164　　电子邮件　315@ptpress.com.cn
　　网址　https://www.ptpress.com.cn
　　北京天宇星印刷厂印刷

◆ 开本：787×1092　1/16
　　印张：12.75　　　　　　　　　2023 年 6 月第 1 版
　　字数：371 千字　　　　　　　2025 年 1 月北京第 6 次印刷

定价：49.80 元

读者服务热线：(010)81055256　印装质量热线：(010)81055316
反盗版热线：(010)81055315
广告经营许可证：京东市监广登字 20170147 号

前 言
PREFACE

随着我国社会主义市场经济的快速发展，企业竞争日益激烈，市场信息已成为企业管理的要素之一，企业越来越认识到市场调查与分析的重要性。同时，市场调查与分析已成为许多高校经济管理类相关专业的基础课程。

本书根据应用型本科院校相关专业的教学特点，紧紧围绕由教育部、国家发展改革委、财政部 2015 年 10 月联合发布的《关于引导部分地方普通本科高校向应用型转变的指导意见》（教发〔2015〕7 号）文件精神，以工作流程为主线，重组教材知识体系，设计了九个项目，阐述了市场调查准备、制订市场调查方案、设计市场调查问卷、组织控制市场调查、整理市场调查资料、分析市场调查资料、挖掘市场调查资料、预测市场发展趋势、完成市场调查报告等内容。本书以任务驱动为导向统领教学全过程，以能力培养为本位突出实践教学，着力培养读者市场调查与分析综合应用能力，着重培养读者职业知识和职业能力。为贯彻党的二十大精神，在润物细无声中推进"立德树人"这一根本任务，本书特别突出了"职业道德素质"的培养。

具体来讲，本书有以下几个特点。

1. 基于市场调查全流程设置项目和任务

本书采用项目导向、任务驱动模式，按照市场调查流程安排本书内容，并融入相关知识点。不单独安排"抽样调查方案"和"市场调查方法"章节，而是将其融入"制订市场调查方案"和"组织控制市场调查"两个项目，更符合市场调查工作开展的流程和教学安排。

2. 增加现代市场调查分析技术内容

本书增加了现代大数据分析与挖掘技术的内容，如通过文本挖掘技术分析客户态度，应用 K-Means 聚类分析解决市场客户细分问题，应用 Logistic 回归、决策树、随机森林、神经网络解决调查资料的分类、回归以及预测等问题。本书采用 SPSS Modeler 图形化的数据挖掘工具进行数据分析，该工具简单易用。

3. 案例实践性强且新颖

本书选用的案例大多来源于企业的真实调研项目以及全国大学生市场调查与分析大赛（简称"市调大赛"）给出的企业调研命题，实践性强；部分案例还融入社会热点话题，与时俱进，引导读者关注社会发展，激发其学习兴趣。

4. 与市调大赛紧密结合

本书设有市调大赛指导模块，该模块包括相关内容的介绍和说明，实践赛各环节参赛技巧及注意事项，并且在书中融入竞赛实例，为学生参赛解惑答疑，实现"赛教融合"，达到"以赛促教、以赛促学"的目标。

5. 全方位培养学生素养

本书设计的"职业道德与营销伦理"模块，可强化学生职业道德修养和服务意识；每个任务中设计了职业技能训练，各项训练要求详细具体，保证读者调查分析过程的严谨性，培养读者的工匠精神；紧跟时代发展的案例让读者感受我国的时代发展，增强国家民族自豪感。

本书由电子科技大学成都学院王微微担任主编，负责编写提纲、统筹和定稿。电子科技大学成都学院伍冬梅和深圳市万人市场调查股份有限公司赵娟娟担任副主编。具体分工如下：王微微编写了项目一、项目三、项目四和项目八；王微微和深圳市万人市场调查股份有限公司的邓利华共同编写了项目二；伍冬梅编写了项目五～项目七；电子科技大学成都学院的向燕和深圳市万人市场调查股份有限公司的邓利华共同编写了项目九；赵娟娟根据市场调查实际工作流程，协助提炼典型工作任务，参与本书的项目和任务设计，提供企业真实案例作为编写素材，为本书的各个项目与任务编写提供咨询和建议，并对本书初稿提出修改意见。

在编写本书的过程中，编者参阅了大量有关市场调查与分析方面的文献资料，在此谨向这些文献资料的著者、编者表示衷心的感谢。由于编者水平有限，书中疏漏之处在所难免，恳请同行专家批评指正。

编　者

2023 年 2 月

目 录
CONTENTS

市场调查准备

预习思考

1. 市场调查的应用范围及类型。
2. 如何与决策者沟通、与专家沟通，从哪些方面了解营销问题。
3. 选择校园附近某一市场主体，了解其目前面临的营销问题。

任务 1.1　认识市场调查

任务描述

本任务要求学生能够通过案例分析了解市场调查的基本含义及作用，掌握市场调查的内容，培养和树立市场调查意识，进而为市场调查下一步工作奠定基础。

任务导入

农夫山泉的第一句广告语是如何诞生的

1997 年的初夏，一向重视第一手客户信息的农夫山泉董事长钟睒睒，在上海这个被选作农夫山泉第一个试销市场的宝地，亲自带队开展市场调研。他在静安寺附近一户居民家中，亲手打开农夫山泉邀他们试饮，家中的小朋友刚喝完第一口就脱口而出"有点甜！"这句话一下就击中了钟睒睒敏锐的神经，"农夫山泉有点甜！"既传递出产品的核心特质，又自然可亲；既可爱，又张力十足；既有识别度，又有穿透力；既朗朗上口，又有诗书雅韵。这句话不正是他苦苦追寻、梦寐以求的那句响亮的品牌口号吗？

但是，他深知，一个人感觉好不能代表它就真的好，只有大家都说好才是真的好，市场的反应是检验一切营销创意好坏的标准！稳健务实的作风让钟睒睒决定为这句品牌口号启动大规模的市场测试，把它和在这之前策划好的两句广告语"好水喝出健康来"和"千岛湖源头活水"（注：专门针对上海人喝的黄浦江江河尾水，上海自来水厂取水口就在黄浦江杨浦大桥边）放在一起进行对比，让消费者评判哪句口号更好，结果是：无论从整体喜好还是各项测试指标来看，"农夫山泉有点甜"都完胜其他两个选项。1998 年，农夫山泉在全国正式上市，全面启用"农夫山泉有点甜"作为主广告语，自此，农夫山泉一路高歌猛进。

市场调查在整个市场营销活动中占有重要地位。一个企业在其自身的营销活动中，需要做出各种不同的决策，如生产什么产品；某种新产品是否应开发，广告宣传如何做；如何在激烈的市场竞争中立于不败之地等。这些决策都需要通过市场调查来做出。市场调查是一项十分细致而复杂的工作，它为企业进行市场营销提供有力的依据。

任务实施流程

认识市场调查是市场调查的第一步。本任务主要从以下几个方面展开学习，如图1-1所示。

基本知识与技能

1.1.1　了解市场调查

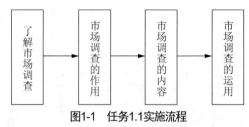

图1-1　任务1.1实施流程

1．市场调查的含义

市场调查是指运用科学的方法，有目的地、系统地搜集、记录、整理有关市场营销的信息和资料，分析市场情况，了解市场的现状及其发展趋势，为市场预测和营销决策提供客观的、正确的参考依据的活动。

2．市场调查机构

市场调查机构主要分为企业外部机构与企业内部机构。市场调查机构的具体构成情况如图1-2所示。

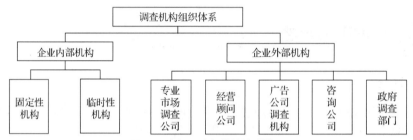

图1-2　市场调查机构的构成情况

（1）企业内部机构

① 固定性机构。企业是市场调查的主体，企业内部设有正式的市场调查机构。该机构专门负责市场调查工作，针对企业在生产经营活动中出现的问题进行调查分析，为企业发展出谋划策。

② 临时性机构。企业内部若没有明确的组织机构负责和承担市场调查工作，一旦有了某项调查任务，临时从企业其他部门抽调一些人员，如专业调查人员、经营决策人员、计划人员、供销人员、统计分析人员、财会人员等组成项目调查组，由项目调查组负责完成市场调查工作。该调查组即为临时性机构。

（2）企业外部机构

① 专业市场调查公司，是市场调查行业重要的组成部分。随着行业的不断发展，专业市场调查公司的分工越来越细，定位越来越准确，专业优势也越来越强。

② 经营顾问公司，以指导企业经营业务为主，兼办市场调查业务，其执行市场调查任务是为了更好地指导企业的经营实践，其市场调查任务可能由自己承担，也可能再委托专业市场调查公司来承担。

③ 广告公司调查机构。不是所有的广告公司都是市场调查机构，许多广告公司内不存在市场调查机构。但许多大型的广告公司为给客户提供更为有效的服务，必须对客户的营销环境和市场状况进行全面的研究，所以，公司内部设立了专门的市场调查机构，主要执行与广告相关的调查工作。

④ 咨询公司，一般由资深的专家、学者和有丰富实践经验的人员组成，为企业提供指导性建议，

即充当顾问。咨询公司的调查主要是定性调查，主要以自身的经验和能力来提供咨询。

⑤ 政府调查部门，是指国家、省、市级的统计部门、审计和工商行政管理部门等所设的调查机构。各专业管理机构和委员会所属的调查部门等也都可以归属为专业的市场调查主体。随着政府机构的功能转换，信息服务的功能越来越重要，政府机构下设的调查部门的地位也越发重要。

从某种意义上说，大专院校、研究部门以及学术团体等也可以被认为是市场调查的专业机构。

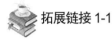 **拓展链接 1-1**

没有调查就没有发言权

某些人在研究社会科学时不深入实际开展调查，不获取第一手资料，而往往从"本本"出发，过度注重引经据典和依托文献、数据库等二手资料进行分析，得出的结论大多也是脱离实际的。这样的研究，不仅浪费了研究者自身的光阴，还浪费了组织或机构的财力、人力等资源。各单位和基层组织要积极支持相关人员开展调查，与时俱进，将调查与亲身体验、案例剖析、统计分析等多种方法有机地结合起来，提高调查的科学性和效率。只有这样，我们的社会科学研究才能得出正确的结论，才能更加有效地指导经济社会实践。

1.1.2 市场调查的作用

课堂活动 1

讨论市场调查的
作用和局限

经过深入了解和学习，我们发现，市场调查活动可以在企业和企业生产经营活动中发挥以下作用。

1. 帮助企业发现市场机会

激烈的市场竞争给企业进入市场带来困难，同时也为企业创造了许多的机会。企业通过市场调查，可以确定产品的潜在市场需求和销售量，了解顾客的意见、态度、消费倾向、购买行为等，据此进行市场细分，进而确定其目标市场，分析市场的销售形势和竞争态势，从而发现市场机会、确定企业发展方向。

2. 为企业经营决策提供参考

任何一个企业想要更好地发展就必须对市场情况进行充分的了解，只有充分了解后才能有针对性地制定市场营销策略。在企业中，管理部门和有关人员制定产品策略、价格策略、分销策略、广告和促销策略时，需考虑多种问题，如产品在哪个市场需求量大，产品应该如何定价，如何提高产品的销量，等等。这些问题都需要通过具体的市场调查与分析来得到解决。如果决策者盲目地决策，可能会导致企业损失巨大。

3. 提高企业竞争力

由于社会生产发展和科技水平的提高，市场的竞争日益激烈。企业为了提高产品的市场竞争力，需要通过市场调查全面且及时地了解市场和环境的变化。

4. 为企业制定营销组合策略提供依据

市场的情况错综复杂，瞬息万变，一个企业要想长久地立足于市场，在激烈的竞争中顺利发展，需要随时了解并掌握市场状况及竞争对手的情况。大量、系统、准确的调查活动，可以帮助企业及时知晓企业所处的市场状况、产品的市场占有率、产品的供求状况等非常重要的信息，为企业制定产品、价格、分销和促销营销组合策略提供依据。

5. 为预测市场发展提供基础

每个企业在进行当前营销的同时，还要注重对未来市场的研究，了解和分析市场未来的发展趋势，抓住新的发展契机。在市场调查基础上进行的市场预测，能为企业的发展提供更为广阔的空间。

6. 提升企业经济效益

通过大量的市场调查，企业可以及时了解产品的发展变化趋势，掌握相关产品的供求情况和顾客的需求等，据此制订适当的营销计划，组织生产适销对路的产品，使企业的竞争力不断增强，企业经济效益不断提升。

1.1.3　市场调查的内容

1. 市场环境调查

市场环境主要包括经济环境、政治环境、社会文化环境、科学环境和自然地理环境等。具体的调查内容可以是市场的购买力水平，经济结构，国家的方针、政策和法律法规，风俗习惯，科学发展动态，气候等各种影响市场营销的因素。

2. 市场需求调查

市场需求调查主要包括消费者需求量调查、消费者收入调查、消费结构调查、消费者行为调查，如消费者购买原因、购买对象、购买数量、购买频率、购买时间、购买方式、购买习惯、购买偏好和购买后的评价等。

3. 市场供给调查

市场供给调查主要包括产品生产能力调查、产品实体调查等，如某一产品市场可以提供的产品数量、质量、功能、型号、品牌等，生产供应企业的情况等。

4. 市场营销因素调查

市场营销因素调查主要包括产品、价格、渠道和促销的调查。产品调查的内容主要有了解市场上新产品开发与设计的情况、消费者使用的情况、消费者的评价、产品生命周期阶段、产品的组合情况等。价格调查的内容主要有了解消费者对价格的接受情况、对价格策略的反应等。渠道调查的内容主要包括了解渠道的结构、中间商的情况、消费者对中间商的满意度等。促销调查的内容主要包括各种促销活动的效果，如广告实施的效果、人员推销的效果、营业推广的效果和对外宣传的市场反应等。

5. 市场竞争情况调查

市场竞争情况调查主要包括对竞争企业的调查，包括了解同类企业的产品、价格等方面的情况，同类企业采取的竞争手段和策略等。

1.1.4　市场调查的运用

市场调查适用于研究企业内部问题、外部环境变化，消费者心理与购买行为，消费者满意度，企业推广形象、知名度，零售和促销活动、广告宣传与效果，网络营销活动，国际市场等方面。

例如，电信在农村市场推广战略的成功就源于对市场调查的灵活应用。一直以来，三大运营商之间的竞争十分激烈。移动的信号好，覆盖范围广，用户基数大；联通的网速快；电信的信号稳定，资费优惠多。凭借早期的信号优势，移动在农村市场占据较大的市场份额。通过市场调查，电信发现，在农村，人们使用移动套餐的同时，在观看电视的时候，还要缴纳收视费，两者加起来是一笔不小的费用，而联通在农村市场占据的市场份额较小。于是，电信通过建立基站，实现良好的信号覆盖，接着推出绑定的营销政策：使用电信手机号码的用户可免费获赠电信宽带，用户观看高清网络电视，再免费接入光纤宽带。电信将免费看高清网络电视、光纤宽带和手机话费都绑在一个套餐中，再附赠优惠的活动，使很多老百姓在选择电信卡的同时，可免费看高清网络电视，还可以接入光纤宽带……以上策略为电信带来了大量用户。电信的市场调查运用，值得我们学习与借鉴。

此外，在实际工作中，某些成功的企业家善于把握市场机遇，就源于科学的市场调查。一旦掌握了信息，就有机会识别机遇。企业的管理人员在进行决策时，需要了解企业自身、消费者以及竞争对手等多方面的信息，通过实际的市场调查，可以获取相关的信息为决策提供依据。否则，企业的管理人员很可能做出脱离实际的决策，导致挫折、失败和损失。

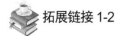 **拓展链接 1-2**

了解全国大学生市场调查与分析大赛

全国大学生市场调查与分析大赛（以下简称"市调大赛"）由中国商业统计学会创办于 2010 年，现已连续举办 12 届，累计有 4 500 多校（次），55 万多人参赛。2019—2022 年，市调大赛连续四年入选《全国普通高校学科竞赛榜单》，是全国一流的公益性专业品牌赛事，也是学术引领、政府支持、企业认可、海峡两岸暨港澳高度联动的多方协同育人平台大赛详情可关注其官网与公众号。

 同步实务

1. 山江集团市场部业务员小赵，由于工作出色，被公司提拔为销售团队负责人，被指派到新的市场区域开拓市场，他该从什么地方做起呢？
2. 商学院的小王刚刚毕业，回到老家，准备自己创业大干一番，他首先要做什么准备工作呢？
3. 某手机进入中国市场，短时间内就销售火爆，供不应求。该手机公司想知道，购买和使用手机的消费群体是谁。
4. 复兴集团准备布局教育事业，该选在哪个地区投资什么样的学校呢？

业务分析：

1. 面对新的市场，小赵需要从市场调查入手，了解市场、产品、下游客户、消费者、竞争对手、行情等。
2. 创业需要勇气，更需要市场调查。小王可先通过市场调查了解市场的需求，再结合自身条件等寻求适合自己的创业方式。
3. 该公司可针对现有消费者特征进行市场调查。
4. 该集团可针对投资环境、投资风险和收益进行市场调查。

业务程序：

第一，了解面对的情况，思考应该如何应对；第二，找出解决问题的思路（可借助市场调查）；第三，应用市场调查。

说明： 该实务练习主要是让学生明白，无论是工作、消费还是投资，都离不开市场调查。

 职业技能训练

训练主题： 面对复杂的市场环境，利用市场调查解决问题。

训练要求： 要求学生树立市场调查意识，能针对现实复杂的情况，迅速开展市场调查活动。

训练内容： 挑选校园内外某经营主体或创业项目。

主要准备：

（1）知识准备，自学市场营销学的相关理论和实践知识。

（2）组织准备，教师提前布置训练任务并分组，推选或指定组长，组长负责本小组成员的活动安排。

操作步骤：

（1）小组讨论需要了解该经营主体或创业项目的哪些信息。

（2）小组讨论开展调查的思路和流程。

成果形式： 用思维导图软件画出调查流程。

任务 1.2　明确市场调查意图

任务描述

本任务要求学生能够掌握市场调查意图的确定步骤，进而为市场调查下一步工作奠定基础。

任务导入

××品牌洗发水的产品策略研究

A公司是国际知名的日用化工品公司，其所生产的A牌洗发水曾经深受国内用户喜爱。但是，一方面，该产品的配方已经陈旧，市场表现显示也很难进一步扩大市场份额；另一方面，竞争对手的产品对A公司的威胁越来越大。公司决策层认为，必须果断采取措施，推出新产品，取代旧产品，以改变这种不利局面。而令决策层犹豫不决的是，毕竟旧产品还有一定的市场，而新产品能否为消费者接受还很难断定，如果淘汰旧产品，而新产品又不能让消费者满意，就等于拱手把既有的消费者送给了竞争对手。更令高层担心的是：新产品较竞争对手的产品而言是否具有竞争优势？为给这些问题找到明确的答案，A公司要求市场调查部进行产品测试。测试内容为：新产品是否能为旧产品的消费者认同，从而替代旧产品；新产品较竞争对手的产品而言，是否具有竞争优势。

市场调查部将这一项目分解为两个部分测试，分别抽取两批样本进行测试：一是新产品是否能够留住原有消费者测试，这部分测试主要在××产品的原有消费者中进行；二是在一般消费者中，新产品较竞争对手的产品是否具有竞争力的测试，这部分测试在目标市场中进行。在对市场进行初步了解的基础上，A公司决策层经过充分沟通，确定了三个新产品进入第二部分的测试。

由于测试涉及多个产品，不同的测试顺序会对结果产生较大影响，为了避免这种影响，必须保证测试顺序的随机性。但是鉴于洗发水产品的特殊性，只能采取留置测试，这又使访问员的控制力变弱。为此，市场调查部采用动态平衡技术与特殊的留置容器，保证了测试顺序的随机性，消除了测试顺序性误差。最终，市场调查部提出了保留旧产品，力推新产品的市场策略，受到了A公司决策层的认可。其后A公司产品的市场表现证明了市场调查部研究的科学性。

企业针对不同的市场调查意图会采用不同的调查方式与方法，只有明确了市场调查意图，才清楚应该如何设计调查方案，从而收集有价值的信息，为决策提供科学的参考。由此可见，有明确的调查意图对后续市场调查的顺利开展至关重要。

任务实施流程

明确市场调查意图是市场调查的重要步骤，本任务主要从以下几个方面展开学习，如图1-3所示。

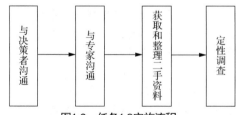

图1-3　任务1.2实施流程

基本知识与技能

一个企业需要进行市场调查往往是由于市场上出现了直接影响企业营销活动的问题；或者感觉已有的营销策略需要改进；或者想通过市场调查达到主要的销售目标，获取竞争优势。

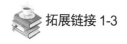拓展链接 1-3

明确市场调查的意图，确定调查目标

某公司发现其产品销售量已连续下降 6 个月，管理者想知道原因：是因为广告效果不好，消费者偏好转变，还是代理商推销不力？市场调查者应先明确市场调查的意图，然后找出问题并进一步做出假设、提出调查目标。假如调查人员认为上述问题是消费者偏好转变导致的，再进一步分析，提出若干假设，如消费者认为该公司产品设计落伍、竞争者的广告设计较佳等。

为了明确市场调查意图，我们可以进行以下操作。

1.2.1　与决策者沟通

我们在接受企业委托进行市场调查时，首先需要让企业的决策者理解市场调查的重要作用，使他们能够坚定支持我们的工作，同时，也要让他们了解市场调查工作过程及结论的局限性。市场调查可以提供与管理决策相关的信息，但并不能提供解决问题的办法，企业决策者需要结合实践找到办法。作为市场调查活动的操作者，我们也需要了解从决策者角度来看，企业究竟面临着什么样的问题，并从中获得有利于确定调查目标的信息。

1. 尽快与直接相关决策者沟通

为了发现管理问题，调查人员必须擅长和决策者沟通。但在一些情况下这种沟通变得非常困难，如较难见到决策者。在我国，由于市场调查的重要性并非人人皆知，因而一些企业内部的调查部门在本单位的地位较低，这决定了在调查的初期阶段调查人员接近关键的决策者非常困难。当然，如果企业聘请专业调查公司，情况或许好一些，但依然得讲究方式方法，调查人员应尽快与企业决策者进行沟通。另外，一个企业可能有不止一位关键决策者，无论是单独见面还是集体见面都可能有困难。调查人员应该根据企业面临的问题，有意识地选择与直接相关的决策者见面，进行访谈。

2. 与决策者共同分析问题

与决策者共同分析问题是为了发现营销问题的实质和产生的原因，以进行全面综合检查。与决策者共同分析的问题主要包括以下内容。

（1）导致企业必须采取行动、改变决策的事件，或者问题的演变过程。例如，企业某产品在短期内市场份额急剧下降。

（2）针对问题，分析最可能的影响因素，以及决策者可以选择的不同措施。这些措施包括近期措施和长远措施。例如，对于产品市场份额短期大幅下降的问题，主要原因是"产品陈旧""价格过高""消费者偏好发生转移"，还是"广告不新颖"等。

（3）企业决策者希望的市场情况是什么。

（4）评价有关新措施的不同选择标准。例如，对生产新的产品，可以用销售额、市场份额、盈利性、投资回报等标准进行评价。

（5）与制定新措施有关的企业文化。了解企业文化有利于市场调查工作的组织与实施、调查结论的提交。

3. 与决策者沟通交流的注意事项

（1）调查人员与决策者自由地交换意见在调查活动中是非常必要的，双方应相互合作、相互信任。

（2）市场调查是一项群体活动，在调查人员与企业决策者接触时，双方必须坦诚，开诚布公，不应该有任何隐瞒。

（3）调查人员与决策者的关系必须友善、密切。调查人员应与决策者保持持续的沟通，而非偶

尔的沟通。

（4）专业调查人员与决策者的沟通应具有创新性，而不能模式化。

1.2.2　与专家沟通

调查人员在了解市场调查问题并与决策者沟通后，紧接着就应该与对企业和产品制造非常熟悉的产业（行业）专家进行沟通。

这里所称的专家包括委托企业内部的专家和外部的专家。在进行沟通的时候，调查人员一定要全神贯注。对于这些专家的观点，调查人员可以通过交谈获得，无须专门制作正式的调查问卷。

1. 列出访谈提纲

在与专家见面之前，调查人员应该事先针对访谈内容列一个提纲，但是会见时无须严格按照提纲进行，可以灵活调整，只要达到沟通的目的即可。和专家沟通，只是为了了解调查问题，很难马上找到解决问题的方法。

2. 甄别专家

在市场调查中，有些专家自称自己有足够的知识、经验并愿意积极地参与，但他们未必对你调查的内容有足够的认识。例如，某策划公司在东北地区做一个关于下岗工人再就业的调查，与多位专家沟通后并未获得有价值的信息。后来一个报社的专栏记者为该公司提供了很好的调查思路和重要信息。

所以，在与专家沟通前，应该事先对专家的行业背景进行调查，做到心中有数。此外，由于调查需要，调查人员还有可能向企业以外的专家求助，这时操作起来就比较困难，因此，必须通过他人介绍或其他公关活动，与专家取得联系。

1.2.3　获取和整理二手资料

二手资料是指一些调查人员已经根据特定调查目的收集、整理过的各种现成资料，又称次级资料，如我们经常见到的报纸、期刊、经济或统计年鉴、文件、数据库、报（统计）表等。获取和整理二手资料的常用方法为文案调查法。文案调查法又称间接调查法，是指围绕一定的调查目的，通过查看、检索、阅读、购买、复制等手段，收集并整理企业内部和外部现有的各种信息、情报资料，对调查内容进行分析研究的一种调查方法。

二手资料对界定调查问题非常重要。通常情况下，获取、整理二手资料是市场调查活动的开始，在此基础上，调查人员才进行原始资料的收集。尽管通过获取、整理二手资料很难获取特定调查问题的全部答案，但二手资料在很多方面都是有用的。

1. 明确资料来源

调查人员应该首先围绕调查目的确定所需资料范围。所考虑的资料范围越广，越有可能涵盖所有的资料来源，资料主题的认定也就越准确。资料范围确定以后，调查人员就可以开始资料收集工作。一般情况下，首先会假设所需收集的资料都是存在的，尽管可能收集不到直接佐证调查目的的二手资料，但是通过有效的索引、目录或其他工具，可以划定资料来源范围。这时，调查人员就可以全神贯注地查找能够协助自己取得所需资料的各种辅助工具，包括书籍、期刊、官方文献资料的目录、索引、新闻报道等，从一般线索到特殊线索。

2. 收集资料

资料的来源渠道逐渐清晰后，调查人员就可以着手资料的收集工作。在收集资料时，遵循先易后难的原则，二手资料的收集可以按以下程序进行。

首先，查找内部资料。专业的调查人员一般先从内部资料获取信息，因为这些资料就在附近，收集成本较低，与此同时，内部资料对外部资料的查找也会提供方向性的帮助。

其次，查找外部资料。在内部资料的收集过程中，调查人员可能会发现收集工作面临困境，如资料不完整、利用价值低、涵盖面有限等，这就需要借助外部资料来满足资料收集要求。这时可以去图书馆或一些专业资料室，根据调查的主题和项目，利用图书资料索引收集资料。也可以在互联网上进行资料搜索，利用网络搜索引擎，输入关键字，就能获取网上公开的信息，然后从中挑选使用。

再次，访问查找。在内部资料、外部资料查找过程中，有时候发现有些资料具有较强的时效性、专业性和科学性，甚至有些资料整体保密性较强。这时调查人员首先应该考虑替代资料，如果替代资料不易获取或者获取成本较高，就需要进一步地访问这些资料的来源地，如企业协会和统计机关。一般情况下，经过良好沟通，说明调查目的，遵循保密原则，调查人员可以从这些地方获取可信赖的资料。

最后，购买资料。如果通过以上措施所获得的二手资料还不能满足调查的需要，调查人员还可以购买面向社会公开发行的资料，如许多经济年鉴、统计年鉴、地方志、企业名录等。

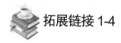

拓展链接 1-4

资料的收集方法

参考文献查找法。参考文献查找法是指利用有关论文、著作、报告以及相关的书籍等末尾所列出的参考文献的目录，或文中涉及的文献资料，进行文献资料查找的办法。

手工检索查找法。手工检索查找法是指运用适当的检索工具进行资料查找的一种方法。这些检索工具有目录（如产品目录、企业目录、行业目录等）、索引、文摘。在实践查询中，除了使用检索工具，还可以按照作者名称、资料名称、资料排序、资料内容等内容进行查询。

计算机网络检索。计算机网络检索是指利用计算机设备和互联网查询、获取资料的方法。计算机网络检索方便、快速、费用低、信息量大、效率高，可以打破获取资料的时空限制，能提供完善、可靠的信息。随着互联网的逐渐普及，这种方法已被广泛应用。

情报互联网检索。情报互联网是指企业在某一范围内所设立的情报网络，用来收集市场情报、竞争情报、技术经济情报等。一般情况下，企业在重点市场上会设立比较固定的情报点，由专人负责或营销人员兼职。例如，知名跨国汽车企业在我国的北京、上海和广州这些汽车消费一线城市都设有代表处，这些代表处就兼有情报信息搜寻的职能。

3. **整理资料**

在实际调查中，二手资料种类繁多，对其整理是事关二手资料能否被充分利用的一项重要工作。对这个环节的工作有以下基本要求：围绕调查的目的和内容，根据资料来源，从众多资料中将对调查目的有价值的资料选取出来，去除那些不确切、有局限性的资料。值得注意的是，对于一些关键资料一定要多方考证，以证明其翔实无误。

1.2.4　定性调查

在有些情况下，根据从决策者、产业专家处获得的信息以及收集的二手资料仍不足以清楚确定市场调查问题。这时，我们可以采取定性调查的方法来了解问题及相关的潜在因素。定性调查没有固定格式，具有一定探索性，主要用来发现问题，寻找机会，解决"可以做什么"的问题。这种调查方法以少量样本为基础，经常采用的调查手段包括：召开小型座谈会或专家座谈会，让大家畅所欲言；与被调查者进行语言沟通（询问被调查者对刺激性语言的第一反应）以及深层次会见（面对面地会见以详细了解被调查者的想法）等；有时也采用其他探索性调查手段，如对少量被调查者进行实验性调查，尽管在这个阶段进行的调查并不正式，但能提供很有价值的信息。

将从定性调查中获得的信息，同与决策者的交谈、与产业专家会见以及对二手资料的分析相结合，调查人员就能够充分了解问题，最终明确市场调查的意图。

课堂活动2

模拟表演与决策者沟通

同步实务

A 公司制造其产品多年，经营十分顺利，营业额节节攀升，收益率尚佳。但是随着市场国际化、消费习惯多元化，该公司在既有产业的市场竞争上节节败退，加上现存经营包袱颇重，经营上的压力上升，该公司除积极地进行总体经营体制改善以增强市场竞争力外，更积极寻求公司经营多元化，为公司寻找发展新契机。

在众多多元化计划中，几经筛选之后，公司将"土地有效开发利用"列为优先计划。

公司现欲了解市场调查问题，以便开展市场调查为公司决策服务。

业务分析：市场调查人员经与决策者沟通、与专家沟通及分析了解公司本身及环境条件得知，土地有效开发的途径很多，如土地出售、兴建大楼出售、发展游乐产业、兴建大型购物中心等。该公司在某大都会区附近拥有的大量土地已列入都市计划，现在该公司决策者决定在该土地上修建"大型购物中心"，原因如下。第一，适应消费习惯多元化；第二，营业行为可产生可观的现金流量，增强该公司营运周转能力；第三，继续拥有土地所有权，以获得土地增值之利。在做最后经营决定之前，该公司决定进行一次市场调查，以帮助最高决策者做最后决策。

调查人员通过了解市场调查问题，确定管理决策课题为"大型购物中心要如何经营"。

业务程序：第一，与决策者沟通；第二，与专家沟通。

业务说明：该业务主要是通过与决策者、专家沟通，确定企业市场调查的意图。

职业技能训练

训练主题：培养了解市场调查意图的技能。

训练要求：要求学生熟悉与决策者沟通的技巧及注意事项，了解与专家沟通、二手资料调查和定性调查等途径，从而掌握明确市场调查意图的基本技能。

训练内容：为所挑选的校园内外某经营主体明确市场调查意图。

主要准备：

（1）知识准备，掌握明确市场调查意图的流程和技巧。

（2）组织准备，教师提前布置训练任务，组长负责本小组成员的活动安排。

操作步骤：

第一步：找经营主体决策者进行沟通。

第二步：找合适的专家进行沟通。

第三步：获取、整理二手资料。

第四步：开展定性调查。

第五步：撰写《××经营主体市场调查意图分析报告》。

成果形式：《××经营主体市场调查意图分析报告》。

任务1.3 了解营销调查问题背景

任务描述

本任务要求学生能够通过了解企业的环境条件和企业的自身条件等营销调查问题的背景，找到对营销调研产生影响的各种因素。

任务导入

为什么要了解营销调查问题背景?

通过前述工作,我们已经可以初步了解企业所面临的"营销问题"。这时,也不要急于开始正式的市场调查工作,还需要对问题做进一步了解,以利于确切地界定市场调查目标。

如果你是一家专业公司的市场调查人员,你应该了解这些问题出现的背景,这样,你才能够在分析相关因素的基础上,进一步明确市场调查目标。

为了了解营销调查问题的背景,调查人员必须首先了解客户的公司和产业,尤其应该分析对界定调查问题会产生影响的各种因素。这些因素限定了营销调查问题的环境内容,主要包括:有关客户公司和产业的历史资料以及前景预测、公司的资源及各种限制、决策者的目标、购买者的行为、法律环境、经济环境,以及公司营销手段和生产技术等。

任务实施流程

了解营销调查问题的背景才能明确市场调查目标,本任务主要从以下两个方面展开学习,如图1-4所示。

图1-4 任务1.3实施流程

基本知识与技能

1.3.1 了解企业的环境条件

1. 了解消费者行为

消费者行为是企业环境条件的一个重要组成部分。在大多数的营销决策中,问题都会回到预测消费者对营销者具体行为的反应上。理解潜在的消费者行为对理解市场调查问题非常有用,预测消费者行为应考虑以下因素。

(1)消费者和非消费者的人数及地域分布。

(2)消费者人口统计变量和心理特征。

(3)产品消费习惯以及相关种类产品的消费。

(4)传播媒体对消费行为以及对产品改进的反应。

(5)消费者对价格的敏感性。

(6)零售店的主要光顾人群。

(7)消费者的优先选择。

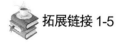拓展链接 1-5

消费者人口统计变量

消费者人口统计变量是指被调查的消费者的一些主要特征。被调查者往往对人口统计变量部分的问题比较敏感,但这些问题与研究目的密切相关,必不可少。例如,在消费者调查中,主要特征包括消费者的性别、年龄、婚姻状况、家庭的类型与人口数、文化程度、职业、经济情况、单位的性质、单位的规模、所处行业、所在地等,具体内容要依据研究者先前的分析设计而定。又如,在企业调查中,主要特征包括企业名称、企业类型、所有制性质、商品销售额、利润总额、职工人数等。了解清楚这些问题后，调查人员可以对调查资料进行分组、分类，以方便后期的分析。

2. 了解法律环境

法律环境包括公共政策、法律等。重要的法律领域包括专利、商标、特许使用权、交易合同、税收等，法律环境对营销有影响。法律环境对界定营销调查问题有重要作用。

3. 了解经济环境

经济环境，包括购买力、收入总额、可支配收入、价格、储蓄以及经济的总体状况。经济的总体状况（快速增长、缓慢增长、衰退和滞胀）会对企业信用交易以及消费者购买昂贵产品的意愿产生影响，因此，经济环境对市场营销问题的潜在影响也是巨大的。

4. 了解营销能力和科技环境

企业营销方案每一组成部分涉及的知识、科技环境会对市场调查项目的性质和范围产生影响。科技环境包括本国、目标市场国和国际的科技发展水平。例如，开发一项技术产品，如果没有相关的制造技术和推销手段，就根本无法做到。通过对企业原有营销知识及技术手段的了解，我们可以从中找到一部分确定市场调查问题的依据。

一个企业的营销能力以及技术手段会影响它的营销项目和战略实施。从更大范围说，技术环境的其他组成部分也应被考虑在内。技术的进步，如计算机的持续发展，对营销调查产生了深刻的影响。例如，计算机的结账系统，使超级市场经营者能够记录每天消费者对产品的需求，并能向调查人员随时提供相关的数据。这样，零售的信息就能随时获得，不仅包括本公司品牌信息，还包括其他竞争品牌信息。数据收集的快速性和精确性使调查人员能够对复杂的问题，如改进产品所带来的市场份额的每日变化，进行调查研究。

在对营销调查问题的环境内容有了充分的了解之后，调查人员就能够识别管理决策问题和营销调查问题了。

 拓展链接 1-6

管理决策问题和营销调查问题的区别

管理决策问题用于判断决策者需要做什么，而营销调查问题则用于判断需要获得什么信息以及如何最好地取得。营销调查能为做出好的决策提供必要的信息。具体而言，管理决策问题是行动导向型的，与之相关的是决策者将可能采取的行动，又应如何夺回已丢失的市场份额？是否应对市场进行另外的分割？是否应开发一种新的产品？是否应增加改进产品的预算？

相反，营销调查问题是信息导向型的。它包括判断需要获得什么信息，以及如何获得最大效益和最高效率。例如，对于具体产品销售市场份额下降的情况，管理决策问题是如何恢复市场份额，可供选择的行动方案包括改进现有产品、开发新产品、改变营销方案，以及细分市场等。假设决策者和营销者都认为问题的根源在于对市场的细分不合适，因此希望借营销调查来提供与此相关的信息。这样一来，营销调查问题就成为发现和评价不同的细分市场依据的问题。

1.3.2　了解企业的自身条件

1. 了解企业历史资料和发展趋势

了解与企业的销售量、市场份额、盈利情况、目标人群特征等有关的历史资料及发展趋势，调查人员能够了解潜在的营销问题，这一方面的资料分析应该在产业和企业的层次上进行。例如，一个企业的销售额下降的同时整个产业的销售额上升，这和整个产业销售额同时下降是完全不同的问题。历史资料和发展趋势预测对揭示潜在的问题和机遇很有价值，尤其在企业资源有限和面临其他限制条件时。

2. 了解企业的各种资源和调查面临的限制条件

专业的调查公司或调查人员，如果想正确地了解市场调查问题，必须考虑企业可以利用的资源（如调查技术），以及面临的限制条件（如成本和时间）。任何调查方案都必须考虑经费支持的限度。

3. 分析企业的目标

企业目标有时比较抽象，对它的描述常常是笼统而不准确的，如"改善企业的形象""增强企业的竞争力"等。调查人员必须有能力把笼统的目标分解，找出具体调查目标。一个经常使用的方法就是当面告诉决策者各种可行的调查目标，然后问决策者是否愿意采取某种调查目标，如果决策者不愿意，就进一步寻找新的调查目标，使调查服务于企业目标和决策的需要。

课堂活动3

讨论新产品的营销问题

 **同步实务**

某啤酒企业在2年内销量下降5%，其之前每年的销量为800万吨，下降5%，就少了40万吨。现企业欲了解企业营销问题的背景。

业务分析： 要了解造成企业销量下降的营销问题背景，需要了解企业所处的环境条件和企业自身的条件。

业务程序： 第一，分析影响调查的环境条件；第二，分析影响调查的企业自身条件。

业务说明： 该业务主要是通过分析营销问题的背景，寻找具有行动潜能的原因。在研究啤酒行业后发现，整个啤酒行业的销量都在下滑，唯独高端啤酒销量增长5.6%。解决方法：调整产品策略，增加高端啤酒的产品线。

 职业技能训练

训练主题： 培养了解营销问题背景的技能。

训练要求： 要求学生找出影响营销调查的企业环境条件和企业自身条件，掌握了解营销调查问题背景的基本技能。

训练内容： 找到影响营销调查问题的各种条件。

主要准备：

（1）知识准备，掌握了解市场调查问题的知识。

（2）组织准备，教师提前布置训练任务，组长负责本小组成员的活动安排。

操作步骤：

第一步：讨论并找出可能影响营销调查问题的企业环境条件。

第二步：讨论并找出可能影响营销调查问题的企业自身条件。

第三步：分析各类条件。

第四步：找出最主要的影响营销调查问题的条件。

第五步：撰写《××经营主体营销问题背景分析报告》。

成果形式：《××经营主体营销问题背景分析报告》。

 **任务1.4 确定市场调查目标**

 **任务描述**

本任务要求学生能够运用所学的确定市场调查目标的相关知识，根据企业中的调查问题确定市

场调查目标类型及内容，把管理决策问题转化为具体的市场调查目标。

任务导入

市场调查目标的错误界定

在一项为某消费品公司进行的调查中，管理决策问题是"如何应对某竞争对手发动的降价行动"。由此，公司市场人员确定的市场调查目标为：相应减价以应对该竞争对手制定的价格；维持原价但加大广告力度；适当减价，不必与竞争对手相适应，但适当增加广告量。事实证明，以上述调查目标为中心的调查，并没有给公司带来令人满意的结果。后来公司请调查专家展开专业调查，才真正改变了公司的面貌。首先，调查专家将管理决策问题确定为"如何提高市场占有率，增加系列产品的利润"，因此调查目标就确定为"影响消费者评价产品的主要因素"。定性调查结果表明：在双盲试验中，消费者并不能区分不同品牌的产品，而且，消费者将价格看作决定产品质量的一个因素。这些发现就引出了另一个有创造性的备选行动路线：提高现有品牌价格的同时引进两个新品牌，一个品牌的价格与竞争对手相适应，另一个品牌的价格降得更低些。

在该公司的调查中，起初的调查目标直接定成了备选行动的目标，而这些备选的行动可能都不会成功。后来公司向专家咨询，重新界定市场调查目标，将调查目标确定为"影响消费者评价产品的主要因素"。调查目标既不过于空泛，又不过于狭窄，并且定性调查使所要调研的目标更加清晰、准确。

任务实施流程

确定市场调查目标是市场调查流程中一个相当重要的环节，本任务主要从以下几个方面展开学习，如图1-5所示。

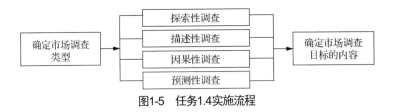

图1-5　任务1.4实施流程

基本知识与技能

市场调查目标的确定是一个从抽象到具体、从一般到特殊的过程。调查者首先应限定调查的范围，找出企业最需要了解和解决的问题；然后分析现有的与调查问题有关的资料，如企业销售记录、市场价格变化等；在此基础上明确本次调查需要重点收集的资料，最后写出调查目标和问题的说明。

1.4.1　确定市场调查类型

根据市场调查的目的和深度不同，市场调查可以分为四种类型：探索性调查、描述性调查、因果性调查、预测性调查。

1. 探索性调查

探索性调查是为了使问题更明确而进行的小规模调查活动。这种调查特别有助于把一个大而模糊的问题表达为小而准确的子问题，并识别出需要进一步调查的信息。例如，某公司的市场份额去年下降了，公司无法查知原因，就可用探索性调查来发现问题：是因为广告支出减少、销售代理效率低，还是消费者的习惯改变了？探索性调查常用的方法有：小样本调查、专家咨询、座谈会、个人访谈、二手资料分析等。

2. 描述性调查

描述性调查是寻求对"是谁""什么事情""什么时候""什么地点"这样一些问题的回答的调查活动。它可以描述不同消费群体在需要、态度、行为等方面的差异。描述的结果尽管不能对"为什么"给出答案，但也可用作解决营销问题所需的信息。例如，某商店了解到该店67%的顾客是年龄在18～44岁的妇女，她们经常带着家人、朋友一起来购物。这种描述性调查提供了重要的决策信息，使商店特别重视面向妇女开展促销活动。

描述性调查主要利用二手资料及定量调查法等来收集数据。

3. 因果性调查

因果性调查是调查一个因素的改变是否引起另一个因素改变的研究活动，目的是识别变量之间的因果关系。例如，调查价格、包装及广告费用等对销售额是否有影响，就属于因果性调查。

4. 预测性调查

预测性调查是指专门为了预测未来一定时期内某一环节因素的变动趋势及其对企业市场营销活动的影响而进行的市场调查。例如，市场上顾客对某种产品的需求量变化趋势研究、某产品供给量的变化趋势研究等，就属于预测性调查。这类调查的结果就是对事物未来发展变化的一个预测。

上述四种不同的调查类型也不是完全独立的。有时，一个调查项目需要将不同类型的调查结合起来，而如何结合取决于调查问题的性质。

1.4.2　确定市场调查目标的内容

确定市场调查目标涉及管理决策课题和具体的市场调查目标这两个层面的内容。管理决策课题是指企业在经营管理中所面临的问题，主要回答决策者需要做什么，是行动导向型的。与之相关的是决策者将可能采取的行动。例如，"应如何进一步提高市场占有率""是否向市场推出新产品""是否需要利用广告进行促销"等。

具体的市场调查目标是信息导向型的，它包括判断需要获得什么信息、如何有效地获取信息，以及如何获得最大效益和最高效率。在实际中，只有确认好管理决策课题，才能获得具体的市场调查目标。市场调查人员应该经过科学的步骤，首先对管理决策课题有比较清楚的了解，在此基础上，将管理决策课题转化为具体的市场调查目标。

例如，

管理决策课题1：应该推出新产品吗？

管理决策课题2：是否改变广告活动？

管理决策课题3：是否提高某牌号产品的价格？

将上述经营管理决策课题转化为市场调查目标则分别如下。

市场调查目标1：确认顾客对计划推出的新产品的偏好和购买意愿。

市场调查目标2：确定现行广告活动的效果。

市场调查目标3：确定该产品不同价格水平对销售和利润的影响。

在转化的过程中要避免两种错误。其一是市场调查目标定得过于空泛。在实践中，确定市场调查目标时，有的调查人员生怕漏掉什么，常常将目标定得太宽泛，如调查企业的竞争能力、了解企业的形象、研究品牌的营销策略等。这些目标由于不够具体，因而无法提示解决问题的途径或方案设计的途径，以至于不能为整体调查提供清晰的指导。其二是市场调查目标定得过于狭窄。在实践中，有的调查人员将调查目标定得太窄，这可能限制调查人员的视角，妨碍调查人员发现管理决策问题中的重要部分，使决策者根据结果做决策时缺乏对市场情况的全面把握，甚至导致决策的失败。

为了避免出现这两种错误，可以先将调查目标用比较宽泛的一般的术语来陈述，然后再具体规定目标的各个组成部分，为进一步的操作提供清楚的思路。

总之，调查目标的确定既要考虑管理的信息需求，又要考虑获取信息的可行性及信息的价值，以保证所确定的调查目标具有价值性、针对性和可操作性。

 ### 同步实务

在国家推行家电下乡补助政策时，A 公司专门推出了一款面向乡镇市场的子品牌冰箱，价格便宜，很适应农村市场。但如果某一天补助政策没有了，继续低价销售，肯定赔钱；上调价格，则价格优势就没有了，销量堪忧。鉴于此，该公司决定未雨绸缪，提前考虑转型。因此，公司试图推出新产品，提出决策问题"如何把自己的冰箱品牌改造成面向年轻人的潮流品牌"。

业务分析： 该公司的市场调查目标如下。

1. 了解年轻人的生活形态和审美标准。
2. 了解年轻人理想中的好冰箱是什么样的。
3. 了解年轻人认为的潮流品牌应具备的特点。

业务程序： 第一，明确管理决策课题；第二，确定市场调查的类型；第三，确定市场调查目标。

业务说明： 该业务的关键在于从管理决策课题转化为具体的市场调查目标。

 ### 职业技能训练

训练主题： 培养确定市场调查目标的技能。

训练要求： 要求学生熟练掌握把管理决策课题转化为具体的市场调查目标的技能。

训练内容： 了解市场调查问题，确定市场调查目标。

主要准备：

（1）知识准备，掌握确定市场调查目标的基本知识。

（2）组织准备，教师提前布置训练任务，并进行分组，推选或指定组长，组长负责本小组的训练安排。

操作步骤：

第一步：明确在校园内开办一个创业项目的决策问题。

第二步：确定市场调查类型。

第三步：将管理决策问题转化为具体的市场调查目标。

第四步：撰写《××创业项目市场调查目标分析报告》。

成果形式：《××创业项目市场调查目标分析报告》。

课堂活动4

小组交叉审核市场调查目标

 ## 职业道德与营销伦理

不反映反面意见而致决策失误

一企业委托一市场调查公司调查消费者意见，在调查时，对于消费者发表的反面意见，该市场调查公司因担心与企业决策者的意见相左，得罪企业的销售部门、广告部门而没有如实反映，使得该企业未发现存在的问题，导致该企业产品市场萎缩。

问题： 该事例对你有何启示？

分析说明： 该市场调查公司没有如实向委托企业反映客观存在的反面意见，所提交的调查资料不仅是不全面的，而且是虚假的，违背了职业道德。

重点实务与操作

□重点实务
1. 树立市场调查意识
2. 明确市场调查意图
3. 确定市场调查目标

□重点操作
1. 与决策者沟通
2. 明确营销决策问题
3. 将管理决策课题转化为市场调查目标

课堂训练

▲单项业务

业务1：确定市场调查目标内容训练

在一项关于耐用品销售公司的调查中，管理决策课题是"如何应对市场占有率持续下滑的态势"，而调查者确定的市场调查目标是"调整价格和加大广告力度，以提高市场占有率"。你认为这样对吗？为什么？分析并写出分析说明书。

业务2：确定市场调查目标训练

某啤酒公司的经理正在考虑是否改进啤酒包装：改为采用250毫升的小瓶、使用4～6瓶组合出售。这样做的目的如下：一是方便消费者，因为小瓶适合单人饮用，无须另用杯子，也不会造成浪费；二是希望对更多的人具有吸引力，使小瓶装啤酒进入一些大瓶装啤酒不能进入的社交场合；三是方便消费者购买并促进销售。请把该管理决策课题转化为具体的市场调查目标。

▲综合业务

轿车经销商A在某市从事轿车代理经销多年，有一定的经营实力，商誉较好，知名度较高。但近两年来，该市又新成立了几家轿车经销商，对经销商A的经营造成了一定的冲击，使其轿车销售量有所下降。为了应对市场竞争，经销商A急需了解该市居民私家车的市场普及率和市场需求潜力，了解居民对轿车的购买欲望、动机和行为，了解现有私家车用户有关轿车使用方面的各种信息，以便调整市场营销策略。请分析应该从哪些方面了解该市场调查的背景资料，了解哪些背景资料，该调查目标应确定为什么。请写一份分析说明书。

▲案例分析

公司的调查目标应该是什么

（项目组长：　　　　项目组成员：　　　　　　　　　　　　　　　　　　　　　　）

某公司主要生产某种新型功能饮料，其产品由于新颖，颇受欢迎，供不应求，故公司考虑建新厂增强供应能力。但是，公司管理者面临以下几个问题。

第一，因为该款功能饮料是新产品，企业的内部资料不够，无法据以分析。

第二，若借消费者调查以确定该产品是处于成长期还是已进入成熟期，又将以何种指标来判断呢？可能的指标有以下几种。

（1）本产品的消费者数量。

（2）消费者满意度。

（3）重复购买率。

（4）消费者的年龄层、性别。

（5）消费者看重的产品功能。

（6）消费者购买新产品的主要途径。

市场调查人员与产品营销负责人关于这些测定指标进行沟通后，决定进行消费者购买调查，以正确了解消费者购买需求动向，进而决定是增设新厂还是保持现状。

问题：

（1）根据上述材料，你怎么评价该公司的调查目标？

（2）你认为该公司的调查目标应该是什么？

分析要求：

（1）学生分析案例提出的问题，草拟《案例分析提纲》。

（2）小组讨论，形成《案例分析报告》。

（3）班级交流，教师对各小组《案例分析报告》进行点评。

（4）在班级展出附有"教师点评"的各小组《案例分析报告》，供学生比较研究。

▲决策设计

为某制鞋厂确定调查目标

某制鞋厂生产了一种蓝色的涤纶坡跟鞋，在本地很受欢迎。制鞋厂根据市场反应给外地一家大型鞋帽商场发货 5 000 双。时隔不久，商场来电要求退货。厂家很快派人前去了解情况，经初步调查，该城市的风俗习惯与制鞋厂所在地不同，人们不太喜欢鞋的颜色，因此，该鞋上市后几乎无人问津。

制鞋厂于是决定召回蓝色的鞋，并委托调查公司对该市的鞋类消费市场进行调查。

设计要求：

（1）假定你是调查公司的一员，你将如何确定调查目标？调查目标应确定为什么？

（2）小组讨论，形成思维导图。

（3）班级交流，教师对各小组思维导图进行点评。

（4）在班级展出附有"教师点评"的各小组思维导图，供学生比较研究。

市调大赛指导模块

完成市场调查
准备工作

制订市场调查方案

 预习思考

1. 市场调查方案的含义、市场调查方案的内容。

2. 大学生是一个独特的消费群体，知识水平相对较高，愿意尝试也容易接受新鲜的事物和理念。虽然现在的消费能力偏弱，但人数庞大，消费领域集中。更重要的是，现在的大学生在不久的将来将成为社会的中坚力量和消费主体，谁抓住了他们，谁就抓住了未来的市场。因此，校园市场近年来备受关注，众多公司涌入这一市场，促使各种各样的校园市场服务商产生。据不完全统计分析，2022 年全国大学生数量在 4 000 万名左右，每年大学生消费 2 000 亿元以上（不包括学费、住宿费、交通费等）。短短的几年后，大学生就将变成消费的主力军。品牌一旦给某位大学生留下深刻印象，极有可能收获一个终身顾客。各种品牌商进入高校的方式各种各样，如举行校园比赛、赞助校园活动。假设我们现在要对自己所在大学校园或周边的大学校园内的商业推广活动进行调查，以深入了解大学生这个特殊的消费群体，挖掘其中蕴含的商机，为商家在校园开展宣传推广活动提供决策依据。针对此调查主题，你认为调查内容除了以下几个方面还应该有哪些？

（1）学生在校园内接触的主要媒介。

（2）大学校园中常见的商业推广形式。

（3）大学生对商业推广活动的态度。

（4）在大学校园中常推广的产品类型。

（5）大学生喜欢的推广形式。

（6）各商业推广形式的影响效果比较。

（7）大学生的消费观。

任务 2.1 设计市场调查方案

 任务描述

本任务要求学生熟练掌握设计市场调查方案涉及的相关内容以及每一部分内容的编写要求以及技巧，可以根据调查主题和目的制订相应的市场调查方案。

任务导入

某生发洗发水市场调查方案

（一）前言

在洗发水市场中，去屑控油类产品销售额占比最高，其次是滋养补水类产品；而防脱生发类产品的销售额增长最为迅速。由此可见，在我国洗发水市场中，去屑、滋养补水类基础护理的产品销售仍占较大份额。从目前的洗发水市场来看，随着人们消费水平升级以及对生活品质的要求提高，洗发水的市场规模有望进一步扩大。此外，随着消费者品牌意识的增强，未来的洗发水行业的品牌集中度也会提高。同时，由于消费者对个人护理越来越重视，洗发水的功能细化也是发展趋势之一。近几年，由于人们工作压力大，生活作息不规律，脱发问题越来越严重。通过市场细分，XAYS 公司于 2020 年推出了 CL 生发洗发水，在药品和洗发水两个行业中找到一个交叉点。为了提高 XAYS 公司在全国重点城市中的占有率，并为其今后制订营销发展计划提供科学的依据，LRX 市场调查公司将在重点城市进行一次专项市场营销调查。

（二）调查目的

1. 分析 CL 生发洗发水的前期营销计划（包括其销售渠道、媒体投放、产品终端和产品情况）以及消费者对产品的期望，分析 CL 生发洗发水的优势和劣势，以及面临的机会和威胁，为市场分析提供背景资料。

2. 了解消费者对生发洗发水的认知水平，探索其对 CL 生发洗发水的接受程度，为产品研发和设计提供参考依据。

3. 了解产品的知名度以及美誉度，为宣传推广活动提供参考依据。

（三）调查内容

根据上述调查目的，调查公司确定本次调查的内容主要包括以下几个方面。

1. 针对 CL 生发洗发水前期的营销计划进行调查分析，从而为今后制订营销计划提供科学的依据。本部分所需的主要信息点包括以下内容。

（1）消费者对 CL 生发洗发水的使用情况——是否用过，以及认为产品的哪个方面更加吸引消费者。

（2）消费者对 CL 生发洗发水的消费情况——如何知道 CL 生发洗发水的，通过什么渠道购买到 CL 生发洗发水的，是否遇到买不到 CL 生发洗发水的情况，使用 CL 生发洗发水后的感觉，以及认为该产品可以改进的地方。

2. 了解消费者对生发这方面的认知以及对生发产品的担忧。

3. 对产品前期的销售宣传做调查，主要需掌握的信息点如下。

（1）消费者对 CL 生发洗发水的了解情况——是否知道，从哪些渠道知道的。

（2）消费者对 CL 生发洗发水的评价。

此外，还将收集包括消费者的年龄、性别、收入、职业，以及消费者的发质在内的背景资料以备统计分析之用。

（四）调查对象及范围

因本次调查是针对前期的营销计划的，所以在选定样本时遵循以下原则：一是样本要有代表性，以期能够基本反映消费者对 CL 生发洗发水的看法，以及能反映前期营销计划的实施情况；二是样本要有针对性。由于 CL 生发洗发水属于日用品，而且它主要针对有脱发烦恼的人，它的价格也较高，所以它的消费群体主要是有一定的购买和支付能力的人。因此，此次调查主要针对有使用经验的人，主要在全国的重点城市做调查。基于以上原则，采用以下标准甄选目标被访者。

1. 28～45 周岁的城市居民。

2. 本人及亲属不在相应的单位（如市场调查公司、广告公司以及洗发水行业等）工作。

3. 在过去的六个月内未接受或参加过任何形式的相关市场调查。

（五）调查方法

本项目的资料收集方法如下。

LRX 市场调查公司将根据与 XAYS 公司达成的共识设计问卷，填写问卷的时长控制在半个小时左右，问卷经双方商讨确定之后正式启用。

问卷抽样方法如下。在北京、上海、深圳、广州、杭州、长沙、成都、西安 8 个城市中各选择400 人作为调查对象，在每个城市的手机号中随机选择 400 个号码，打电话核实。多次随机选择，直到选够 400 人。

采用结构性问卷进行入户调查。

（六）样本量

根据以往经验，最大允许误差应控制在 2%以内，考虑到统计分析对样本量的要求和出于成本方面的考量，本次调查所需要的样本量为每个城市 400 个。

（七）质量控制与复核

1. 本次访问复核率为 30%，均采用电话复核。
2. 实行一票否决权，即发现访问员一份问卷作弊，该访问员的所有问卷作废。
3. 为确保科学高效地完成调查工作，成立专门的项目小组。

微课堂

SPSS 使用基础

（八）数据录入与处理

参与此项目的所有数据录入及编码人员将参与问卷的制作与调查培训；在录入过程中需随机抽取 10%的样本进行录入复核，以保证录入质量；数据处理采用 SPSS 软件进行。

（九）调查时间安排（见表 2-1）（自项目确定之日起）

表 2-1 时间安排

项目	一周	二周	三周	四周	五周	六周	七周	八周
方案与问卷设计								
试访								
调查实施								
数据处理								
报告撰写与发布								

（十）报告提交

由 LRX 市场调查公司向 XAYS 公司提交一份调查报告及所有的原始问卷，并提供数据分析资料。如有需要，向 XAYS 公司做口头汇报。

（十一）费用预算

项目费用预算约为 11.6 万元，其用途分别如表 2-2 所示。

表 2-2 费用预算 单位：万元

序号	项目	金额
1	问卷设计与印刷	2.0
2	调查与复核费用	3.5
3	数据处理（编码、录入、处理、分析）	2.5
4	地区市场调查公司代理费用	2.4
5	差旅费及其他杂费	1.2
合计	11.6	

通过以上案例可以了解市场调查方案一般要求包括哪些内容。市场调查方案为后续开展市场调查工作提供了执行依据。

任务实施流程

本任务主要学习制订市场调查方案的具体工作流程，如图 2-1 所示。

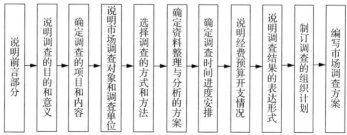

图2-1 任务2.1实施流程

基本知识与技能

市场调查方案是指在正式调查之前，根据市场调查的目的和要求，对调查工作总任务的各个方面和各个阶段进行通盘考虑和安排，提出的调查实施方案。市场调查是一项十分具体、细致的工作，需要花费较多的人力、物力、财力和时间，为了在整个调查过程中统一认识、统一内容、统一方法、统一步调，按时、按量、按质完成调查任务，有必要事先制订一个科学、严密、可行的市场调查方案。市场调查方案是否科学、可行，是调查成败的关键。

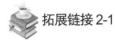

拓展链接 2-1

市场调查方案的选择

市场调查方案有探索性调查方案、描述性调查方案和因果性调查方案，选择市场调查方案的建议如下。

1. 不能肯定问题性质时，选用探索性调查方案

通常，调查人员对开始进行的调查项目缺乏足够的了解，不能肯定问题的性质时，选用探索性调查方案。由于探索性调查还没有采用正式的调查计划和程序，因而其调查方法具有一定的灵活性和多样性。探索性调查很少采用设计调查问卷、大样本以及样本调查计划等调查方法，调查人员在调查过程中对新的调查思路极为敏感。一旦有了新的思路或新的发现，他们会立即对调查方向做相应的调整，除非发现了没有可能性或者确定了另一个调查方向，他们会始终坚持这个新的调查方向。鉴于此，探索性调查的调查重点经常随着新发现的产生而发生变化。这样，调查人员的创造力和灵敏性就在探索过程中发挥了巨大的作用。但是探索性调查有时也采用专家调查、实验性调查、二手资料分析及定性调查等方法来辅佐。

2. 对有关情形缺乏完整的认知时，选择描述性调查方案

进行描述性调查的一个假设是调查人员对调查问题状况有足够的了解。实际上，探索性调查和描述性调查的一个关键区别在于描述性调查有具体的假设，调查人员非常清楚需要哪些信息。因此，描述性调查通常都是提前设计和规划好了的，它通常建立在大量有代表性的样本的基础上。绝大多数涉及描述性调查的营销调查，通常采用下列三种主要的方法：（1）分析二手资料；（2）实地调查；（3）小组讨论。

3. 需要对问题进行严格定义时，选择因果性调查方案

因果性调查的目的是找出关联现象或变量之间的因果关系。描述性调查可以说明某些现象或变量之间的关系，但要说明某个变量是否引起或决定着其他变量的变化，就用到因果性调查。因果性调查的目的就是寻找足够的证据来验证假设。

营销经理在做出决策时，需要找出产生某一结果的真正原因，所以经常需要做出一些假设，这些假设可能不正确，必须通过正式的调查对它进行检验。

和描述性调查相似，因果性调查也需要精心的设计，常用的方法是实验。

注意：探索性调查、描述性调查和因果性调查是调查的主要类别，但是千万不能将它们之间的区别绝对化。一项具体的营销调查项目可能会涉及几种调查方案以实现多种目标。究竟应选择哪几种调查方案取决于调查问题的特征。下面是一些选择调查方案的一般指导原则。

（1）如对调查问题的情况了解甚少，理想的做法是从探索性调查开始。运用探索性调查在下面几种情况下是比较恰当的。

① 调查问题需要精确界定的时候。

② 替换的行动方案需要被寻找出来的时候。

③ 需要设计调查疑问或假设的时候。

（2）探索性调查是整个调查框架设计的第一步，在大多数情况下，探索性调查之后会进行描述性调查或因果性调查。例如，根据探索性调查做出的假设应该用描述性调查或因果性调查验证。探索性调查的研究结果应当被视为对进一步调查的尝试或投入。

（3）并不是所有的调查都有必要从探索性调查开始，这取决于调查问题被界定的精确程度以及调查人员对找到调查问题的确定程度。一项调查可以从描述性调查或因果性调查开始。例如，一项针对消费者满意程度而每年举行的调查没有必要涉及探索性调查。

（4）尽管探索性调查在一般情况下都是调查的第一步，但这并不是必然的规律。有时，探索性调查也被排在描述性调查和因果性调查的后面。例如，当描述性调查和因果性调查的结果很难得到合理解释的情况下，探索性调查就可以为人们理解这些调查结果提供更多的信息。

总之，探索性调查、描述性调查和因果性调查是相辅相成的，在设计调查方案的过程中应灵活选用。

市场调查方案有两个方面的作用：一是用来提供给雇主即调查委托方审议检查之用，以作为双方的执行协议；二是用来作为市场调查者实施调查的纲领和依据。一个完整的市场调查方案必然有一定的内容。我们不妨从方案所包括的主要内容谈起。市场调查方案设计主要包括以下内容。

2.1.1 说明前言部分

前言部分是方案的开头部分，应该简明扼要地介绍整个调查的背景。重点写清楚以下内容。

（1）介绍行业大背景和竞争态势。

（2）分析企业自身、产品的现状。

（3）界定客户所面临的营销决策问题。

（4）说明开展市场调查的必要性。

例如，康体健公司在做一次广告效果调查时编写的前言部分如下。

康体健公司是我国保健品市场的五大巨头之一，2020年以前很少做广告宣传，但2021年公司年度广告投入达到1 800万元，主要投在电视广告片、售点广告、印刷品广告、灯箱广告等方面。为了有针对性地开展2022年的产品宣传推介工作，促进产品品牌形象的传播和产品销售量的进一步提高，以便在激烈竞争的保健品市场中立于不败之地，公司拟进行一次广告效果调查，以供决策层参考。

2.1.2 说明调查的目的和意义

调查目的是指通过调查所要解决的问题，即为何要调查，要了解和解决什么问题，调查结果有什么用处等。明确调查目的是调查方案设计的首要问题，只有调查目的明确，我们才能确定调查的对象、内容和方法，才能保证调查具有针对性。

在编写调查目的和意义时要重点说明该项目想研究的问题，需要收集哪些方面的信息，指明该项目的调查结果能给企业带来的决策价值、经济效益、社会效益，以及在理论上的重大价值。例如，在上例中，康体健公司进行调查的目的和意义可以为：分析现有的各种广告媒介的宣传效果，了解现行的广告作品的知晓度和消费者认同度，了解重点销售区域西南地区和华东地区的消费特征和消费习惯，为康体健口服液2022年的广告宣传计划提供客观的事实依据，并据此提供相应的建设性意见。

又如"××品牌专营店商业选址的调查"的目的和意义如下。××品牌是某公司拥有的服装与皮具用品品牌商标，在其超过20年的市场发展中，××品牌在香港地区已经享有较高的市场知名度。该品牌因创新、时尚而深受年轻一代和爱好运动的人士青睐。公司计划今年以品牌专营店经营方式将××品牌推向上海市场。根据商业活动规则，合理选址是商业成功的重要环节。为了配合市场拓展需要，组织这次"××品牌专营店商业选址的调查"，目的是收集相关市场信息，指导做好专营店选址工作。

编写市场调查方案，首先要明确的就是调查目的。有的客户对市场调查行业比较熟悉，所提要求也十分明确。例如，某国际公司委托成都某市场调查公司所做的特殊医疗器械的中国市场调查，提出分析包括市场、需求、竞争对手、未来发展趋势四个方面的指标六十个。有些对市场调查还不熟悉的客户，指出的问题未经考虑，范围广泛，这就需要调查人员针对企业本身和企业想了解的问题进行调查、访问，熟悉企业背景，讨论企业的生产、销售情况，明确企业调查的目的和内容。例如，车行计划对捷敏牌山地车进行广告宣传，拟开展一次市场调查为其广告方式和广告内容提供决策依据，围绕这一目的确定了将目标顾客、需求特点、竞争对手情况三方面作为调查的主要内容。

编写调查目的时可以按照要收集哪些信息、要解决哪些问题、调查结果的作用这三点去表述。句式通常为：通过调查/收集/分析……（信息），为……（营销决策）提供参考依据。例如，在关于某银行为推出业务新举措的调查中，调查目的表述为：通过对某市部分居民的收入水平、住房现状、住宅消费与购房意向、存贷款观念等方面的实地调查，分析金融机构开展住宅储蓄及购房抵押贷款业务的市场需求与潜力，为某银行在这两项业务上推出新举措提供客观可靠的参考依据。

课堂活动5

重新表述调查目的

2.1.3　确定调查的项目和内容

确定调查的项目和内容就是要明确向被调查者了解什么问题。调查项目和内容的确定取决于调查的目的和任务，以及调查对象的特点与数据资料搜集的可能性。调查人员应注意以下几点。

第一，确定的调查项目应当既是完成调查任务所需的，又是能够取得数据的，凡是不能取得数据的调查项目应舍去。

第二，调查项目应包括调查对象的基本特征项目、调查主题的主体项目（回答是什么的问题）、调查主题的相关项目（回答为什么的问题）。例如，消费者需求调查，既要有消费者的基本项目（年龄、性别、职业、文化程度、家庭人口等），又要有消费者需求量、购买动机、购买行为等主体项目，还应有消费者收入、消费结构、储蓄、就业、产品价格等引起需求变动的相关项目。

例如，××品牌专营店商业选址的调查项目和内容如表 2-3 所示。

表 2-3　　××品牌专营店商业选址的调查项目和内容

类别	项目	内容
消费与购物环境	商业氛围	商业区域范围大小、商业活动等级
	交通条件	是否靠近地铁站、公共交通密度、停车是否方便
	银行网点	银行网点数量
	卫生环境	周围公厕卫生情况、地面光洁情况
	周围居民居住情况	居住密度、房屋建筑类型
	休闲与娱乐	娱乐场所和类型
消费群体情况	人流量	不同时段人流量
	年龄	青少年、中年、老年
	性别	男、女
	衣着	低档、中档、高档

第三，调查项目和内容的表达必须明确，调查内容的答案选项必须有确定的形式，如数值式、文字式等，以便统一调查人员填写的形式，便于调查数据的处理和汇总。

第四，调查项目和内容之间应尽可能相关，使取得的资料能够互相对应，具有一定的逻辑关系，便于了解调查现象发展变化的原因、结果，检查答案的准确性。

第五，调查项目和内容的含义必须明确，必要时可附加调查项目解释。

另外，调查项目的选择要尽量做到"准"而"精"。具体而言，"准"就是要求调查项目反映的内容要与调查主题密切相关，能反映调查要了解的问题；"精"就是调查项目所涉及的资料能满足调查分析的需要，不存在对调查主题没有意义的多余项目。盲目增加调查项目，会使与资料统计和处理有关的工作量增加，既浪费资源，也影响调查的效果。

课堂活动 6

匹配调查目的和内容

 同步实务

成都，其"天府之国"的形象深入人心，是一座让人"来了就不想走的城"。特别是近年来，成都已经成为我国西部重要的工业城市与商业城市、重要的金融中心与科技中心、重要的交通枢纽与通信枢纽。

成都的小区基础设施建设逐步完善，配套设施渐趋齐全，个性化的开发项目层出不穷。

目前，成都房地产市场讲究品位、凸显个性的项目不断涌现，公寓产品一时成为众商家追捧的对象。天府新区是成都市自然条件优越的区域之一，尤以兴隆湖湿地公园为中心的区域，极适合发展公寓项目。

"XW 大厦"项目位于成都市天府新区交通干道上，能否在该地段打造一个集居住、办公、康乐于一体的全新体验式综合公寓（以下简称"新型综合公寓"），是投资者所关心的问题。为了探究成都市居民对新型综合公寓的接受状况，了解不同人群的消费需求，使投资者对该地段的发展潜力有客观的认识，并为该种公寓的市场定位、品牌推广提供科学依据，成都 ZL 营销策划有限公司特委托某成都高校市场调研所在成都市范围内进行一次专项市场调查。请分析该专项调查的目的和主要内容。

业务分析：

成都市"XW大厦"市场调查方案中的调查目的及内容如下。

一、调查目的

本次调查采用探索性调查和描述性调查相结合的方式，并着重运用定量分析方法对成都市房地产市场进行调查，为投资者进行项目整体规划提供客观的数据支持。

1. 了解成都市房地产市场现状，探究消费者房产消费动向，为"XW大厦"项目规划提供市场环境分析参考。

2. 了解成都市不同消费群体对新型综合公寓的需求状况及消费特征，探究其对此项目在价位、规模、配套服务、交通、环境等方面的要求，以期获得有关数据信息，为投资者制订整体项目规划提供科学、有效的依据。

3. 了解成都市不同消费群体对该项目地段的态度和意见，为该项目的最终市场定位提供基本依据。

4. 了解成都市不同消费群体对新型综合公寓的接受程度，及其对该项目的需求意向和建议，为该项目的整体布局与设计提供参考依据。

二、调查内容

根据上述调查目的，我们建议本次调查内容如下。

1. 了解成都市房地产市场现状，探究消费者房产消费动向。本部分主要从需求方出发，了解被访者的现有住房状况及其对新型房产产品的偏好。所需要收集的信息如下。

- 成都市居民现有住房情况：与父母（子女）同住/单独居住/住单位的宿舍（公寓）/独自租房/与同事、朋友合租/借住同事、朋友处等。
- 现在的居住地区：锦江区/青羊区/金牛区/成华区/武侯区/高新区/其他。
- 近期（1～2年）有无住房新需求：有/无/暂没考虑。
- 成都市居民对新型房产产品的偏好，即在未来一段时间看好哪种房产产品，如一般性商品房、商住两用房、休闲度假式公寓、酒店式公寓、集"居住、办公和康乐"于一体的新型综合公寓等。

2. 了解成都市不同消费群体对新型综合公寓的需求状况及消费特征，探究其对此项目在价位、规模、配套服务、交通、环境等方面的要求。

- 对新型综合公寓的需求状况。
- 对新型综合公寓的地段要求。
- 对新型综合公寓的需求动因：居住/投资/商用等。
- 对新型综合公寓的期望面积。
- 对新型综合公寓的期望价位：总价位/单价/付款方式/首期支付/月付。
- 对新型综合公寓的物业管理的要求：保安/绿化/环卫/交费/送餐/洗衣等。
- 对新型综合公寓配套的要求：仓储/餐厅/超市/娱乐/车库/银行/学校等。
- 对新型综合公寓装修的要求：毛坯房/厨卫/电话/宽带/有线电视/精装修/全装修等。
- 对新型综合公寓的认知：舒适/安全/方便/休闲/实用/经济/时尚/个性等。
- 影响消费者选购的因素：开发商信誉/建筑质量/户型/会所/物业收费标准/周边环境/地段/交通/安全/产权年限等。
- 对房产信息的获得渠道：互联网/公交车广告/地铁广告/站台广告/电台/传单/海报/中介/朋友等。

3. 了解成都市不同消费群体对该项目地段的态度和意见。本部分所需要收集的信息如下。

- 针对该项目地段，向不同消费群体寻求"最适合做什么"。（出示示意卡）
- 寻求被访者"最适合做什么"的原因。

4. 了解成都市不同消费群体对集居住、办公和康乐于一体的新型综合公寓的接受程度，及其对该项目的需求意向。

- 出示示意卡，向被访者介绍项目基本情况，探寻其对新型综合公寓的看法。
- 了解消费者对本项目的需求意向、评价及建议。

市场调查与分析（微课版）调研策划　数据挖掘　报告交付

5. 收集包括被访者的年龄、性别、婚姻、收入、职业、受教育情况在内的背景资料以备交互分析之用。

业务程序：

第一，分析调查背景和目的；第二，根据调查目的列出调查内容；第三，检查调查目的与调查内容的对应关系。

业务说明： 该业务主要是通过现实调查项目，训练学生提炼调查目的的能力，并且使学生学会根据调查目的进一步细化调查内容。

2.1.4 说明调查对象和调查单位

确定调查对象和调查单位，主要是为了解决向谁调查和由谁来具体提供资料的问题。调查对象就是根据调查目的、任务确定的调查的范围以及所要调查的总体，它是由某些性质相同的许多调查单位所组成的。调查单位就是调查总体中的个体单位，它是调查项目的承担者或信息源。确定调查对象和调查单位时应注意以下几个问题。

（1）必须严格规定调查对象的含义和范围，以免调查登记时由于含义和范围不清而出现错误。例如，城市个体经营户的经营情况调查，必须明确规定个体经营户的性质、行业范围和空间范围。例如，在康体健公司康体健口服液广告效果调查中，调查对象及其范围描述如下：本项调查拟在西南地区、华东地区两个重点市场开展，调查深入上述地区的中心城市，调查对象为30岁以上的消费群体。

（2）调查单位应根据调查的目的和对象而定。例如，调查城市个体经营户的经营情况时，调查对象是所有的个体经营户，调查单位是每位个体经营户。若调查研究城市居民家庭耐用品的拥有量和需求量时，调查对象是所有的居民家庭，调查单位是每一户居民家庭。

（3）调查单位和填报单位是两个不同的概念。调查单位是调查项目的承担者，填报单位是负责填写和报送调查资料的单位，两者有时一致，有时不一致。例如，调查研究工业企业的生产经营情况时，调查单位和填报单位都是工业企业；若调查研究工业企业的产品质量，则调查单位是工业企业生产经营的产品，填报单位是工业企业，此时，二者不一致。

（4）调查单位的确定取决于调查方式。在普查方式下，调查的全部单位都是调查单位；在重点调查方式下，选定的少数重点单位才是调查单位；在典型调查方式下，所选择的代表性的单位才是调查单位；在抽样调查方式下，抽出的样本单位才是调查单位。例如，上述"××品牌专营店商业选址的调查"中，首先根据一定的标准与条件，如基本商业环境是否完备等标准筛选出一定的商业区域为调查对象，然后以各区域的消费群体为调查单位，以非随机抽样方式选择对象进行调查。

在一般情况下，调查对象是根据消费品的种类及其分销渠道来确定的。也就是说，产品由生产者到消费者手中经过了很多环节，而消费品的调查对象就是处在那些环节中的人。

耐用消费品，如彩电、冰箱、空调，由于其价格高、体积大、技术复杂等，一般分销渠道短，常采取的分销方式是生产者——消费者或生产者——经销商——消费者。例如，某家电公司的家用中央空调市场调查，其调查对象主要为消费者。其发放的1000份问卷中，有消费者调查问卷900份，经销商调查问卷100份。其主要调查对象是消费者。

一般消费品，如电瓶车，价格一般在千元左右，它的分销渠道要比耐用消费品长些，一般采用生产者——经销商——消费者或生产者——代理商——经销商——消费者。因此，调查对象主要为消费者、经销商。价格低、体积较小的日用消费品，由于消费者一般需要时购买，以方便为宜，故它的零售商较多，分销渠道长，其调查对象为消费者、经销商、零售商，如饮料产品的市场调查。

2.1.5 选择调查的方式和方法

市场调查方式是指市场调查的组织方式，通常有普查、重点调查、典型调查、抽样调查等。调查的方式应根据调查的目的和任务、调查对象的特点、调查费用的多少、调查的精度要求而定。

Chapter 2

26

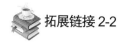

拓展链接2-2

抽样调查

抽样调查可以分为两类，即概率抽样和非概率抽样。概率抽样是按照随机原则进行的抽样，不加主观因素。在该方式下，组成总体的每个单位都有被抽中的概率（非零概率），可以避免样本出现偏差；样本对总体有很强的代表性。非概率抽样是按主观意向进行的抽样（非随机的）。在该方式下，组成总体的很大部分单位没有被抽中的机会（零概率），调查很容易出现倾向性偏差。

一、概率抽样的种类

概率抽样分为以下几种。

（一）简单随机抽样（也叫纯随机抽样、SPS 抽样）

简单随机抽样是指从总体 N 个单位中任意抽取 n 个单位作为样本，使每个可能的样本被抽中的概率相等的一种抽样方式。简单随机抽样一般可采用掷硬币、掷骰子、抽签、查随机数表等办法抽取样本。在统计调查中，由于总体单位较多，前三种方法较少采用，主要运用后一种方式。按照样本抽选时每个单位是否允许被重复抽中，简单随机抽样可分为重复抽样和不重复抽样两种。在抽样调查中，特别是在社会经济的抽样调查中，简单随机抽样一般是指不重复抽样，其特点是每个样本单位被抽中的概率相等，样本的每个单位完全独立，彼此无一定的关联性和排斥性。简单随机抽样是其他抽样方式的基础，因为它在理论上容易处理，而且当总体单位数 N 不太大时，实施起来并不困难。但在实际中，若 N 相当大，简单随机抽样就不太容易实施。一方面，要求有一个包含总体 N 个单位的抽样框；另一方面，通过这种抽样得到的样本单位较为分散，调查不容易实施。因此，在实际中直接采用简单随机抽样的调查并不多，通常只是在总体各单位之间差异程度较小和总体单位数量较少时，才采用这种方法。

（二）等距抽样（也叫机械抽样、系统抽样、SYS 抽样）

等距抽样是指首先将总体中各单位按一定顺序排列，根据样本容量要求确定抽样间隔，然后随机确定起点，每隔一定的间隔抽取一个单位的一种抽样方式。根据总体单位排列方法，等距抽样的单位排列可分为三类：按有关标志排列、按无关标志排列以及按自然状态排列。按照具体实施等距抽样的方法，等距抽样可分为：直线等距抽样、对称等距抽样和循环等距抽样三种。等距抽样的主要优点是简便易行，且当对总体结构有一定了解时，充分利用已有信息对总体单位进行排列后再抽样，可提高抽样效率。等距抽样的特点是抽出的单位在总体中是均匀分布的，而且抽取的样本可少于纯随机抽样的。等距抽样是实际工作中应用较多的方法，目前我国城乡居民收支等调查都采用这种方式。

（三）分层抽样（也叫分类抽样、STR 抽样）

分层抽样是指首先将总体的 N 个单位分成互不交叉、互不重复的 k 个部分，我们称之为层；然后在每个层内分别抽选 n_1、n_2…n_k 个样本，构成一个样本容量为 n 的一种抽样方式。分层的作用主要有三个：一是便于工作和满足调查的需要；二是提高抽样的精度；三是在一定精度的要求下，减少样本的单位数以节约调查费用。因此，分层抽样是应用得较为普遍的抽样方法之一。按照各层之间的抽样比是否相同，分层抽样可分为等比例分层抽样与非等比例分层抽样两种。实际上，分层抽样是科学分组与抽样原理的有机结合，等比例分层抽样划分出性质比较接近的层，以减少标志值之间的变异程度；非等比例分层抽样按照抽样原理抽选样本。因此，分层抽样一般比简单随机抽样和等距抽样更为精确，能够通过对较少的样本进行调查，得到比较准确的推断结果。分层抽样的特点是由于通过划类分层，增强了各类型中单位间的共同性，容易抽出具有代表性的调查样本。该方法适用于总体情况复杂，各单位之间差异较大，单位较多的情况。

（四）整群抽样（又称分群抽样）

整群抽样是指首先将总体中各单位归于若干互不交叉、互不重复的集合，我们称之为群；然后以群为抽样单位抽取样本的一种抽样方式。其优点是实施方便、节省经费；缺点是由于不同群之间的差异较大，引起的抽样误差往往大于简单随机抽样。其特点是：调查单位比较集中，调查工作的组织和进行比较方便；但调查单位在总体中的分布不均匀，调查准确性要差些。该方法适用于缺乏总体单位的抽样框，无法抽选单个调查样本，群内各单位的差异大，群间差异小的情况。

（五）多阶抽样（又称多级抽样）

多阶抽样是指在抽取样本时，分为两个及两个以上的阶段从总体中抽取样本的一种抽样方式。其具体操作过程：第一阶段，将总体分为若干一级抽样单位，从中抽选若干一级单位入样；第二阶段，将入样的每个一级单位分成若干二级抽样单位，从入样的每个一级单位中各抽选若干二级单位入样，以此类推，直到获得最终样本。其优点在于适用于抽样调查的面特别广，没有一个包括所有总体单位的抽样框，或总体范围太大，无法直接抽取样本等情况，可以相对节省调查费用。其主要缺点是抽样时较为麻烦，而且用样本来估计总体比较复杂。该方法适用于数量多而又复杂的总体，且无法对每级抽样单位编制完全抽样框的调查。

在实际抽样调查中，经常要将几种抽样方法结合起来应用。例如，城市居民的收支调查，将分层抽样、等距抽样等多种方法结合起来使用。

在现实的商业性的市场调查中也有非概率抽样的应用。由于通过非概率抽样得出的结果容易出现偏差，所以非概率抽样只在对各单位共性特别强的商业性调查中应用。

二、非概率抽样的种类

非概率抽样分为以下几种。

（一）任意抽样

任意抽样也可以叫作便利抽样、方便抽样或者偶遇抽样，这个抽样方式是以便利为原则的，所以带有很强的偶然性和随意性。

任意抽样是所有抽样方式中花费最少经费和时间的，常见的街头随访或拦截访问，在销售现场访问顾客，征求其对某类商品或市场供求的意见等都属于任意抽样。这种方式能及时使调查人员获得信息数据，省时省力，能为非正式的探索性调查提供很好的数据源。

但任意抽样容易产生显著的偏见，因为抽样可能不能代表诸如人的性别等具体特征。同时，许多可能的选择偏差都会存在，如被调查者的自我选择、抽样的主观性偏差等。运用这种抽样得出的结果不能直接代表总体和推断总体。因此，在正式市场调查时，调查人员很少采用任意抽样。

（二）配额抽样

配额抽样也可以叫定额抽样或计划抽样，是非随机抽样中运用得较为普遍的一种方式。其特点是根据预先确定的总体特征来选择样本。与分层抽样类似，它也需要先将总体按照一定的特性分成不同类别，然后在每个类别里选取样本。

这种抽样方式的目的是使样本对总体具有更好的代表性，但仍不一定能保证样本就是有代表性的。如果与问题相关联的某个特征未被考虑进配额，配额样本可能就不具有代表性，但在实施中使配额包括太多的特征是十分困难的。尽管配额抽样不具备根据样本推论总体的科学依据，但由于其注重样本结构与总体结构在量上的类似性，只要抽样设计完善，调查员素质高，调查结果的可靠性和准确性在非概率抽样中是最好的，因而在市场调查中也得到广泛应用，特别是小规模的市场调查喜欢采用这种抽样方式。

按调查者抽取样本时，根据一个或多个标准配额要求的不同，配额抽样又可分为独立控制配额抽样和相互控制配额抽样两种。独立控制配额抽样是指根据调查总体的不同特征，对具有某个特征的调查样本分别规定单独的分配数额，而不规定必须同时具有更多特征的样本数额的方法。这种方法的优点是使调查人员在判断抽选调查单位时有比较大的机会去选择总体中的样本；缺点是调查人员可能会图一时方便，在选择样本时过于偏重某一组别，从而影响样本的代表性。相互控制配额抽样是指在按各类控制特性独立分配样本数额的基础上，再采用交叉控制安排样本的具体数额的抽样方式，很好地解决了独立控制配额抽样的缺点。

（三）判断抽样

判断抽样也称为选择性抽样，是指基于调查人员的主观意愿、经验、知识，依据对总体相关特征的了解，从目标总体中抽取有代表性的典型样本的方式。判断抽样在样本规模小及样本不易分门别类挑选时有较大的优越性，并且简便易行，有一定的实践意义；但同时也容易发生由主观判断偏差引起抽样偏差的情况。抽样的代表性如何，很大程度上取决于调查者本身的知识、经验和判断能力。这就要求调查者熟悉调查总体的特征，尽量选择多数型或平均型，从而减少调查结果的误差。所谓"多数型"，是指在调查总体中挑选占多数的单位作为样本来推断总体。所谓"平均型"，是指在调查总体中挑选代表平均水平的单位作为典型样本，再推断总体。

判断抽样分为两种具体做法：一种是由专家判断并选择样本，一般用平均型或多数型的样本为调查单位，由专家来判断总体的状态；另一种是利用统计资料选择样本，即利用调查总体的全面统计资料，按照一定的标准选择样本。判断抽样适用于总体规模不大、样本量小，以及样本不易分门别类挑选的情况，较多用于探索性调查。

（四）滚雪球抽样

滚雪球抽样是指人们在研究了解总体不足或无法确定总体数量的调查对象时，可以从总体中少数单位入手调查，然后再扩大样本范围的一种特殊的非概率抽样方式。

在实际调查中，由于某些被调查对象自身的复杂性，政府法令和社会道德规范可能对其持有否定的态度。此时，我们不可能对其进行公开的大规模调查，前面所介绍的概率抽样或非概率抽样都无法使用。然而，滚雪球抽样正好可以解决这一问题。首先，调查人员可以找到少数愿意接受访问的受访对象，然后通过这些受访对象的介绍，找到其他的一些受访对象。以此类推，像滚雪球一样，获得越来越多的样本。

通过滚雪球抽样得出的样本存在着严重的缺陷，表现为对总体的代表性可能很弱，因为被引用的个体将与推荐它的个体具有比较相似的特征，调查人员只能在调查过程中去伪存真来提高其可信度。然而，在有些情况下不用这种方法，又无其他良策。值得庆幸的是，调查人员只要能够做到对具有某种特征的个体进行访问，就一定会有所收获。

市场调查方法是指在调查方式既定的情况下搜集资料的具体方法，通常有二手资料调查法、焦点小组访谈法、投射法等。选择市场调查方法应考虑调查的内容、调查对象的特点、数据的质量要求等。

 拓展链接 2-3

市场调查方法

1. 二手资料调查法

二手资料调查指查寻并研究与调查项目有关资料的过程，这些资料有些是经他人收集、整理的，有些是已经发表过的。在正式调查之前，我们通过查找网络资料或其他文献资料，可以初步了解调查对象的性质、范围、内容和重点，为正式调查创造条件。一个企业管理者在闲暇之余，收集各种统计资料，通过分析，也可以为企业经营决策提供信息支持。许多的调查，一手资料往往需要与二手资料配合使用，才能更好地为研究问题提供帮助。

以下情况适合采用二手资料调查法。

（1）调查人员对某项调查需要研究的具体问题不明确，或者对需要找出问题的症结或调查的方向不明朗，需要初步了解调查对象的性质、范围、内容时，调查前可优先考虑二手资料调查法，为组织正式调查做准备，即将二手资料调查作为实地调查、观察调查或抽样调查的预备调查。

（2）跨国性的市场调查宜采用二手资料调查法。

（3）调查人员欲估算实地调查结果的准确性和可靠性、考证各种调查假设、推算所掌握的数据资料、探讨发生现象的各种原因时，可选用二手资料调查法。

（4）工业产品，高级耐用品，对外贸易，作为实地调查的预备调查，或者企业为了解市场动态而做的经常性的市场调查都宜采用二手资料调查法。

在实际市场调查中，一般情况下，调查人员先分析二手资料，只有当二手资料用完或不适合了，才考虑实地调查。

（5）为设计调查方案提供帮助。在市场调查方案的设计中，调查人员往往需要利用历史信息，了解总体范围、总体分布、总体单位数目、关键指标或主要变量，才能有效地定义总体、设计样本框、确定样本量、确定抽样方式等，以设计出可行的、科学的市场调查方案。

2．焦点小组访谈法

焦点小组访谈法，又称小组座谈法，就是采用小型座谈会的形式，挑选一组具有同质性的消费者或客户，由一个经过训练的主持人以一种无结构、自然的形式引导消费者或客户进行讨论，从而获得对有关问题的深入了解的方法。

应用焦点小组访谈法时一般选在一个环境较好的地方，由主持人鼓励自由发言，使参与者融入群体，开展对某个问题的讨论，表达真实想法。主持人要使讨论紧扣主题，将谈话内容记录在笔记本上或将访谈过程录像，以便随时准确了解座谈会的情况，便于日后调查。焦点小组访谈法已成为了解消费者想法和感觉的主要市场调查方法。

该方法多应用于调查消费者偏好、消费者对产品的未来要求、消费者对新产品的感觉。

3．深度访谈法

深度访谈法又名深层访谈法，是指在访问过程中，一个掌握高级技巧的调查人员深入地访谈一个被调查者，以揭示其对某一问题的潜在动机、信念、态度和感情的方法。

深度访谈法适用于了解复杂、抽象的问题。这类问题往往不是三言两语可以说清楚的，只有通过自由交谈，对所关心的主题深入探讨，调查人员才能从中概括出所要了解的信息。

深度访谈法主要用于获取对问题的理解和探索性调查。不过，深度访谈法不如小组座谈法使用得那么普遍。

4．投射法

投射法是一种无结构的非直接的询问，可以使被调查者将他们对调研问题的潜在动机、信仰、态度或感情投射出来。

投射法并不要求被调查者描述自己的行为，而是要他们解释其他人的行为。在解释他人的行为时，被调查者就间接地将他们自己的动机、信仰、态度或感情投射到了有关的情景之中。因此，通过分析被调查者对那些没有结构的、不明确而且模棱两可的"剧本"的反应，调查人员便可了解他们的态度等信息。

5．网上定性调查法

定性调查是根据调查人员的认识和经验确定被调查者是否具有某种性质或某一现象变化的过程和变化的原因，用于回答"为什么"或"是什么"的问题，通常用来对被调查者获得一个初步的了解，或用来定义问题或寻找处理问题的途径。网上定性调查法就是运用网络开展定性调查的方法，实施主要有三种办法。

第一，网上焦点小组访谈。调查人员根据被调查者数据库，找出符合条件的个人，利用电子邮件等方式向他们发出邀请，要求他们在特定的时间登录特定的网站接受访谈。

第二，网上一对一访谈。调查人员从登录网站的上网者中挑选合适的人员进行访谈；调查人员也可以从被调查者数据库中选择合适的人员作为被调查者，借助即时聊天工具，和被调查者就调查内容进行交流。

第三，在社交媒体上发布讨论话题，即在微博、微信群或者QQ群与人谈论看法或者倾听与调查项目有关的内容，从而了解人们对调查内容的看法。

网上定性调查法的优点是调查人员可以邀请世界各地的被调查者，无须占用任何场地，组织工作方便、快捷；并且被调查者彼此互不见面，没有群体的压力，没有面对面的尴尬，调查人员得到的回答较为真实。与传统的定性调查相比，网上定性调查组织起来时间短、成本低，省去了被调查者或调查人员在路途上花的时间和精力，较好地节约了调查的时间和费用。但是，由于没有面对面交流的机会，调查人员无法通过被调查者的面部表情、肢体语言、语调等的变化来判断被调查者的动机和态度，辨别他们回答的真实程度。同样，调查人员也无法借助表情、语气和肢体语言的改变使被调查者身心放松，更好地参与调查。

6. 网络问卷调查法

网络问卷调查法即通过网络邀请参与者回答问卷以获取市场信息的一种调查方法，属于在线调查的一种。参与此种调查通常需要几分钟到几十分钟。在网上，有来自不同地区、不同文化背景、不同信仰、不同年龄、不同爱好、不同学历的人，这些人往往是社会消费的主导者与决策者，足以影响整个时代潮流。他们是一个极优的、可利用的消费咨询资源，因此，调查人员可以支付一定报酬来请他们发表意见。网络问卷调查是一种直接有效的方式。可以免费发布网络调查问卷的平台有：问卷星、问卷网、腾讯问卷等。

7. 街头拦截访问法

街头拦截访问法是指在某个场所（如商业区、商场、街道、医院、公园等）拦截被调查者进行调查的方法。由于寻找被调查者相对容易，所以这种方法是一种被广泛使用的调查方法。例如，在商场的化妆品柜台前拦截女性顾客询问她们对化妆品的偏好及购买习惯、行为等；在超市的出口处，拦截消费者就某种商品进行调查访问等。

街头拦截访问法常用在商业性的消费行为及态度调查中，如调查消费者购买某种商品的偏好、购买习惯、决策方式等。

应用这种调查方法时大多采用问卷作为主要工具，需要注意的是，问题应比较容易回答、问题应较少，回答时长不得超过 10 分钟，并且调查的主题和问题应与当地事件有关。这种调查方法不适用于访问观光客或外来客。

当调查时间紧迫、调查经费受限制时，可以适当考虑采用街头拦截访问法。

8. 电话访问法

电话访问法是指调查人员预先选定要调查的问题，以电话的形式向被调查者征询意见，从而获得信息资料的一种调查方法。电话访问法常用于样本数量多、调查内容简单明了、易于让人接受、需快速获取信息的调查。专业调查公司常用的电话访问系统为 CATI（计算机辅助电话访问系统），采用这种调查方法具有调查内容客观真实、保密性强、访问效率高等特点。

电话访问法的应用范围如下。

（1）对热点问题、突发性问题的快速调查。（2）预测实地调查方案的可行性。实地调查范围比较广、投入成本大，故不能盲目进行。可以借助电话访问法，做探索性调查，选取小范围样本，检测该调查方案是否可以大范围实施。（3）查询某些简单数据。（4）核对面访调查时所获得的资料。在进行回访或验证资料的准确性方面，电话访问有其独到之处。（5）初步联系对方。在未进行实地调查之前，可以与被调查者预约时间，降低被拒访的概率，还可以让被调查者有一定的准备。（6）关于某特定问题的调查。例如，对某种新产品的购买意向调查、对新开栏目的收视率调查等。（7）特定群体调查。例如，对投资者近期投资意向和打算的调查。

9. 入户访问调查法

所谓入户访问调查法，是指调查人员到被调查者的家中或工作单位进行访问，直接与被调查者接触，然后利用访问式问卷逐个问题进行询问，并记录下对方的回答；或者将自填式问卷交给被调查者，讲明方法后，等待对方填写完毕后收回问卷的调查方法。

入户访问调查法是比较常用的原始资料收集方法，由于访问时间较宽松，还可以同时出示样品、图片、卡片、包装等以增加感性认识。调查人员可以采取一些方法来激发被调查者的兴趣，还可以通过追问的技巧提高开放式问题的回答质量。因此，该调查方法适用于调查那些内容比较复杂、细分项较多的项目，如广告效果测试、消费者调查、消费者满意度研究、社情民意调查等。但要注意，问题不宜过多、过杂或超出被调查者的理解范围，否则会引起被调查者的厌倦而敷衍了事，致使调查结果有误差。入户访问时调查人员一般给被调查者赠送小礼品以表示感谢，同时将访问时长控制在半小时内。

10. 观察法

观察法是根据调查目的，调查人员在现场利用直观感觉（如视觉、听觉、嗅觉、味觉、触觉）或者凭借其他科学手段及仪器，跟踪记录、考察被调查者的活动和现场事实，有目的地对被调查者进行观察，以取得所需信息资料的方法。

观察法的应用范围如下。

（1）营业员和消费者行为的双重观察。为了调查营业员的服务情况，以及消费者的惠顾时间、方式以及对商品的偏好情况，调查人员在消费者购物时对商品品种、规格、花色、包装、价格等要求进行观察，从而为该店提高服务质量和选择购进商品的品种提供依据。

（2）在商场经营环境调查中，对商品陈列、橱窗布置、所临街道的车流、客流量情况进行观察。

（3）品牌观察，即用于调查消费者对某品牌产品的需要强度以及其他品牌同类产品的替代强度。例如，消费者在某商店需要某一品牌的商品，而销售人员并不按要求提供，却代之以其他品牌的同类商品。针对此情况，调查人员可用消费者接受替代品的情况来确定某一品牌的替代强度。

（4）新产品试销观察。新产品试销时，调查人员可通过直接观察或借助仪器来了解消费者的语言、表情、动作有何变化，从而得出消费者对新产品的各种评价。在观察时，调查人员要把几方面的情况通过不同观察手段详细地加以记录，经过研究分析，可对新产品的概念、价格、促销方式、宣传推广活动等做初步的评价。

（5）交通流量观察。为了更合理地确定某一街道、路段的商业价值或提出可行的交通规划方案，常需要调查某一街道的车流量、行人流量及其方向。调查时，调查人员可用仪器记录该街道在某一时间段内通过的车辆、行人数量及方向，并测定该街道车辆和行人的高峰和平峰的规律，供营销决策参考。

（6）在城乡集贸市场调查中，对集贸市场上农副产品的上市量、成交量和成交价格等进行观察。

（7）在商品库存调查中，对库存商品直接盘点，来判断商品的分类结构，观察商品的储存条件，从而得出存货货源及销售数量，计算存储成本，检查分析热销商品的情况等，为企业购销存决策提供依据。

此外，观察法还可用于产品质量调查、广告调查等领域。

11. 实验法

实验法是指调查人员有目的、有意识地改变一个或几个影响因素，来观察市场在这些因素影响下的变动情况，以确定市场中各种因素的因果关系而使用的信息收集方法。实验法的主要优点有：可以探索不明确的因果关系、实验结论有较强的说服力。实验法的主要缺点包括：费时、费用高、管理控制困难、保密性差等。

实验法常用于产品试验和销售试验。

如果对产品质量、性能、式样、包装等方面的情况做市场调查，了解什么样的产品受市场欢迎，为企业的各项决策提供参谋，就可以做产品试验。

销售试验是指将少量产品投放到某些具有代表性的市场上进行试销，从中了解大量销售时可能获取的经济效益。

如果要决定两种可供选择的广告计划或价格水平哪一种更好，就可以采用城镇试销的方法，其实验的方式与销售试验基本相同，不同的是实验市场是选择了两个条件相似的城市。

如果要比较两套可供选择的销售方案哪一种更好，就可以采用地区试销，即选择两个具有代表性的地理区域，将产品投放到两个地区进行试销，经过一定时期后，比较试销的结果。

12. 大数据网络调查法

大数据网络调查法是指通过筛选海量数据，运用特定算法进行分析的调查方法。大数据网络调查更注重数据之间的相关性而非因果性，调查内容丰富，获取的信息实时且高效，适用于对消费者行为特征的调查。

康体健公司的康体健口服液广告效果调查的调查方法说明如下。

考虑到此次调查工作涉及面广，因此拟采用多级抽样的方式。在西南地区、华东地区按月销量的大小分层，从市场调查的效果考虑，主要在康体健口服液的重点销售地区上海，以及江苏、浙江和四川的重点城市进行调查，并拟定每个城市抽取的样本数为400人，按年龄层和性别比例分配名额。年龄层分段：30～40岁，40～50岁，50～60岁，60岁以上；各年龄层比例采用近似的1:1，性别比采用1:1。总样本数为4 400人。

要求各地的调查人员对抽中的 400 个样本实行面对面的街头访问。调查人员由当地的市场营销专业的大学生担任，每个调查地点有两名调查人员执行访问，每个城市大约需要 20 个调查人员。访问工作的质量监督控制工作以及资料的统计处理工作均由 ABC 市场调查公司负责。

注：根据统计学理论，当置信度为 98% 时，样本量达到 380，即可使抽样的绝对误差控制在 2% 内，符合此次调查所预设的要求。因此决定每个城市的样本数为 400 人。

在市场调查中如果要采用观察法或网络问卷调查法，为使数据、情报在收集、分类、统计、储存时的效率高，调查人员在调查前要设计、制定一些格式化的调查表格，如观察表或调查问卷等。这些表格在调查方法说明时加以体现，也可以出现在附录中。"××品牌专营店商业选址的调查"观察表如表 2-4 所示。

表 2-4　"××品牌专营店商业选址的调查"观察表

静态观察表			
商业氛围	商业区域范围大小 大□　中□　小□	商业价值等级 1 级□　2 级□　3 级□	商铺租金（每平方米） 30 元以下□　30～40 元□
交通条件	是否靠近地铁站 是□　否□	公共交通密度 低□　一般□　高□	停车条件 差□ 一般□ 好□	交通堵塞情况 非常严重□ 严重□ 一般□ 畅通□
银行网点	银行网点数量		
卫生环境	周围公厕卫生情况 非常好□　比较好□　一般□ 比较差□　非常差□		地面卫生情况 非常好□　比较好□　一般□ 比较差□　非常差□
居民居住情况	周围居住人口密度 非常高□　比较高□　一般□ 比较低□　非常低□		周围大型楼盘分布情况
休闲娱乐	是否有麦当劳或肯德基　是□　否□ 是否有书城或书店　是□　否□		是否有电影院　是□　否□

2.1.6　确定资料整理与分析计划

资料整理是对资料进行加工整理、系统开发的过程，其目的在于为市场分析研究提供系统化、条理化的综合资料。为此，调查人员应确定资料整理的方案，对资料的审核、订正、编码、分类、汇总等做出具体的安排。如果进行大型的市场调查，还应对计算机自动汇总软件开发和购买做出安排。

目前，采用实地调查方法搜集的原始资料的处理工作一般已由计算机进行，这在方案设计中也应予以考虑，包括采用何种操作程序以保证必要的运算速度、计算精度及特殊目的。

随着互联网和计算机技术的发展，越来越多的现代统计分析手段可供调查人员在分析时选择，如方差分析、回归分析、相关分析以及各种大数据算法分析等。每种分析技术都有其特点和适用性，因此，调查人员应根据调查的要求，选择最佳的分析方法并在方案中加以体现。

2.1.7　说明调查时间进度安排

在市场调查总体方案设计或策划过程中，调查人员应根据规定的调查期限，对调查研究的每一阶段需要完成的工作任务和所需的时间及人员安排等做出规定，以便督促或检查各个阶段的工作，控制调查成本，保证按时按质完成各项调查工作。在实际调查活动中，根据调查范围的大小，调查时间有长有短，但一般为一个月左右。确定调查时间进度安排的基本原则是：保证调查的准确性、真实性，不走马观花；尽早完成调查活动，保证时效性，同时节省费用。

一般情况，调查时间进度安排如下。

第一周准备：与客户商讨、确认计划建议书，收集二手资料，了解行情，设计问卷。

第二周试调查：修改、确定问卷。

第三周具体实施调查。

第四周进行数据处理。

第五周编写报告，结束调查。

通常，在安排各个阶段工作时，调查人员还要具体地安排做哪些事项、由何人负责，并提出注意事项，所以需制作进度表。市场调查进度表示例如表 2-5 所示。

表 2-5　市场调查进度表示例

工作与活动内容	时间	参与单位和活动小组	主要负责人及成员	备注

康体健公司的康体健口服液广告效果调查的市场调查时间进度安排如下。

此方案若得到认可，调查组将在 20××年 5 月 28 日前完成调查工作，并提交调查报告。调查进度表如表 2-6 所示。

表 2-6　调查进度表

工作与活动内容	时间	参与单位和活动小组	主要负责人及成员	备注
总体方案、抽样方案和问卷初步设计	4 月 1 日至 4 月 10 日			
预调查及问卷测试	4 月 11 日至 4 月 15 日			
问卷修正、印刷	4 月 16 日至 4 月 18 日			
调查人员挑选与培训	4 月 19 日至 4 月 20 日			
调查访问	4 月 21 日至 5 月 18 日			
整理并打印报告	5 月 19 日至 5 月 24 日			
打印提交报告	5 月 25 日至 5 月 28 日			

切记：调查时间应该安排得有一定的弹性，以应对意外事件。

2.1.8　说明经费预算开支情况

在市场调查方案设计中，调查人员应考虑经费预算。市场调查费用应根据调查的目的、调查的范围和调查的难易程度而定。

1．调查费用的内容

调查费用一般包括以下内容。

（1）资料收集、复印的费用；

（2）调查方案、抽样方案和问卷的设计费、印刷费；

（3）实地调查劳务费；

（4）数据输入费、统计分析费；

（5）计算机数据处理费；

（6）报告撰写费；

（7）打印装订费；

（8）组织管理费；

（9）税费；

（10）利润。

市场调查费用可采用表格的形式进行列示。市场调查费用预算表示例如表 2-7 所示。

表 2-7　市场调查费用预算表示例

调查题目：
调查单位与主要负责人：
调查时间：

经费项目	数量	单价	金额	备注
1．资料费				
2．文件费				
3．设计费				
4．统计费				
5．交际费				
6．调查费				
7．差旅费				
8．杂费				

续表

经费项目	数量	单价	金额	备注
……				
……				
合计				

在制作市场调查费用表时，各支出项目根据实际情况会略有不同，所使用的项目名称也会有所不同，调查人员可根据实际情况进行设计。例如，康体健公司的康体健口服液广告效果调查案例中，市场调查估价单如表 2-8 所示。

表 2-8　市场调查估价单

费用支出项目	数量	单价（元）	金额（元）	备注
方案设计策划费	1 份	20 000	20 000	
抽样设计实施费			2 000	
问卷设计费	1 份	1 000	1 000	
问卷印刷装订费	4 400 份	4	17 600	
调查人员劳务费	220 人	100	22 000	
总计			62 600	

2. 调查公司报价技巧

调查机构在一般情况下应该细分成本项目，可以在大的方面酌情提高报价。例如，调查方案、抽样方案和问卷设计、统计分析及调查报告方面的费用。在比较小的方面，尤其是客户比较了解或客户自己也可以做的事情，则可以按照成本进行报价或适当报低一点。在更加细小的地方或者客户比较了解的事项上，应该大度地表示免费为客户提供服务。

价格是市场调查方案的主要内容和争取客户的主要部分之一，应慎重表述。例如，可以说："本着为客户着想和经济的原则，经过认真计算，调查活动共需要各项经费××元人民币。"对于具体项目费用预算可以列出估价单，让客户明白调查费用都花在什么地方。开头或者最后不要忘记说明"为了体现我公司一贯为客户服务的宗旨，我公司为客户提供以下优惠：不收取信息资料的录入费用、管理和监督费用等"。在进行最后竞争时，一定要以确定的具体数据，证明调查公司的实力。因此，可以表达为"本公司本着为客户服务的精神，在人员的高素质和高技术水平的支持下，以低成本费用，完成市场调查任务，满足客户的需要。"介绍时，也应该说明或者暗示关于价格的问题可以商量等。应该注意的是，除非签订合同，否则不要在市场调查方案上写关于具体价格的问题，也不要主动谈到价格问题，可以只确定一个比较模糊的价格范围，把具体价格的确定问题放到最后才解决。一般情况下，在争取到服务项目后，再根据客户的财务状况和调查活动要求，了解竞争对手的策略和信息资料，还应该具体了解客户的价格心理和谈判心理，然后斟酌，最后在市场调研服务合同书上写明价格。

2.1.9　说明调查结果的表达形式

这一部分应说明提交报告的方式、报告书的形式和份数、报告书的基本内容、报告书中图表的数量，以及是否有阶段性报告等。

在康体健公司的康体健口服液广告效果调查案例中，调查结果的表达形式说明如下。

本次调查的成果形式为调查书面报告。具体内容包括：前言、摘要、研究目的、研究方法、调查结果、结论和建议、附录七个部分。交给客户两份书面材料。

2.1.10　制订调查的组织计划

调查的组织计划，是指为了确保调查工作的实施而制订的具体的人力资源配置计划，主要包括调查的组织领导、调查机构的设置、调查人员的选择与培训、课题负责人及成员、各项调查工作的分工等。企业委托外部市场调查机构进行市场调查时，还应对双方的责任人、联系人、联系方式做出规定。

2.1.11　编写市场调查方案

把调查的组织计划的主要内容确定之后，市场调查人员可撰写市场调查方案，以供客户审批，作为调查项目委托人与承担者之间的合同或协议的主体。市场调查方案是客户看到的第一份书面材料，它在很大程度上决定着项目成功与否。市场调查方案的起草与撰写一般由项目的主管完成。市场调查方案的结构主要包括封面、目录、内容和附录四个部分。

（1）封面。封面主要包括方案的名称、客户的名称、研究机构的名称和时间。方案的封面尽量做到与众不同，文字内容、印刷形式、字体设计、纸张质量都应符合客户企业形象，既显示调查机构的实力，也能吸引客户的注意和兴趣。

（2）目录。目录可以使客户很容易找到其感兴趣的部分，其内容主要包括方案各部分的标题和页码。

（3）内容。内容包括以上 10 个方面的内容（有些内容如调查的组织计划亦可列入附录），这一部分是方案的主体。

（4）附录。此部分主要是对调查方案的一些补充说明，主要包括调查项目负责人及主要参加者、抽样方案及技术说明、问卷有关技术说明、数据处理软件等。

市场调查方案的格式并不是唯一的，内容可以适当合并或做进一步的细分，相关人员应根据具体的案例背景灵活处理。市场调查方案要切实可行，具有可操作性。

虽然市场调查方案的编写实际上可能只需要一两天的时间，然而，为保证整个调查工作的顺利进行，以及调查结果的精确，市场调查方案仍应周密考虑，它的好坏直接影响市场调查工作的成败。

 职业技能训练

训练主题： 市场调查方案设计。

训练要求： 要求学生掌握市场调查方案设计的相关内容和技巧，能够根据企业营销决策需要制订市场调查方案，要求学生制订的调查方案系统、具体、明确、可操作，该方案能够保证接下来的调查活动有条不紊地进行，能够提高市场调查工作的效率。

训练内容： 以学生在项目一中任务 1.4 的[职业技能训练]中所选的创业项目经营主体作为委托方，为其设计市场调查方案。

主要准备：

（1）知识准备，明确市场调查方案的主要内容以及每一部分内容的设计要领、注意事项。

（2）组织准备，教师提前布置训练任务，并进行分组，推选或指定组长，组长负责本小组成员的活动安排。

操作步骤：

第一步：选择调查主题，要求主题尽量贴近学生的学习或生活。

第二步：根据所选调查主题，确定调查目标。

第三步：根据调查目标，确定调查内容和调查对象。

第四步：根据以上内容，确定调查方法。

第五步：选择抽样方式，确定样本。

第六步：确定调查时间进度安排。

第七步：整理、分析调查资料。

第八步：撰写《××市场调查方案》。

成果形式： 《××市场调查方案》。

任务 2.2 修改市场调查方案

任务描述

本任务要求学生能够运用小组座谈法、经验判断法、逻辑分析法、试点调查法等常用方法，对编写好的市场调查方案初稿进行可行性研究分析，并进一步讨论和修改，使方案能够切实指导调查工作。

任务导入

调查对象选择错误导致决策失败

成都某宠物食品生产企业打算开发一款新的宠物狗粮，为了使产品成功上市并热销，特别制订了调查方案，并设计了问卷，在网上选择了 1 000 个样本，并且保证所有的样本在饲养宠物的人群中产生，调查内容涉及价格、包装、食量、周期、口味、配料等 6 个方面。但是，这次调查并没有给这家企业带来预想的效果。

2021 年年初，采用新配方、新包装的狗粮产品上市了，热销了一周后便销量大幅下降，后来产品在一些渠道甚至遭到了抵制。过低的销量让企业高层不知所措，到 2021 年 5 月初，新产品被迫从各渠道撤回，产品革新宣告失败。

最后企业对十多个新产品的购买者进行回访，他们表示不会再次购买的原因是宠物不喜欢吃。这时，企业才恍然大悟，这款产品的最终消费者并不是人，人只是购买者。调查对象选择错误，导致了这次决策的失败。

任务实施流程

市场调查人员编写完成市场调查方案初稿后，为使方案能够切实指导调查工作，还应对方案做进一步讨论和修改，使调查方案更加完善。本任务主要从以下几个方面展开学习，如图 2-2 所示。

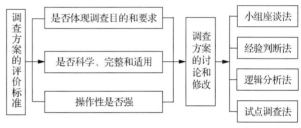

图2-2　任务2.2实施流程

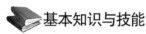基本知识与技能

在对复杂社会经济现象所进行的调查中，所设计的调查方案通常不是唯一的，相关人员需要从多个调查方案中选取最优方案。同时，调查方案的设计也不是一次完成的，而要经过必要的可行性研究，对方案进行试点和修改。可行性研究是科学决策的必经阶段，也是科学设计调查方案的重要步骤。下面对调查方案的评价标准做简单介绍。

2.2.1　调查方案的评价标准

在讨论和修改调查方案前，我们有必要知道调查方案的评价标准。对于一个调查方案的优劣，可以从三个方面去评价，简要说明如下。

1. 是否体现了调查的目的和要求

是否体现了调查的目的和要求，是评价调查方案优劣的重要标准。例如，××品牌专营店商业选址的调查方案中，确定的调查内容、调查范围和调查单位都能达到选择优秀商业地段的调查目的和要求。因此可说该方案是较优方案。

2. 是否科学、完整和适用

例如，××品牌专营店商业选址的调查方案中设置了许多相互联系、相互制约的指标，包括：商业氛围、交通条件、银行网点、卫生环境、居民居住情况、休闲娱乐等，形成了一套比较完整的指标体系，使得调查方案全面、系统，适用性强。

3. 操作性是否强

例如，在康体健口服液广告效果调查方案中，考虑到可操作性，相关人员特别考虑优先聘用市场营销专业的大学生作为调研人员，因为一来大学生可以增加被调查者的信任感，可使访问更容易成功，二来学生兼职费用低，三来可向大学生提供一个社会实践的机会，因此可说是皆大欢喜的一件事。

2.2.2　调查方案的讨论和修改

明白了调查方案的评价标准之后，就可以开始对方案进行讨论和修改，常用的方法如下。

1. 小组座谈法

小组座谈法，即由项目调查小组的组长主持会议，项目小组成员参加会议，同时可邀请委托方代表参加会议。主持人在召开该座谈会前针对本次调查任务的调查方案列一份提纲，表明座谈会围绕调查目的、调查内容、调查对象、调查范围、调查方法、调查工具、调查时间进度安排、调查经费预算等展开讨论。评价方案的标准从是否体现调查的目的和要求，是否科学、完整和适用，操作性是否强三个角度考虑。参加座谈会的人员可以公开发表各自的意见或想法，踊跃发表看法，集思广益，相互交流、相互补充，针对某一个问题最好能达成一致的修改意见。

2. 经验判断法

经验判断法，即通过组织一些市场调查经验丰富的人士，对设计出来的市场调查方案进行初步研究和判断，以说明调查方案的合理性和可行性。

例如，可以采用经验判断法来判断某市白领阶层的消费支出结构研究，不宜采用普查的形式，实际上这样做既没有必要也不可能。在对白领阶层这一概念进行量化处理之后，完全可以采用抽样调查的方式。

该方法的优点是可以节约人力、物力，并帮助决策者在较短的时间内做出快速的判断。缺点是因为人的认识很有限，并且事物处于不断的发展变化中，各种主客观因素都会对判断的准确性产生影响。

3. 逻辑分析法

逻辑分析法，即从逻辑的层面对调查方案进行把关，考查其是否符合逻辑和情理。例如，对学龄前儿童进行问卷调查，对学生进行某市高、中档商品房市场需求调查等，这些都有悖于常理和逻辑，也是缺乏实际意义的。但是，如某企业做一次民意调查，想知道一项新的福利改革制度在职工中的支持度。假设该企业有 1 000 人，其中销售人员 300 人，生产人员 200 人，科研人员 500 人，只准备选取样本 100 人进行问卷调查。那么，从逻辑上讲，若按各工种人员在总人口中所占的比例进行样本的分配，显然是科学和符合逻辑的。照此思路，可得出以下样本分配方法。

销售人员取样数=300÷1 000×100=30（人）
生产人员取样数=200÷1 000×100=20（人）
科研人员取样数=500÷1 000×100=50（人）

同样地，若想了解某市城市居民消费支出结构，对处于不同收入水平的居民的取样可以依照此思路进行。

4. 试点调查法

试点调查法，即通过小范围选择部分单位进行试点调查，对调查方案进行实地检验，及时总结并且做出修改。具体来说，试点调查的用意在于以下两点。

（1）试点调查的目的在于对调查方案进行实地检验。调查方案是否切实可行，可通过试点进行实地检验，检查制定的调查目标是否恰当，设置的调查指标是否正确，是否存在应该增加或减少的考核项目，哪些地方应该修改和补充。试点工作完成后，调查人员要及时地提出具体建议，对原方案进行修订，以便使制订的调查方案科学合理，切合实际。

（2）试点调查还可以理解成实战前的演习，可以帮助调查人员在大规模推广应用之前及时了解哪些调查工作是合理的，哪些是工作的薄弱环节。

具体操作时应注意以下几个问题。

（1）选择适当的调查对象。应尽量选择规模小、具有代表性的试点单位。必要时还可以采用少数单位先行试点，然后再扩大试点的范围，最后全面铺开。如此这般，循序渐进。

（2）事先建立一支精干的调查队伍，这是做好调查工作的先决条件，能为搞好试点调查工作提供组织保证。调查队伍成员包括有关调查的负责人、调查方案设计者和调查骨干。

（3）调查方法和调查方式应保持适当的灵活性，不应太死板。可以事先多准备几种调查方式，经过对比后，从中选择合适的方式。

（4）试点调查工作结束后，应及时做好总结工作，认真分析试点调查的结果，找出影响调查的各种主客观因素并进行分析。

课堂活动7

小组交叉评价调查方案

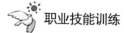 **职业技能训练**

训练主题： 市场调查方案的可行性评价。

训练要求： 引导学生在把握市场调查方案可行性评价标准和常用方法的相关理论知识的基础上，通过课堂活动内容的实训以及课外试调查实践活动，进一步理解进行调查方案可行性评价的必要性。

训练内容： 经过交叉可行性评价后各组对方案做进一步修改，通过小范围选择部分调查对象进行试点调查，对调查方案进行实地检验，及时总结并修改。

主要准备：

（1）知识准备，掌握市场调查方案评价的常用方法以及评价标准。

（2）组织准备，教师提前布置训练任务，并进行分组，推选或指定组长，组长负责本小组成员的活动安排。

操作步骤：

第一步：各组按照提出的合理意见，对方案进行修改。

第二步：选择试点调查范围，对修改好的方案进行试点调查。

第三步：根据试点调查的结果进一步评价调查目标是否明确，调查内容是否能为调查目的服务，选择的调查方法是否恰当，调查对象的界定是否清晰等。

第四步：进一步完善《××市场调查方案》。

成果形式：《××市场调查方案》。

 职业道德与营销伦理

可以入职竞争对手企业收集商业情报吗？

背景与情境： 2017年3月，一则《车鉴定被查博士以不正当手段窃取商业机密》的新闻在网络中传开。据车鉴定创始人兼COO康金良透露，查博士与车鉴定为同行业的竞争对手。2016年7月底，查博士派遣"卧底"张某某入职车鉴定，并每月向其发放4 000元工资。在长达半年的时间内，张某某利用职务之便将车鉴定内部运营数据、客户信息、商业活动策划案及定价策略等商业秘密提供给查博士，直至2017年2月案发。

问题： 故事中张某某的行为会造成什么后果？

分析提示： 商场如战场，对于竞争激烈的商场而言，能够随时掌握竞争对手的动态，自然可以从容应对，立于不败之地。若以正当渠道收集商业情报自然无可厚非，但有些商家罔顾职业道德和法律，通过商业间谍窃取竞争对手的商业机密就属于违法行为了。因此，不能为了获取竞争者信息而不择手段，为自己和企业带来法律和道德风险。

 重点实务与操作

□**重点实务**

1. 市场调查方案的结构和内容
2. 市场调查方案的评价标准和方法

□**重点操作**

市场调查方案的编写

课堂训练

▲单项业务

业务1：调查目的训练

以大学生手机消费行为为调查主题，确定调查目的，对各组所确定的调查目的进行比较。

业务2：调查内容训练

以上述调查目的训练为基础，各组围绕自己的调查目的，确定相应的调查内容，然后对各组调查内容进行比较，分析在不同的调查目的下调查内容是否具有差异性。

▲综合业务

以业务1和业务2为基础，每组学生完成各自的调查方案，并首先进行市场试调查，对调查方案进行评价并修改，再进行交叉评价，选出最优方案。

▲案例分析

某某学院蓝牙耳机市场调查方案

一、前言

蓝牙耳机又称无线耳机，属于手机的配件，其因方便使用而在大学校园内广为流行。某某学院学生几乎人人都有手机。蓝牙耳机的市场容量巨大。

为提高某蓝牙耳机在大学市场的占有率，评估某某学院蓝牙耳机行销环境，制定相应的营销策略，预先进行某某学院蓝牙耳机市场调查很有必要。

本次市场调查将围绕市场环境、消费者、竞争者进行。

二、调查目的

详细了解某某学院蓝牙耳机市场各方面情况，为该产品在某某学院的推广制订科学合理的营销方案提供依据。

1. 全面摸清本品牌在消费者心中的知名度、渗透率、美誉度和忠诚度。
2. 全面了解本品牌及主要竞争品牌在某某学院的销售现状。
3. 全面了解目前某某学院主要竞争品牌的价格、广告、促销方式等。
4. 了解某某学院消费者对蓝牙耳机消费的观点、习惯。
5. 了解某某学院在校学生的人口统计资料，预测蓝牙耳机市场容量及潜力。

三、调查内容

调查内容要根据市场调查的目的来确定。该次调查主要内容如下。

（一）市场环境调查

主要的调查内容如下。

1. 某某学院蓝牙耳机市场的容量及发展潜力；
2. 某某学院蓝牙耳机行业的营销特点及行业竞争状况；
3. 某某学院教学、生活环境对该行业发展的影响；
4. 当前某某学院蓝牙耳机种类、品牌及销售状况；
5. 某某学院该行业各产品的经销网络状态。

（二）消费者调查

主要的调查内容如下。

1. 消费者对蓝牙耳机的购买情况（购买过什么品牌、购买地点、选购标准等）与消费心理（必需、偏爱、经济、便利、时尚等）；
2. 消费者对蓝牙耳机各品牌的了解程度（包括功能、特点、价格、包装等）；
3. 消费者对品牌的意识、对本品牌及竞争品牌的观念及品牌忠诚度；
4. 消费者平均月开支及消费比例；

5. 消费者理想的蓝牙耳机描述。

（三）竞争者调查

主要的调查内容如下。

1. 主要竞争者的产品与品牌的优势、劣势；

2. 主要竞争者的营销方式与营销策略；

3. 主要竞争者市场概况；

4. 主要竞争者的经销网络状态；

四、调查对象及抽样

因为蓝牙耳机在高校的普遍性，所以某某学院全体在校学生都是调查对象，但因为家庭经济背景的差异，全校学生月生活支出还是存在较大的差距，不同学生的消费购买习惯存在差异性，因此他们在选择蓝牙耳机的品牌、档次、价格上都会有所不同。为了准确、快速地得出调查结果，此次调查决定采用分层抽样法：先按其住宿条件的不同，将学生分为两层（住宿条件基本上能反映各学生的家庭经济条件），即公寓学生与普通宿舍学生，然后再进行随机抽样。此外，分布在校内外的各经销商、专卖店也是本次调查的对象，因其规模、档次的差异性，对其采用判断抽样法。

具体情况如下。

消费者（学生）：300 名，公寓学生、普通宿舍学生各占 50%。

经销商：10 家，其中校外 5 家。

经销商中，校外大型综合商场：1 家，中型综合商场：2 家，专卖店：2 家；校内综合商场：3 家，专卖店：2 家。

消费者样本要求如下。

1. 家庭成员中没有人在蓝牙耳机生产单位或经销单位工作。

2. 家庭成员中没有人在市场调查公司或广告公司工作。

3. 消费者在最近半年中没有接受过类似产品的市场调查测试。

4. 消费者所学专业不为市场营销、调查或广告类。

五、调查人员的规定、培训

（一）规定

1. 仪表端正、大方。

2. 举止得体，态度亲切、热情。

3. 具有认真负责、积极的工作精神及职业热情。

4. 具有把握谈话气氛的能力。

5. 经过专门的市场调查培训，专业素质好。

（二）培训

培训必须以实效为导向，本次决定采用举办培训班集中讲授的方法培训调查人员，针对本次活动聘请有丰富经验的调查人员面授调查技巧、经验。对调查人员进行思想道德方面的教育，使之充分认识到市场调查的重要意义，培养他们强烈的事业心和责任感，端正其工作态度、作风，激发他们对调查工作的积极性。

六、人员安排

根据调查方案，进行本次调查需要的人员有三种：调查督导、调查人员、复核员。具体配置如下。

调查督导：1 名。

调查人员：20 名（其中 15 名对消费者进行问卷调查、5 名对经销商进行深度访谈）。

复核员：1~2 名，可由调查督导兼职，也可另外招聘。

如有必要还将配备辅助督导 1 名，协助访谈、收发和检查问卷与礼品。问卷的复核比例为全部问卷数量的 30%，全部采用电话复核方式，复核时间为收回问卷后的 24 小时内。

七、市场调查方法及具体实施

1. 对消费者以问卷调查为主，具体实施方法如下。

在完成市场调查问卷的设计与制作以及调查人员的培训等相关工作后，就可以开展具体的问卷调查了。把调查问卷平均分发给各调查人员，统一选在午餐或晚餐后开始进行调查（因为此时学生多待在宿舍里，便于集中调查，能够给本次调查节约时间和成本）。调查人员在进入宿舍时说明来意，并特别声明在调查结束后将赠送被调查者精美礼物一份以吸引被调查者积极参与，得到正确有效的调查结果。调查过程中，调查人员应耐心等待，切不可催促。记得让学生在调查问卷上写明姓名、所在班级、寝室号、电话号码，以便以后的问卷复核。调查人员可以在当时收回问卷，也可以第二天收回（这有利于被调查者充分考虑，给出更真实有效的信息）。

2. 对经销商以深度访谈为主。

由于调查形式的不同，对调查人员所提出的要求也有所差异。与经销商进行深度访谈的调查人员相对于实施问卷调查的调查人员而言，其专业水平更高一些。因为时间较长，调查人员对经销商进行深度访谈以前一般要预约好时间并承诺给一定报酬，访谈前调查人员要做好充分的准备，列出所要了解的所有问题。调查人员在访谈过程中应占据主导地位，把握整个谈话的方向，能够准确筛选谈话内容并快速做好笔记以得到真实有效的调查结果。

3. 通过查询资料调查某某学院人口统计资料。

调查人员查找资料时应注意其权威性及时效性，以尽量减少误差。因为具有简易性，该工作可直接由复核员完成。

八、调查程序及时间安排

市场调查大致来说可分为准备、实施和结果处理三个阶段。

1. 准备阶段：这个阶段的工作一般分为界定调查问题、设计调查方案、设计调查问卷或调查提纲三个部分。

2. 实施阶段：根据调查要求，采用多种形式，由调查人员广泛地收集与调查活动有关的信息。

3. 结果处理阶段：将收集的信息进行汇总、归纳、整理和分析，并将调查结果以书面的形式，即用调查报告表述出来。

在客户确认项目后，有计划地安排调查工作的各项日程，用以规范和保证调查工作的顺利实施。调查的实施程序可分八个阶段。

调查方案、问卷的设计：3 个工作日。

调查方案、问卷的修改、确认：1 个工作日。

项目准备阶段（人员培训、安排）：1 个工作日。

实地访问阶段：4 个工作日。

数据预处理阶段：2 个工作日。

数据统计分析阶段：3 个工作日。

调查报告撰写阶段：2 个工作日。

论证阶段：2 个工作日。

九、经费预算（单位：元）

1. 策划费：1 500。

2. 交通费：500。

3. 调查人员培训费：500。

4. 公关费：1 000。

5. 访谈费：1 000。

6. 问卷调查费：1 000。

7. 统计费：1 000。

8. 报告费：500。

总计: 7 000。

十、附录

参与人员如下。

项目负责人: ××。

调查方案、问卷的设计: ××。

调查方案、问卷的修改: ××。

调查人员培训: ××。

调查人员: ××。

调查数据处理: ××。

调查数据统计分析: ××。

调查报告撰写: ××。

论证人员: ××。

调查计划书撰写: ××。

问题:

1. 关于某某学院蓝牙耳机市场调查计划书中的调查目的是否清楚? 请说明理由。

2. 该方案中调查内容是否围绕调查目的展开? 请说明理由。

分析要求:

(1) 学生根据上述问题, 拟出《案例分析提纲》;

(2) 小组讨论, 形成小组《案例分析报告》;

(3) 班级交流, 教师对各小组的《案例分析报告》进行点评;

(4) 在班级展出附有"教师点评"的各小组《案例分析报告》, 供学生比较研究。

▲决策设计

新型快餐食品市场调查方案的可行性评价

一调查公司正在为新型的快餐食品做市场调查方案, 方案中调查对象涉及注重营养的大学生, 该公司在实施调查前欲对方案进行可行性评价, 你认为该公司应该采用什么方法进行可行性评价, 具体应该如何操作?

设计要求:

(1) 设计围绕调查目的和调查对象的试调查范围;

(2) 小组讨论, 形成小组《决策设计方案》;

(3) 班级交流, 教师对各小组的《决策设计方案》进行点评;

(4) 在班级展出附有"教师点评"的各小组《决策设计方案》, 供学生比较研究。

市调大赛指导模块

收集前期调研资料

数据查找表

项目三

设计市场调查问卷

 预习思考

1. 市场调查问卷的基本结构与内容、调查问卷的设计技巧，以及问卷评估知识。

2. 根据在任务 1.4 的[职业技能训练]中选择的调查项目，结合调查目的和调查内容思考需要调查哪些问题。

任务 3.1 调查问卷的基本结构与内容

 任务描述

本任务要求学生能够运用所学调查问卷的相关知识，结合企业实际和调查任务，为某一调查任务确定合理的调查问卷结构与内容。

任务导入

规范调查问卷设计

市场调查问卷是由一个又一个问题组成的，这些问题凝结着设计人员大量的智慧和汗水。一些非专业人士在设计调查问卷时，想当然地设计出自己认为合理的问题，导致在访问时收集到很多不明确或者无效的信息。例如，在大学生手机需求情况调查问卷中设计了这样一个问题：您觉得华为手机怎么样？被调查者看到这样的问题时就会很困惑，不清楚到底是要了解自己对手机的哪个方面的评价，如此调查人员最后收集到的信息就会五花八门，难以统计和分析。甚至还有人在设计调查问卷时直接问被调查者有关经营决策方面的问题，如"您认为××公司应该采取以下哪些促销策略？"这是一个无效的问题，被调查者根本不可能去思考这样的问题，即便回答也可能是胡乱作答。因此，设计调查问卷有很多的规范和技巧需要注意，否则难以达到收集有效信息的目的。

任务实施流程

设计调查问卷的基本结构与内容是设计调查问卷的基础，即根据某一调查主题，确定调查问卷的基本结构，进而选取恰当的资料以确定调查问卷的基本内容。本任务主要从以下几个方面展开学习，如图 3-1 所示。

图3-1 任务3.1实施流程

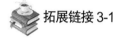 **基本知识与技能**

调查问卷简称问卷，是指调查者事先根据调查的目的和要求所设计的，由一系列问题、说明以及备选答案组成的调查项目表格，所以又称调查表。问卷调查是调查者依据心理学原理，将精心设计的各种问题以询问的形式在问卷中列出来，还给出了多种可能的答案，提供给被调查者进行选择的活动。问卷调查有助于被调查者及时准确地获取调查的内容，领会调查意图，从而提高调查的系统性和准确性。

如果设计的调查问卷规范合理，调查者就可以按统一的提问要求和问题顺序规范提问，被调查者可以按统一的答题要求回答，数据处理人员可以按统一的问卷进行数据分析，从而提高市场调查的整体质量。

问卷是通用的询问调查的基本工具，因此设计科学有效的问卷成为询问调查的重要环节。为了保证问卷的科学性和有效性，问卷设计人员需要遵循正确的设计原则和科学的设计程序。问卷是由一系列形式不一的问句构成的，因此，我们在问卷设计中还要特别重视问句设计。问卷一般由四个部分组成，相关人员在设计时可根据实际需要有针对性地设计各部分的问题。

3.1.1　设计开头部分

1. 问卷的标题

问卷的标题是对调查主题和内容最直接的概括，需要用简洁、鲜明、准确的语言表达出来，一般位于问卷的上端。常用格式为：××（地区）××（产品/市场）××（方面）调查问卷。例如，成都市葡萄酒市场需求调查问卷、盒马鲜生客户满意度调查问卷、中国网民消费行为调查问卷。

 拓展链接 3-1

标题的作用

思考标题如何设计，是问卷设计者加深理解和把握调查的目的和内容的过程，有利于提高问卷的设计质量。同时，好的、有针对性的标题还可以激发被调查者的回答兴趣。

2. 问卷的编号

用于线下访问的纸质问卷还需要设置编号，编号一般在问卷第一页的左/右上方。设置问卷编号的目的包括：控制问卷的发放和回收数量；整理问卷时，方便识别录入的每份问卷；在入户调查时，结合入户随机抽样表（见表3-1），方便完成随机抽样。

 拓展链接 3-2

表3-1　入户随机抽样表

家庭人口＿＿＿（人）
家庭符合条件调查人口＿＿＿（人）　编号＿＿＿

成员序号	家庭成员姓名	年龄	问卷编号尾数										
			1	2	3	4	5	6	7	8	9	0
1			1	1	1	1	1	1	1	1	1	1
2			2	1	1	2	1	2	2	1	2	1
3			3	2	1	2	1	3	1	3	2	3
4			4	1	2	3	3	4	1	2	4	2
5			5	4	3	1	2	2	3	4	5	1
6			6	5	1	2	4	3	1	4	5	6
7			7	1	4	3	6	2	5	3	1	2
8			3	4	5	7	1	2	6	8	8	7

3．调查作业记录

在纸质问卷的第一页上，一般还要设计可供记录的作业和访问的条目。这一部分有两项内容。一项是供访问员、复核员、编码员、录入员填写姓名或工号的表格，如表 3-2 所示。

表 3-2　作业记录表

访问员	复核员	编码员	录入员

另一项是用来记录被调查者姓名、联系电话、家庭地址、访问开始时间和结束时间等内容的条目。这一项也可以列在问卷的最后，即使放在问卷的第一页上，其填写时间也要放在访问结束时。

用于面访的问卷通常还会设计调查过程记录，记录一切可能影响调查结果准确性或真实性的情况，为问卷筛选提供参考依据。例如，环境的影响、被调查者对问卷的理解程度、被调查者的配合程度等。

【例 3-1】　调查过程记录

调查人员姓名：　　　　　　　　　　督导员姓名：

调查过程中有无以下情况发生。

（1）在调查过程中有其他人在场（是什么人）。

（2）在调查过程中有客人来访，中断过调查（多长时间）。

（3）在调查过程中被调查者对调查内容或语言有不明白的地方。

（4）其他（请详细说明）。

（5）在调查过程中被调查者的合作情况：

　　A．合作　　　　　　　　B．一般　　　　　　　　C．不合作

4．问卷的问候语

问候语也称开场白或者说明词，主要用于介绍调查的目的、意义、选择被调查者的方法以及填答说明等，一般放在问卷的开头。有些问卷的问候语还列明了交表地点及其他注意事项等；有些则加上一些宣传内容，使问候语更具有说服力。问候语要简明扼要、开门见山地说明调查目的等。

问候语可以起到引起被调查者重视，消除其心理压力与顾虑，激发其参与意识和降低拒访率的作用。问候语包含的内容如下。

- 称呼+问好+自报家门；
- 调查内容和意图；
- 请求配合并表示感谢；
- 被调查者选取方法+保密措施。

常用句式如下。

先生/女士：

您好！我是××调查公司的调查人员，我姓×，目前正在针对……做一项调查，可能会耽误您几分钟时间，感谢您的支持与配合！

【例 3-2】　高脂血症患者药品需求状况调查问卷问候语

先生/女士：

您好！感谢您填写这份调查问卷。人的寿命长短同身体健康与否紧密相关，每一位高脂血症患者都渴望尽快祛除或减轻病痛，恢复健康。我们正在筹建的×××制药厂基于为人类造福的理念，开发了治疗高脂血症的药品。为此，×××社会调查中心希望通过这次调查，了解您的病情和用药状况，请您把真实的情况和想法提供给我们。本问卷不记名，答案无所谓对错。您的回答将按照《中华人民共和国统计法》的规定予以保密。

占用您的时间，向您表示衷心的感谢！同时送上一个小礼品。

5. 填写说明

填写说明针对自填式问卷，用来指导被调查者填写答案。不同的调查问卷，对填写说明的要求不一样，所采取的填写说明形式也不一样。有些问卷中，填写说明很少，只在问候语部分附上一两句，没有专门的"填写说明"；有的问卷则有专门的指导语，写在问候语之后，并有专门的"填写说明"；还有一些问卷，填写说明分散在某些较复杂的问题前或问题后，用括号括起来，对这一类问题进行指导说明，例如"本题可选三个选项，请按重要程度排列"。

【例3-3】 填写说明示例

（1）请在每一个问题后，在适合自己情况的答案号码上画圈，或者在＿＿＿处填写适当的内容。

（2）问卷每页右边的数码及短横线是上机用的，您不必填写。

（3）若无特殊说明，每一个问题只能选择一个答案。

（4）对要求您填写的内容，请在规定的地方填写您的意见。

（5）填写问卷时，请不要与他人商量。

3.1.2 设计甄别部分

设计甄别部分是为了在被调查者完成问卷调查之前，首先对被调查者是否是本次问卷调查的目标人群做出甄别。甄别部分的具体作用如下。

（1）排除对调查有不利影响的被调查者。这部分被调查者主要包括以下人员。

① 职业与调查内容有关联的人；

② 近期接受过类似调查的人；

③ 可能提供虚假信息的人。

（2）筛选出符合调查条件的被调查者。筛选项目主要包括以下几个。

① 个人背景情况。

② 产品适用性。

③ 产品使用频率。

④ 调查意愿。

我们往往在正式问题前设计一组问题，对被调查者做进一步的甄别和筛选。这一组问题通常叫作甄别问题。

【例3-4】 部分甄别问题设计

（1）请问您最近半年是否接受过市场调查机构的访问？

  A. 否——继续   B. 是——终止

（2）请问您过去一月里是否去过KTV/夜总会/酒吧？

  A. 去过——继续   B. 未去过——终止

（3）请问您是否每月都去KTV/夜总会/酒吧？

  A. 是——继续   B. 否——终止

（4）请问您去KTV/夜总会/酒吧是否主要喝进口酒？

  A. 是——继续   B. 否——终止

（5）请问您的年龄是多大？（调查者注意配额）

  A. 30~45岁——继续   B. 其他——终止

（6）请问您的月收入是多少？

  A. 20 000元以上——继续   B. 20 000元以下（含20 000元）——终止

【分析提示】

经过上述一系列的甄别提问，就可以筛选出符合本次调查要求的年龄在30~45岁，月收入20 000元以上，每月都要去KTV、夜总会或酒吧，主要喝进口酒的被调查者。甄别问题有时可以单独使用，如"座谈会约人问卷""口味测试约人问卷"等。

甄别问题在通常情况下，出现在正式问题的前面，也有出现在正式问题中的情况，相当于问卷过滤器，降低虚假答案出现的概率。甄别问题主要包括以下内容。

（1）跳问。例如，①您是否使用过短信业务？②您的剃须刀是手动的还是电动的？

（2）不知道选项。

例如，您最关注以下哪项电动剃须刀技术？

A．360 度旋转刀面　　　　　B．浮动式刀头　　　　　C．全自动清洁系统

D．无所谓/都没听说过　　　　E．其他_____（请注明）

3.1.3　设计主体部分

调查问卷的主体部分是调查者所要了解的基本内容，主要由问题及其备选答案组成，可以说，这部分内容设计的质量直接影响整个调查的价值。

设计的调查问题主要包括以下内容。

- 被调查者的行为。例如，您一周购买几次奶茶？
- 外部环境或者条件对被调查者行为的影响。例如，开征房产税后您将如何处置现有房产？
- 被调查者的态度、意愿、感受、偏好、意见和建议。例如，您对××学院食堂有哪些意见和建议？

3.1.4　设计背景部分

背景部分主要用于收集被调查者的一些主要特征。被调查者如果是个人，主要收集性别、年龄、婚姻状况、文化程度、职业、职称、个人或家庭所在地区等基本情况。如果被调查者是企事业单位，主要收集企业类别、所有制性质、注册资金、年（月）销售额或销售量、营业面积、经营品种、地址、职工人数等基本情况。值得注意的是，收集的信息一定要和调查任务密切相关，并不是越多越好。

 拓展链接 3-3

调查问卷的类型

1．自填式问卷和代填式问卷

自填式问卷是指向被调查者发放，并由被调查者填写答案的问卷。这种问卷适用于面谈调查、邮寄调查、网络调查及媒体发放问卷调查。代填式问卷是指向被调查者进行询问，由调查者根据被调查者的回答代为填写答案的问卷。这种问卷适用于面谈调查、座谈会调查和电话调查。

2．结构式问卷和开放式问卷

结构式问卷也称封闭式问卷，是指不仅设计了各种问题，还事先设计了一系列各种可能的答案，让被调查者按要求从中进行选择的问卷。这种问卷适用于规模较大的调查。开放式问卷又称为非结构式问卷，是指只设计了问题，不设置固定的答案，使被调查者可以自由回答和解释有关想法的问卷。

3．传统问卷与网络问卷

传统问卷是指目前在一些传统调查（如面访调查、邮寄信函调查、电话及媒体刊载问卷调查）中仍在大量使用的纸质问卷。网络问卷是指随着互联网技术的发展而出现的，网上调查所用的无纸化问卷。

 同步实务

近年来，"元宇宙"概念火热，互联网巨头纷纷布局"元宇宙"。一家游戏公司准备开发"元宇宙"游戏，想通过问卷调查了解玩家的需求情况。请为这家游戏公司设计调查问卷的开头部分以及调查问卷结构思维导图。

业务分析：要根据市面上现有网游玩家的情况，确定问卷的主题和基本结构，并根据主题确定

问卷的基本内容。

业务程序: 第一,分析问卷的标题;第二,确定问卷的问候语与填写说明;第三,设计主体部分包含的内容;第四,分析被调查者的背景资料。

业务说明: 问卷调查是市场调查中常用的方法之一,主体部分是问卷的核心,问卷的结构和内容关系到搜集的资料是否有助于实现既定的调查目的。

课堂活动8

设计调查问卷
思维导图

 职业技能训练

训练主题: 调查问卷的问题及其备选答案设计。

训练要求: 要求学生根据思维导图设计调查问卷的问题及其备选答案。

训练内容: 根据思维导图主体部分的内容设计问题及其备选答案。

主要准备:

(1)知识准备,明确调查问卷主体部分包含的内容。

(2)组织准备,教师提前布置训练任务,并进行分组,推选或指定组长,组长负责本小组的训练安排。

操作步骤:

第一步:梳理思维导图主体部分的问题,保证问题的逻辑性和完整性。

第二步:针对思维导图主体部分的内容设计对应的问题及其备选答案。

第三步:讨论问题及其备选答案中存在的问题。

第四步:形成《××调查问卷初稿》。

成果形式:《××调查问卷初稿》。

任务 3.2　设计与组织调查问卷

 任务描述

本任务要求学生能够运用所学的问卷设计的相关知识,结合特定的调查项目,设计出科学严谨的问题和答案,按照严密的逻辑,形成一份合格的问卷。

任务导入

设计调查问卷时应注意的问题

问卷调查是市场调查中的一个重要环节,问卷质量的好坏直接决定最终调查结果的准确性,在设计问卷前掌握相关知识和技能,才能设计出一份客观有效的问卷。

在设计问卷时经常会出现以下问题。

1. 预设结果引导被调查者。如果这样做,整个问卷最终极有可能会得出设计者所预设的结果,因为被调查者做的不是一份客观的问卷,他们被引导着做问卷。这样的问卷没有任何意义,得出的结论也不具备客观性。

2. 调查问卷缺少必要的甄别问题。如果不筛选出合格的被调查者而直接进行调查,得出的结论会有很大的偏差。例如,在调查消费者对产品的满意度时,必须先确认其消费过该产品,否则满意度无从谈起。

3. 选项设置主观化。主观描述容易使被调查者产生不一样的理解,这样得到的结论缺乏客观性。例如,在调查消费频率时,选项当中出现经常、偶尔这样的主观表述,如此得到的结论就不准确,也缺乏参考性。

4. 问题设置缺乏逻辑性。问卷能让被调查者明白调查目的非常重要。如果问题设置杂乱无章,缺乏逻辑性，容易导致被调查者产生厌烦情绪，被调查者作答也可能出现混乱。例如，如果想了解消费者对网络购物橱窗式广告的态度，设计的问题应依次与网络购物、网络购物广告、网络购物橱窗式广告有关，避免逻辑跳转混乱，否则会让被调查者感到莫名其妙。

目前网络上的调查问卷质量参差不齐，所以千万不要把网上的调查问卷随便修改一下就作为自己的调查问卷，否则很容易得出一些失真的结论。这样做既不科学也不负责。

任务实施流程

问题和答案是问卷的基础，我们应依据调查主题，确定准确的问题和恰当的答案并排序。本任务主要从以下几个方面展开学习，如图3-2所示。

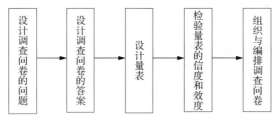

图3-2　任务3.2实施流程

基本知识与技能

问卷设计就是调查者根据调查的目的将所需调查的问题具体化，方便获得必要的信息资料，也便于统计分析。

3.2.1　设计调查问卷的问题

1. 问题的类型

（1）直接性问题和间接性问题

直接性问题是指通过直接的提问立即就能够得到答案的问题。设计直接性问题时要注意，这些问题最好是与一些已经存在的事实或被调查者的一些不太敏感的基本情况相关。例如，请问您一周通常点几次外卖？

间接性问题通常是指那些被调查者思想上有顾虑而不愿意或不如实回答的问题。设计间接性问题时要注意，一般不宜直接提问，宜采用间接或迂回的询问方式发问，才可能得到答案。间接提问的方式通常有以下两种。

① 询问相关群体的意见。例如，你的朋友通常是如何安排课余时间的？

② 提出观点使其评论。例如，有人认为，大学可以放松学习，体验更多课外生活，你是如何看待这种观点的？

（2）开放式问题和封闭式问题

开放式问题是指调查者对所提出的问题不列出具体的答案，被调查者可以自由地回答和解释有关想法的问题。开放式问题适用于与被调查者心理相关的探测性调查。例如，你如何看待当前的"饭圈"文化？

开放式问题的优点：比较灵活，能调动被调查者的积极性，使其充分自由地表达意见和发表想法；对于调查者来说，能收集到原来没有想到，或者容易忽视的资料；由于被调查者自由回答问题，调查者可以从中得到启发，使文案创作更贴近被调查者。这种问题特别适用于那些答案复杂、数量较多或者各种可能答案尚未知的情形。

当然，开放式问题也有缺点。例如，被调查者给出的答案可能各不相同，标准化程度较低，资料的整理和加工比较困难，同时还可能会因为被调查者表达问题的能力差异而产生调查偏差。

封闭式问题是指事先将问题的各种可能答案列出，使被调查者根据自己的意愿选择回答的问题。封闭式问题适用于事实类、描述性调查。

例如，你购买该款手机的主要原因是什么？

A．价格便宜　　　B．拍照效果好　　C．整机性能良好　D．售后服务好

E．外观别致　　　F．屏幕分辨率高　　G．其他

封闭式问题的优点主要有：标准化程度高，被调查者回答问题较方便，调查结果易于处理和分析；可以避免无关问题，回答率较高；可节省调查时间。

缺点主要有：被调查者的答案可能不是自己想准确表达的意见和看法；给出的选项可能对被调查者产生诱导；被调查者可能猜测答案或随便作答，使答案难以反映真实情况。

（3）动机性问题和意见性问题

动机性问题是指为了了解被调查者采取一些具体行为的原因而设计的问题。例如，你为什么购买某一品牌的笔记本电脑？

通过动机性问题所获得的调查资料对企业制定市场营销策略非常有用，但是调查资料收集难度很大。调查者可以结合使用多种询问方式，尽最大可能揭示被调查者的动机。

设计意见性问题主要是为了了解被调查者对某些事物的看法或想法。例如，你对学校后勤服务公司的快递包裹存取服务有何意见？

意见性问题在营销调查中也经常遇到，很多调查者准备用其收集关键性资料，因为意见常常影响动机，而动机决定着行为。

注意

在实际市场调查中，几种类型的问题常常是结合使用的。同一份问卷中，既会有开放式问题，也会有封闭式问题；甚至同一个问题，也可能属于多种类型。调查者可根据具体情况选择不同的问题，使用不同的询问技术。

（4）量表式问题和排序类问题

在问卷中设计量表式问题主要是为了测量回答的强度，同时，许多量表式问题的回答可以转换为数字，这些数字可以直接用于编码。另外，量表式问题的回答还可以用更高级的统计分析工具进行分析。

例如，请问您对中国移动5G网络在稳定性方面的评价是什么？

A．非常不满意　　B．不满意　　　　C．一般　　　　　D．满意　　　E．非常满意

量表式问题也有缺点，如被调查者可能出现误解，问题有时对被调查者的记忆与回答能力要求过高。

排序类问题常用于动机、态度、计划等方面的问题设计。

例如，请按重要程度排列出您在购买文具时考虑的因素。（　　　）

A．品牌　　　　　B．价格　　　　　C．包装　　　　　D．外观　　　E．促销

F．使用方便性　　G．同学推荐　　　H．其他

（5）两项选择问题和多项选择问题

两项选择问题（又称是否问题／真伪问题）的答案非此即彼，简单明了，常用于甄别题设计。

例如，你是否购买过山地自行车？

□是　　□否

这类问题的选项通常是互斥的，统计得到"是"与"否"的比例；由于选项"是"与"否"之间没有必然的联系，因此得到的只是一种定性分析，说明不同选项所占比例，比例大的部分影响力比较大。

多项选择问题是指为了使被调查者完全表达要求、意愿，而采用多个选项的问题。通过这类问题可以得到各选项的重要性差异。

例如，请问您买山地自行车是因为什么？（　　　）

A. 经济条件允许　　　B. 个人娱乐　　　C. 送给朋友

D. 作为代步工具　　　E. 赶时髦　　　　F. 周围邻居或熟人推荐

G. 旅游、锻炼身体　　H. 其他（具体写出）

2. 问题的设计技巧

对问题设计总的要求是：问题表达简明、生动，注意概念的准确性，避免提出有歧义的问题。具体应该注意以下几点。

（1）避免提出笼统、模糊、抽象、过于专业的问题

这样的问题容易造成理解困难，不易回答，且对实际调查工作并无指导意义。

例如，"您对某品牌的手机印象如何？"

这样的问题过于笼统，很难达到预期效果。可以这样问：

"您认为该品牌手机的款式如何、功能如何、通话效果如何？"

又如，"您的收入是多少？"

这样的问题就模糊不清，到底是问月收入还是年收入呢？

（2）避免使用不确切的词

如"很久""经常""大部分""漂亮""美丽"等词语，不同的人对这些词语的理解往往不同，因此我们在问卷设计中应避免或减少使用。

例如，"你是否经常喝奶茶？"

被调查者不知道"经常"是指一天一次还是一周一次。可以改问："您多久喝一次奶茶？"

（3）避免使用诱导性、否定式或假设式提问

例如，"很多人都认为××手机是最好的，你觉得呢？"

诱导性提问会使被调查者考虑到这样的结论已经是共识了，因此容易产生从众心理。调查者通过这样的提问经常会得到有严重偏差的结论。

例如，"你不赞成大学生应该利用课余时间去兼职吗？"

这种否定式提问也会对被调查者产生诱导，影响调查结果的客观性。

例如，"假如你有五百万元，你会购买别墅吗？"

通过这样的假设式提问调查出来的结论毫无意义，因为假设的条件可能并不存在，如此调查者并不能调查到真实的情况。

（4）一个问题只包含一项内容

例如，"你是否觉得××手机既便宜又好用？"

这个问题包含了两项内容，既有对××手机的价格评价，又有对××手机的使用体验评价，如果被调查者认为××手机便宜，但是不好用，就会不知道如何回答。

（5）避免提出令被调查者难堪的问题和敏感问题

例如，"您乘坐地铁时是否有逃票的情况？"

这样的问题容易让被调查者产生顾虑而不愿意回答。因此，要避免提出这样的问题。

（6）要考虑问题的计算难度

例如，"你去年点外卖的总费用是多少？"

被调查者是很难回答这样的问题的。调查者可以问被调查者上周的外卖费用是多少，这样回答起来较容易。

3.2.2　设计调查问卷的选项

1. 选项的类型

（1）按照选项数量，选项可以分为两选项和多选项。

① 两选项是指所提出的问题只有两个对立的选项可供选择，被调查者只能从两个选项中选

择一项。

例如，"你是否玩过网游？"选项只能是"是"或"否"。

分析提示：这样的选项设计简单明了，利于选择，可以得到明确的回答，主要用于甄别题或者是比例统计，统计处理方便；不适用于与心理相关的问题，因为不能反映心理的差别程度，调查不够深入；比如态度类问题如果没有中立意见，结果就不够准确。

② 多选项是指所提出的问题有两个以上的选项，让被调查者在其中进行选择，有多选一和多选多，可以使被调查者完全表达要求和意愿。

例如，您目前使用的手机是什么品牌的？（ 　）（可多选）

A. 苹果　　　　　B. 华为　　　　　C. OPPO　　　　　D. vivo

E. 小米　　　　　F. 三星　　　　　G. 朵唯　　　　　H. 其他（请注明）

分析提示：多选项法的优点是可以缓和两选项法强制选择的缺点，应用范围广，能较好地反映被调查者的多种意见及其程度差异，由于限定了选项范围，统计比较方便。缺点是回答的问题没有顺序，且选项太多，不便归类，对问卷设计者的要求较高。

（2）按照选项性质可以分为类别选项、等级选项、数量选项、排序选项和比较选项。

① 类别选项是指问题的选项是某一类别，让被调查者在其中选择所属类别。

例如，您每月支出中，花费最多的是（ 　）？

A. 食品　　　　　B. 服饰　　　　　C. 书籍　　　　　D. 日用品

E. 娱乐　　　　　F. 交际　　　　　G. 其他

② 等级选项是指问题的选项按照不同程度划分出各种等级，让被调查者在其中选择所属等级。

例如，您对学院的校外实训安排是（ 　）？

A. 非常满意　　　B. 满意　　　　　C. 一般　　　　　D. 不满意　　　E. 非常不满意

③ 数量选项是指问题的选项按照不同数量区间设置不同选项，让被调查者在其中选择所属区间。

例如，您一周通常订几次外卖？（ 　）

A. 2 次及以下　　B. 3～4 次　　　C. 5～6 次（不含）D. 6 次及以上 E. 不确定

④ 顺序选项是指提出的问题有两个以上的选项，由被调查者按某个规则要求进行顺序排列的一种选项。在实践中，顺序选项主要有两种。

有限顺序选项。

例如，请按重要程度排列出你在购买文具用品时考虑的前三位的影响因素（ 　）。

A. 价格　　　　　B. 品牌　　　　　C. 包装　　　　　D. 使用方便

E. 商场促销　　　F. 同学推荐　　　G. 其他

无限顺序选项。

例如，请按重要程度排列出你在购买文具用品时考虑的下列的全部影响因素（ 　）。

A. 价格　　　　　B. 品牌　　　　　C. 包装　　　　　D. 使用方便

E. 商场促销　　　F. 同学推荐　　　G. 其他

分析提示：顺序选项不仅能够反映出被调查者的想法、动机、态度、行为等多个方面的因素，还能比较出各因素的先后顺序，既便于回答，又便于分析。但是在实践应用中应注意：选项不宜过多，以免造成排序分散，加大整理分析难度。

⑤ 比较选项是指要求被调查者对具有可比性的事物进行对比而设计的选项。

例如，请比较下列每一组不同品牌的液晶电视，哪一种你更喜欢使用？（ 　）（每一组中只选一个）

A. 长虹 海信　　　B. 创维 海信　　　C. TCL 海信　　　D. 长虹 创维

E. TCL 创维　　　F. TCL 长虹

分析提示：这种比较选项具有一定的强制性，使被调查者易于表达自己的态度。但在实际应用时应注意：比较选项不宜过多，否则会影响被调查者回答的客观性，也不利于统计分析。

2. 问卷选项的设计要求

问卷的选项设计，是问卷设计的重要组成部分，特别是在封闭式问题中，选项的设计必须周密细致，具体要求如下。

（1）选项要穷尽

即要将所有的选项尽可能地列出，才能使每个被调查者都有选项可选，不至于找不到可选的选项而放弃回答。

例如，对"您的婚姻状况"这个问题设计"已婚、未婚、丧偶"三个选项，对于那些已离婚而未再婚的人就无法回答，因此，还应设计一项"离异"。

对复杂的问题设计选项，要仔细考虑。

例如，您不购买某品牌产品的原因是（　　）。

A．不了解　　　　B．价格太贵　　　C．使用不方便　　D．性能不好

E．保管不好　　　F．售后服务不好　　G．无质量保证

这几项选项可能并不完全包括被调查者不愿意购买的原因，容易造成回答困难。为了防止出现列举不全的现象，可在问题选项涉及的最后列出一项"其他"选项，这样，被调查者就可将问卷中未穷尽的项目填写在所留的空格内。但需注意，如果一个问题选择"其他"选项的人过多，说明选项的设计是不恰当的。

（2）选项须互斥

从逻辑上讲，互斥是指两个概念之间不能出现交叉和包容的现象。在设计选项时，一个问题所列出不同选项必须互不相容，互不重叠，否则被调查者可能会选择多个有重复内容的选项，对资料的整理分析不利，从而影响调查效果。

例如，您平均每月支出中，花费最多的是（　　）。

A．食品　　　　B．服装　　　　C．书籍　　　　D．报纸杂志　　E．日用品

F．娱乐　　　　G．交际　　　　H．饮料　　　　I．其他

选项中食品和饮料、书籍和报纸杂志等都是包容关系，所以在设计选项时，一定要用同一标准在同一层次上分类，避免选项之间有交叉或包容的情况。

（3）等级选项设计要求

等级选项要求为奇数项，一般从强到弱或由弱到强且左右对称。

例如，请问您对"中国移动技术先进"这一表述是（　　）？

A．非常同意　　　B．同意　　　　C．一般　　　　D．不同意　　　E．非常不同意

（4）数量选项设计要求

设计这类选项，要注意以下几点。

① 划分的档次不宜过多，每一档的范围不宜过宽且等距。因为档次太多，会使问卷篇幅增大，而且有些档次只有极少数人会选择。一般的方法是，在大多数人所属的范围内进行适当的分档，将两端列为开口组即可。

② 在无法确定档次的数目时，采取宁多勿少的做法，因为频次小的档次可以在修改时进行合并。

③ 各档的数字之间正好衔接，无重叠，中断现象。

（5）选项的排列要求

选项排列的顺序不同，就有可能对被调查者的回答产生影响。这种影响是一种比较普遍存在的现象，值得调研者重视和注意。选项排列的顺序对被调查者的回答产生影响的基本规律是：对于客观性的事实问题、行为问题，选项的不同顺序对调查结果不具有明显影响；但对于主观性的认知问题、程度问题以及评价问题，不同选项顺序所得结果之间有着明显的不同，特别是第一个选项的影响更为突出（即更容易被回答者选中）。

在实际调查中，如何来减小这种影响呢？在设计调查问卷时，最好能为一套调查问题及选项设

计出多个不同的版本。在每一种版本的问卷中，所提出的问题、所给出的选项以及问题的前后顺序等等完全一样，只是问卷中一部分问题的选项排列顺序有所不同。这部分问题就是以询问被调查者对社会现象的认知、判断、评价以及态度等等为内容的主观性问题，包括各种量表。可以采用随机化方法、轮换的排列方式、正反向排列法来减少选项顺序对结果的影响。

（6）敏感性选项的设计要求

有些问题的选项设计要注意考虑其敏感性，如果设计的选项让被调查者感到顾虑，会导致无人选择，就需要对敏感性选项进行脱敏设计，用非敏感性选项去推测被调查者的真实情况。

例如，您不买轿车的原因是（　　　）。

A. 买不起　　　　　B. 怕出交通事故　C. 担心被盗　　　D. 养不起　　　　E. 其他

这样的选项设计最终很可能导致最后选择最多的是"其他"，并不能得出有价值的结论，因此不如把选项改成以下选项，更能推测出有价值的结论。

A. 等待降价　　　B. 不喜欢开车　　　C. 治安状况不好　D. 不如租车划算　E. 其他

（7）注释和填答标记应恰当

对于封闭式问题，每一项选项都应有明显的填答标记或注释，选项与选项之间要留出足够的空格。注意不要在填答标记、符号或每项选项的前或后做选择记号，因为在各项选项之间距离较近时，这样可能使研究者不容易辨认被调查者到底选择了哪个选项。一般调查中，使用数字作为各项选项标记的较多，这样可以起到为问卷编码的作用。进行大规模的调查时，问卷的设计最好给出如何在选项上做标记的范例。

3.2.3　设计量表

量表是一种测量工具，通常由多个项目组成，可形成一个综合的分数，旨在分析较难用直接方法测量的变量。例如，当调查者打算描述消费者对某产品的态度，但又无法直接进行测量时，就需要借助量表。

1. 量表编制流程

在研究某调查主题时，如果有现成可用的量表是最理想的，因为编制一份正规量表的成本较高，编制人员一方面需要具备一定的专业知识，如相关理论、信度和效度检验等，另一方面需要花费较多的时间，通过数据检验量表是否可用。因此，推荐使用成熟的量表进行研究。量表编制的基本步骤如图3-3所示。

图3-3　量表编制的基本步骤

在编制量表前，建议根据一定的理论模型，明确测量的目的和对象，明确想通过量表测量哪些内容。如果缺少经典理论的支持，可梳理已有的研究资料，明确研究的框架，弄清楚需要测量哪些概念，以及概念之间的关系等。

2. 量表形式

编制题库时，除了选择恰当的测量语句外，还需要选择合适的量表形式。常见的量表形式如下。

（1）评价量表

评价量表又称评比量表，是对提出的问题，以两种对立的态度为两端点，在两端点中间按程度顺序排列不同的态度的量表。被调查者可从中选择一种适合自己的选项。

例如，您对华为品牌的喜欢程度为（　　　）。

①非常喜欢　　②喜欢　　③一般　　④不喜欢　　⑤非常不喜欢

（2）顺序量表

顺序量表又称等级量表、位次量表、秩序量表，是比较性量表，是将许多研究对象同时展示给被调查者，并要求他们根据某个标准对这些对象排序或分成等级的量表。顺序量表常用于调查消费者的偏好、意愿以及评价等。

例如，以下是一些液晶电视机的品牌名称，请将它们按你所喜好的程度排序。（其中，1 表示你最喜欢，5 表示你最不喜欢。）

长虹（　　）　　　康佳（　　）　　　TCL（　　）　　　海信（　　）　　　松下（　　）

（3）Q 分类量表

Q 分类量表是根据事先规定的评价类别，将一组同性质的客体进行分类的量表。这一组客体一般是描述被调查者对诸如品牌要素、商品特点的语句。Q 分类量表其实是顺序量表的一种复杂形式。例如，为了研究消费者对某种商品的各特性的偏好程度，可以拟定一组描述商品特性的语句，要求被调查者对该组语句按认可与不认可态度分成不同等级或类别，如表 3-3 所示。

表3-3　Q 分类量表调查结果

语句	被调查者序号						
	1	2	3	4	5	…	100
1. A 品牌质量好							
2. 我总是购买 A 品牌							
3. 我喜欢使用 A 品牌							
……							
58. A 品牌质量差							
59. 我不会购买 A 品牌							
60. 我不会使用 A 品牌							

（4）配对比较量表

被调查者需要对一系列测试对象进行两两比较，根据某个标准比较两个对象的优劣。配对比较量表也是一种使用很普遍的态度测量方法。它实际上是一种特殊的顺序量表，不过要求排序的是两个对象，而不是多个，多用于广告测试、产品和包装选择、品牌偏好的调查。

例如，将 400 名被调查者对 A、B、C 三种包装的喜好程度进行两两比较。表 3-4 所示为配对比较量表示例。将行对应的包装分别与列对应的包装进行对比并打分，分数高表示被调查者更偏好列对应的包装，最后计算列所示各包装得分的总和，总分越高表示被调查者越偏好。结果表明，被调查者更偏好 A 包装，其次是 C 包装。

表3-4　配对比较量表示例

包装	A	B	C
A	0.5	0.1	0.3
B	0.9	0.5	0.8
C	0.7	0.2	0.5
合计	2.1	0.8	1.6

（5）语义差别量表

被调查者需要在一系列由两极形容词词对组成，并被划分为 7 个值（有时也可以划分为 5 个或 9 个）的评定等级量表中选择符合自己选择的分数。调查者在确定两极形容词时要故意打乱次序，将不同列表示肯定或否定的形容词随意放置在表的左右两侧，这样做的目的是尽量避免被调查者在回答问题时对各形容词的理解出现偏差。

例如，在各种交通方式中，您对高铁的印象如何？下面请在您认为最合适的数字上打"√"，如表 3-5 所示。

表 3-5　语义差别量表

准点的	1	2	3	4	5	6	7	不准点的
舒适的	1	2	3	4	5	6	7	难受的
肮脏的	1	2	3	4	5	6	7	卫生的
昂贵的	1	2	3	4	5	6	7	便宜的
高效的	1	2	3	4	5	6	7	低效的
劣质的	1	2	3	4	5	6	7	优质的
轻松的	1	2	3	4	5	6	7	紧张的
麻烦的	1	2	3	4	5	6	7	方便的
高技术水平的	1	2	3	4	5	6	7	低技术水平的

（6）李克特量表

李克特量表由美国社会心理学家李克特（R.A.Likert）提出，由对某事物的态度或看法的陈述组成，回答分为五类：非常同意、同意、不知道、不同意、非常不同意，或者赞成、比较赞成、无所谓、比较反对、反对。李克特量表是社会调查中常用的一种量表。在设置量表等级时，虽然有研究表明，5 级、7 级、10 级量表在可信度方面没有明显差异，但如果量表的题目数量较多，容易增加填答时间，影响完整填单率，因此不推荐使用过多等级。李克特量表范例如表 3-6 所示。

表 3-6　李克特量表范例

我愿意花更多的钱买品质更好的产品								
很不符合	1	2	3	4	5	6	7	很符合

3.2.4　检验量表的信度和效度

1. 量表的信度

量表的信度是指量表测量结果的一致性、稳定性及可靠性。在相同条件下多次测量结果保持一致或同一概念一组问题的回答一致，则问卷量表具有较高的信度。显然，在这里量表的信度有两种含义，量表的信度可以分为外在信度和内在信度。

（1）外在信度和内在信度

① 外在信度：同一批被调查者在不同时间测量的结果的一致程度。

【例 3-5】　间隔较短时间两次测量某固定的消费群体对购买某产品的满意度，若两次测量结果有较高的一致性，则说明量表的信度好；若两次测量结果具有较低的一致性，则信度差。

② 内在信度：同一概念的一组问题回答的一致性。

【例 3-6】　测量消费者对××电商平台客服服务满意度时，消费者对客服吐字清晰、语速适度、表达合理等一组量表问题的回答应具有一致性。

【例 3-7】　测量消费者对产品的满意度及其购买意愿时，消费者越满意，其购买意愿越强烈，这符合逻辑，量表信度高；若某消费者对产品满意度很高，但其购买意愿很弱，这与实际相悖，则量表信度低。

（2）信度评价指标

量表外在信度评价指标有：再测信度、复本信度、分半信度。量表的内在信度评价指标主要为内部一致性信度。

① 再测信度：用同一量表对固定被调查者前后两次测量结果的相关系数来评价量表的信度。相关系数取值范围为[-1,1]，但由于测量的是具有一定一致性的量表，因此在量表信度计算中，相关系数取值一般在[0,1]。计算出来的相关系数越接近 1，则信度越高。

② 复本信度：用平行量表（相似量表）对相同被调查者连续或间隔测量的相关系数评价量表的信度。

③ 分半信度：将一组量表分成两部分，用两部分量表测量结果的相关系数评价量表信度。

④ 内部一致性信度：常用 Cronbachα 系数来测量同一概念的一组问题回答的一致性，Cronbachα 系数取值为[0,1]，取值越接近 1，说明量表的内部一致性信度越高。Cronbachα 系数与量表内部一致性信度关系可参考德维利斯（1991）提出的 Cronbachα 系数评价信度的标准（见表 3-7）。

表 3-7　Cronbachα 系数评价信度的标准

Cronbachα 系数	信度水平	量表处理方式
<0.6	不可信	重新设计
[0.6,0.65)	有些可信	重新设计
[0.65,0.7)	比较可信	大幅调整
[0.7,0.8)	相当可信	少量调整
[0.8,0.9)	非常可信	无须调整
≥0.9	十分可信	接受

特别说明的是，由于量表外在信度在操作上较为烦琐，实际中通过计算 Cronbachα 系数来度量量表内部一致性信度是比较常见的。在问卷设计时所谓的信度检验一般是指对量表内部一致性信度的检验。在问卷量表信度度量中还需要特别注意，测量前需要对量表计分方式进行同向处理，使其同为正向或反向。

【例 3-8】　测量客户对某品牌的忠诚度的量表如表 3-8 所示。

表 3-8　测量客户对某品牌的忠诚度的量表

题项	非常不同意（1）	不同意（2）	不知道（3）	同意（4）	非常同意（5）
Q1：会把品牌推荐给其他人					
Q2：会收藏该品牌的新产品					
Q3：会持续关注该品牌					
Q4：不愿意尝试新产品					

测量客户忠诚度的四个问题中，按照非常不同意、不同意、不知道、同意、非常同意五级量表进行测量且计分分别为 1～5 分。其中，Q1～Q3 均为正向计分题目，此时得分越高，表示客户对该品牌的忠诚度越高；但 Q4 为反向计分题目，得分越高，表示客户对该品牌的忠诚度越低。因此，应该将 Q4 进行反向计分（原来 1 分计 5 分，原来 2 分计 4 分……原来 5 分计 1 分），再计算 Cronbachα 系数，当然也可将 Q1～Q3 反向计分后再计算 Cronbachα 系数。

2. **量表的效度**

量表的效度指量表准确地反映客观事物属性和特征的程度，也称有效性。可将量表的效度简单理解为调查结果能够准确地反映调查中所要说明问题的程度。一份量表同时具有较高的信度与效度，则该量表具有较高的内在质量。信度是效度的必要不充分条件，有信度才有效度，但有了信度不一定有效度。信度低，效度不可能高；信度高，效度未必；效度低，信度可能高；效度高，信度必然高。效度包含两层含义，一是测量的是所要研究的概念而不是其他概念，二是该概念能够被准确地测量。

目前效度的分类标准主要是弗伦奇和米歇尔提出的分类标准，即按层次将效度划分为内容效度、准则效度和结构效度三类。

（1）内容效度。也称为逻辑效度，是指量表实际测到的内容与所要测量的内容之间的吻合程度，关注的是量表是否充分地覆盖了所要调查的主题。

内容效度主要采用逻辑分析法与统计分析法进行评价。逻辑分析法简单来说就是请相关行业的专家对测量项目与原定调查目的的吻合程度做出判断，评估所选择的项目是否符合测量的目的和要求，所设计的题项能否代表所要测量的内容或主题，所设计的量表是否符合测量的要求。统计分析法主要用于计算内容效度系数，即计算每个题项得分与题项总分的相关系数，一般计算出的相关系数大于 0.35，则认为内容效度较好。

（2）准则效度。也称效标效度，即根据已经得到的确定的某种理论，选择一种指标或量表作为准则（效标），通过计算相关系数判断所采用量表与准则之间的一致性程度。

准则效度一般通过计算准则效度系数来评价，即计算量表得分与准则间的相关系数，其值越大，则所采用量表与准则间的一致性程度越高，说明采用量表的效度越高。

（3）结构效度。也称构想效度，是指测量结果体现的某种结论与关于所测属性的理论命题之间的对应程度。一般量表效度分析指的是结构效度分析。通过测量结果形成的结论是经验层面的，而研究假设是理论层面的，如果前者能够证实后者的程度越高，就说明量表的结构效度越高。前提是研究假设必须建立在科学、可靠的理论基础之上，不能根据感性认识提出假设，否则通过量表的测量结果就很难证明研究假设的真伪，也就失去了结构效度的判断基础。同时，量表的设计要与研究假设相匹配，测量的变量必须针对研究假设中所涉及的概念，若没有这种对应关系，量表的结构效度也不会高。

结构效度常采用因子分析法进行评估。因子分析分为探索性因子分析和验证性因子分析。探索性因子分析是在没有任何的理论前提下，只考虑量表题项数据之间的纯数字特征。其目的在于从数据出发，挖掘数据中的规律。若调查中的研究假设不确定或并无相关理论研究假设，则可通过预调查收集数据，利用探索性因子分析构建研究假设。验证性因子分析适用于已经设计好量表并收集好数据时进行的效度检验。验证性因子分析是在量表设计时，理论上已对测量题项进行了归类，想进一步确认变量归类的合理性，验证提取的公共因子数目和组成与假设构想是否一致，或各个因子是否能够比较好地被解释，若符合，则认为该组量表具有较好的结构效度。

3. 量表信度和效度检验

基于现有科学理论，我们设计了消费者绿色消费行为调查测量表，如表 3-9 所示，表中包含了"绿色消费行为""感知行为有效性""绿色购买态度"3 个维度的题项，每个题项下均有 3 个项目，每个项目均采用正向计分法，采用 5 级量表，1~5 表示非常不同意到非常同意。

表 3-9　消费者绿色消费行为调查测量表

维度	题项
绿色消费行为	A1 我会减少购买对环境产生污染的包装食品
	A2 面对相同的两种食品，我会优先购买绿色包装食品
	A3 我总是会选择购买绿色包装食品
感知行为有效性	B1 我认为购买绿色包装食品有益于自身及家人的健康安全
	B2 我认为购买绿色包装食品能够改善生态环境
	B3 我认为购买绿色包装食品能够促进社会、经济的可持续发展
绿色购买态度	C1 我认为目前购买绿色包装食品是有意义的
	C2 我认为购买绿色包装食品很有必要
	C3 我很赞同购买绿色包装食品

（1）信度分析

运用 SPSS 首先开展量表信度检验。这里涉及消费者绿色消费行为题项下 3 个维度的态度分量表测量问题，因此需要计算整体绿色消费行为量表的内部一致性信度以及 3 个分量表的内部一致性信度。

打开 SPSS 软件，在菜单栏中选择【分析】—【度量】—【可靠性分析】，并将题项全部选入"项目"框，模型默认为"α"，单击【统计量】后选中"如果项已删除则进行度量"，完成整体量表内部一致性信度的分析。同样地，在"项

微课堂

问卷量表信度分析

目"框中分别只选入"绿色消费行为""感知行为有效性""绿色购买态度"各自对应的 3 个项目，进行同样的操作，测量 3 个分量表的内部一致性信度。部分操作步骤如图 3-4 和图 3-5 所示，输出结果如表 3-10~表 3-14 所示。

图3-4　内部一致性信度菜单　　　　　　　　　图3-5　内部一致性信度设置

表 3-10　整体量表可靠性统计量

Cronbach's Alpha	项数
0.807	9

表 3-11　分量表一可靠性统计量

Cronbach's Alpha	项数
0.770	3

表 3-12　分量表二可靠性统计量

Cronbach's Alpha	项数
0.843	3

表 3-13　分量表三可靠性统计量

Cronbach's Alpha	项数
0.906	3

表 3-14　项总计统计量

题项	项已删除的刻度均值	项已删除的刻度方差	校正的项总计相关性	项已删除的 Cronbach's Alpha 值
A1	32.80	22.282	0.447	0.794
A2	32.92	21.023	0.574	0.778
A3	33.33	22.647	0.425	0.797
B1	32.79	23.384	0.328	0.809
B2	32.79	22.236	0.462	0.792
B3	32.76	22.059	0.547	0.782
C1	32.72	21.755	0.532	0.784
C2	32.79	20.933	0.592	0.775
C3	32.80	21.021	0.600	0.774

　　表 3-10 中整体量表 Cronbach α 系数为 0.807，大于 0.8，说明整体量表内部一致性较高；3 个分量表的 Cronbach α 系数分别为 0.770、0.843 和 0.906，均较大，说明分量表也具有较高的内部一致性。

　　（2）效度分析

　　本测量是基于已有理论划分维度开展的，因此应该选择验证性因子分析。采用因子分析法，验证提取的公共因子是否与理论划分一致，若一致，则问卷的结构效度好。利用因子分析进行问卷结构效度判断，必须首先进行因子适应性分析，即 KMO 和 Bartlett 的球形度检验。

　　打开 SPSS 软件，在菜单栏中选择【分析】—【降维】—【因子分析】，将 3 个题项 9 个项目的数据选入"变量"框，单击【描述】后选中"KMO

微课堂

问卷量表效度
分析

和 Bartlett 的球形度检验",单击【旋转】后选中"最大方差法"（当然也可以选择其他方法，大家可以去试一试）；单击【选项】后选中"按大小排序"，这样能够直观看出哪些项目被划分到同一维度，完成设置后单击【确定】。操作步骤如图3-6～图3-9所示，分析结果如表3-15～表3-17所示。

图3-6 因子分析菜单

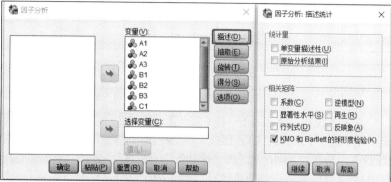

图3-7 因子适应性检验设置

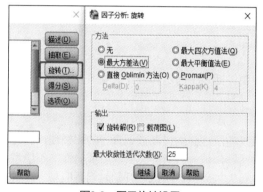

图3-8 因子旋转设置

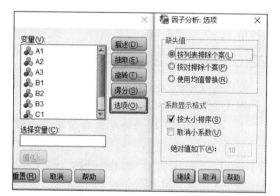

图3-9 因子得分系数排序设置

表3-15 KMO 和 Bartlett 的检验

取样足够度的 Kaiser-Meyer-Olkin 度量		0.756
Bartlett 的球形度检验	近似卡方	1 262.104
	df	36
	Sig.	0.000

表3-16 解释的总方差

成分	提取平方和载入			旋转平方和载入		
	合计	方差的（%）	累计（%）	合计	方差的（%）	累计（%）
1	3.593	39.924	39.924	2.546	28.284	28.284
2	1.928	21.424	61.348	2.290	25.442	53.726
3	1.386	15.400	76.748	2.072	23.021	76.748

注：提取方法为主成分分析法。

表 3-15 表明，KMO 值=0.756>0.7，且 Bartlett 的球形度检验的 P 值=0.000<0.05，说明此处适合利用因子分析来进一步验证问卷量表的结构效度。

表 3-16 说明，按照特征值大于 1，共提取了 3 个公共因子，3 个公共因子解释原始变量 76.748% 的信息，解释原始变量信息比例较大，提取 3 个公共因子是合理的。

表 3-17　旋转成分矩阵

题项	成分		
	1	2	3
C2	**0.927**	0.074	0.169
C3	**0.885**	0.129	0.174
C1	**0.880**	0.038	0.155
B2	0.098	**0.882**	0.106
B3	0.200	**0.858**	0.139
B1	−0.048	**0.849**	0.062
A2	0.215	0.133	**0.858**
A1	0.121	0.082	**0.800**
A3	0.125	0.081	**0.761**

注：提取方法为主成分分析法；旋转法为具有 Kaiser 标准化的正交旋转法；旋转在 4 次迭代后收敛。

表 3-17 说明，公共因子一在 C2、C3、C1 这 3 个项目上因子载荷系数较大，说明公共因子一主要反映了这 3 个项目的共同信息，即"绿色购买态度"；同样地，公共因子二主要反映了 B2、B3、B1 这 3 个项目的共同信息，即"感知行为有效性"；公共因子三主要反映了 A2、A1、A3 这 3 个项目的共同信息，即"绿色消费行为"。通过因子分析提取的公共因子的个数与包含的题项均与根据科学理论定义的维度划分一致，说明该量表结构效度较高。

至此，基于 SPSS 完成了问卷量表信度和效度检验，注意，这里的信度是指量表常用的内部一致性信度，效度是指量表结构效度。

3.2.5　组织与编排调查问卷

组织与编排调查问卷时，调查者必须确定问卷中要包括多少问题和以什么顺序去编排它们。确定问题顺序的一般规则有以下几个。

1. 以被调查者感兴趣或容易回答的问题开始

开始时提出的问题应当简单，容易回答，令人感兴趣，这样能提高被调查者的积极性，如此他们才有可能把问卷答完。如果一开始就问收入或年龄问题，被调查者会感到具有威胁性，不愿意透露这些个人信息并且立即会处于防卫状态，对填写问卷失去兴趣。所以，开始时问题应易于回答，不需要被调查者进行许多思考。

2. 先问行为方面的问题再问态度、意见和看法方面的问题

通常情况下，被调查者有消费行为以后才能产生相应的态度、意见和看法，而且被调查者在回答态度、意见和看法方面的问题时比回答行为方面的问题时思考更多。

3. 按逻辑顺序排列问题

大部分人是习惯按某种常见的顺序（如时间顺序）回答问题的。因此，调查者在排列问题时应遵循这一原则。当问卷涉及被调查者的就职史时，如按时间顺序排列问题，即从第一份工作到目前的工作，被调查者便会感到容易回答。不应该先问第二份工作，接着问第五份工作，然后又问第四份工作。除时间顺序外，大多数问卷都沿用某种"参考框架"，一般根据所调查的题目而定。

4. 需要思考的问题放在问卷中间

调查开始时，被调查者往往对调查的兴趣还不够多，当调查者提出量表式问题时，被调查者受到鼓励去理解回答。另外，一些问题需被调查者回忆，这时，被调查者已被勾起回答兴趣并与调查者形成了融洽关系，会愿意回答这部分问题。使用自填式问卷，方法也是同样的，早期勾起被调查者的兴趣，以鼓励被调查者完成问卷。

5. 使可信度检验问题成对出现

成对的问题——肯定/否定，常用于检验可信度。例如，我们可在问卷的一处问"因工作关系收取一定礼物应该绝对禁止（同意/不同意）"，而在后面问"因工作关系收取一定礼物应该允许（同意/不同意）"。如果问题由于含糊不清或由于其他情况而不可信，被调查者就会对两个问题都不同意或

都同意。使用这种问题配对法，不会解决默认反应倾向的问题，但能使调查者发现不可信的问题，并把这个问题去掉。

显然，人们不会将这样的两个问题放在一起，因为如果那样做，被调查者会明白，他们的回答必须前后一致（这样才不会显得愚蠢），因而使用重复问题的目的便无法达成。

6. 确定"漏斗形"排列是否适用

某些社会研究人员主张"漏斗形"排列。根据"漏斗形"排列，要先问范围广的、一般的、开放性的问题，接着问较具体的问题，这样，漏斗就越来越窄了。由于先问非威胁性（甚至不相干）的问题，被调查者不会感到拘束。同时通过筛选问题，调查者就能确定具体问题是否适合问被调查者，从而可避免问不宜问的问题。例如，调查者不能先问被调查者一周健身几次或健身的方式，而应先问其是否健身。如果被调查者回答"不"，则健身的具体问题就跳过。如果先问的一般性的或开放性的问题是易于回答的，那么"漏斗形"排列就行得通。

7. 敏感性问题和开放性问题放在问卷的后面

若敏感性问题（如与收入有关的问题）放在前面，被调查者可能会反感，从而拒绝继续作答。若这些问题在后面，则即便被调查者拒绝回答敏感性问题，已答过的非敏感性问题的信息还是保留住了。开放性问题也应排在后面，即使它们所涉及的是非敏感性信息。因为它们一般需要被调查者较多地考虑和用较长的时间书写，作答所需时间要比封闭式问题更长。如果被调查者花 15 分钟才能答完第一个问题，或发现第一个问题难以回答，他就可能断定自己没有时间完成该问卷，或者断定此问卷可能需要花费太多的时间和精力，从而拒绝作答。

课堂活动 9

找出问卷设计的问题

职业技能训练

训练主题： 调查问卷的设计技巧训练。

训练要求： 要求学生熟练掌握问卷的问题与答案的设计方法和技巧，能够根据某种逻辑将问题排序，并能根据所选的调查主题进行问卷设计。

训练内容： 运用所学的知识，完善调查问卷初稿。

主要准备：

（1）知识准备，掌握与市场调查问卷的设计技巧相关的基本知识。

（2）组织准备，教师提前布置训练任务，并进行分组，推选或指定组长，组长负责本小组的训练安排。

操作步骤：

第一步：梳理问卷设计技巧基本知识。

第二步：小组讨论确定问卷初稿，并指出问题和答案存在的问题。

第三步：逐一修改存在的问题。

第四步：梳理问题的排序。

第五步：撰写《××调查问卷修改稿》。

成果形式：《××调查问卷修改稿》。

任务3.3 综合评估和印制调查问卷

任务描述

本任务要求学生能够运用所学的问卷设计和编排相关知识，结合调查题目对问卷进行综合评估和修正，直到取得多方认可，并完成问卷的印制工作。

任务导入

调查问卷综合评估

经过调查小组的努力，一份经科学组织、编排的市场调查问卷初稿就完成了。但是在进行数据收集之前，谨慎起见，还应该对问卷进行一系列的评估与修正，直至取得多方认可。这些工作应该怎样去做呢？

任务实施流程

一份问卷初稿完成之后，问卷设计人员应再做一些综合性评估，在此基础上印制装订问卷。本任务主要从以下两个方面展开学习，如图3-10所示。

图3-10　任务3.3实施流程

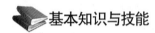 **基本知识与技能**

3.3.1　综合评估问卷

一份问卷初稿完成之后，问卷设计人员应再做一些综合性评估。一般情况下，这一步必不可少。

1. 检查问卷中的问题是否必要

问卷设计人员必须保证问卷中有足够数量和类型的问题，以满足管理者决策的信息需求。每个具体的调查目标下都应该有相应的问题，不能遗漏。而且，每个问题必须具有一定的作用，要么过滤，要么培养兴趣，要么过渡，要么与所陈述的特定调查目标有关。无用的问题应当删去。

2. 检查问卷篇幅是否太长

设计人员应该利用志愿人员充当被调查者以判断回答的时间。尽管没有严格规定，但完成问卷花费的时间尽量取5次最短时间的平均数。

用于街上拦截或电话调查的问卷如果填写时长超过20分钟，应当考虑删减部分问题。如果有比较有吸引力的刺激物，问卷可稍微长一些。如果入户访问时长超过45分钟，也应当提供给被调查者比较有吸引力的刺激物。一般的刺激物有电影票、购物卡、代金券、现金，使用刺激物一般可以降低调查成本，因为回答率会提高。

3. 检查问卷的外观是否美观

由被调查者自行填写的问卷的外观是影响回答率的一个重要因素。邮寄和自填式问卷是由被调查者自己填写的，问卷的外观是影响被调查者是否填写的一个重要因素。为使问卷看上去尽可能规范，设计人员应当用高质量的纸印刷；若页数超过4页，应装订成册。

4. 检查问卷版面安排是否规范

问卷四周应有留白，行间与列间不应太紧凑。如果把许多内容挤到同一页上，问卷看上去就会繁杂，填写难度也会增大。被调查者一般不太愿意填写拥挤的问卷。

设计人员在开放式问题下应给被调查者留下足够的作答空间，否则，得不到很多有用信息。一般来讲，一个开放式问题下应留有3～5行作答空间。设计人员要根据回答的详细程度决定留下多少空间。

另外，还要考虑问卷的着色编码、字体。如果访问特定群体，则需要对问卷进行着色编码。例如，一球拍制造商将一种球拍样品（用一种新合金制成）分发给300个至少每周进行两次球类运动的人。抽样包括3组，每组100人，这些人中有羽毛球运动员、网球运动员和乒乓球运动员。尽管调查的目的在于球拍样式，问题却因运动项目不同而变化。为了避免调查者混淆，可以将网球问卷设计成绿色，羽毛球问卷设计成蓝色，乒乓球问卷设计成白色。

为了清晰表明哪部分是问题、哪部分是说明，应该用有区别的字体，以提醒调查者和被调查者在访谈时注意。

5. 预先测试与修正问卷

设计人员将问卷初稿设计完成后，应提供给相关管理部门，相关管理部门在审核过程中可能会增加一些新的信息，使问卷更加完善。问卷获得管理层的最终认可后，还必须进行预先测试。问卷在进行预先测试前，不应当用于正式的询问调查。此外，预先测试不是一个调查者向另一个调查者实施调查，而是让最终将进行实地调查的调查者对调查的目标应答者实施调查，通过访问寻找问卷中存在的错误解释、不连贯的地方、不正确的跳跃模式，为封闭式问题寻找额外的选项以及应答者的一般反应。预先测试也应当以与最终访问相同的形式进行。如果访问采取入户调查方式，预先测试也应当采取入户调查方式。

对于通过测试取得的数据，调查者应当考虑编码和制表。应将数据制成表格并尽可能进行一些常规的统计分析，这样调查者对调查将产生的结果以及是否能实现调查目标有大概了解。测试完成后，任何需要改变的地方应当切实修改。在进行实地调查前应当再一次获得各方的认可。

3.3.2 印制装订问卷

在印制装订问卷时，调查者应该将问卷的空间、数字、编码等安排好，并且监督打印、校对，直至装订。其间，还有一些注意事项。

（1）版面得体，尽量避免使用过多的颜色、字体和不必要的插图。对于娱乐性的调查，排版可以灵活一点，力求内容有可读性和趣味性，版面生动、活泼、新颖，能够有效地吸引被调查者的注意力。

（2）问题排列合理。在排版的时候，尽量不要将问题和答案分开放在两页纸上；如果条件允许，避免排版过于紧密，以在实际调查活动过程中方便被调查者查阅与回答。

课堂活动10

小组交叉修改调查问卷

（3）装订专业。在装订时，有两种装订方式。一种是平装，也叫简装，是目前普遍采用的装订方式，工艺简单，成本较低。另一种是精装，用较好的纸张保护问卷，增加美感。另外，多页问卷资料应装订成册，最好双面印刷，这样既降低了成本，又方便携带和使用。

 职业技能训练

训练主题： 调查问卷定稿。

训练要求： 要求学生熟练掌握问卷的科学编排和组织技巧，并能对问卷进行综合评估。

训练内容： 修正和完善问卷。

主要准备：

（1）知识准备，掌握调查问卷综合评估技术。

（2）组织准备，教师提前布置训练任务，并进行分组，推选或指定组长，组长负责本小组的训练安排。

操作步骤：

第一步：根据其他小组的修订意见，结合自己小组的讨论结果，对自己小组的调查问卷进行综合评估。

第二步：进行调查问卷的最后修改与完善。

第三步：印制100份问卷。

成果形式：《××调查问卷》。

职业道德与营销伦理

调查问卷设计的重要性

无论是哪种形式的问卷调查，为了快速收集资料，使资料合乎调查主题，调查者需要根据调查目的及架构设计一套严谨的问卷。

在实际的市场调查工作中，问卷是非常重要的工具之一，调查者将所需的资料具体化、有重点地列在问卷上，使调查主题转化成被调查者可以答复的问题，以获取所需的信息；同时，调查者依据此问卷来展开访问作业，可以避免被误解。若缺少一份完整而明确的问卷，仅靠调查者天马行空地依其对调查目的的理解来进行调查工作，调查者素质或用语将极大地影响调查结果。

然而设计一套严谨的问卷并非简单的事，遣词用字不当，有可能会引起被调查者的不悦或误解；若问题的顺序安排有问题，也将影响调查结果。因此，设计问卷是调查进行前的必要工作，一份不合格的调查问卷，将有可能导致企业做出错误的决策，从而造成严重损失。

讨论： 调查问卷设计过程中的"工匠精神"。

讨论提示： 设计调查问卷时需要注意哪些问题？如何避免这些问题？需要怎么做才能设计出一份高质量的调查问卷？

 重点实务与操作

□**重点实务**

1. 调查问卷的基本结构和内容
2. 设计调查问卷的技巧
3. 调查问卷组织与编排

□**重点操作**

1. 调查问卷的设计
2. 调查问卷的测试与修正

课堂训练

▲**单项业务**

业务1：调查问卷设计训练

服装、保健品、旅游产品、家具、化妆品是市场中常见的一些产品，现对这些产品需求意向进行市场调查，请利用所学的知识确定合适的调查问题，并制作相应的调查问卷。

业务2：调查问卷修正训练

将学生分成几个小组，教师分发若干份问卷，各个小组自行测试与修正，并根据实际市场需求与消费者情况，尽可能制作出优秀的调查问卷。

▲**综合业务**

某啤酒集团历经25年的发展，从当地一个小啤酒厂发展到拥有四个生产基地、年产能突破60万吨的大型啤酒企业。特别是从2014年到2017年，在某省啤酒行业高速发展的大形势下，该集团经历了跨越式发展，使该省整个啤酒市场的消费得到了升级。

其啤酒迈出了向全国市场进军的步伐。2016年至2017年，该集团与某电视台的选秀活动合作，为树立该品牌形象打响了第一炮；2017年3月，该集团把营销总部迁至该省省会；同期，花亿元巨资在总厂打造了该省第一条纯生啤酒生产线。

然而，伴随企业高速发展、市场日益壮大，原来的企业形象显得有些老化，跟不上企业进取的节奏。而且该企业上市面临两大难题：一是该省纯生啤酒种类较少，纯生啤酒市场不够成熟，还处于培育期，产品市场信息与资源积累相当少；二是消费者对纯生啤酒认知不足，对纯生啤酒的利益点认知度低，不清楚纯生啤酒的价值。

该企业为什么能在较短的时间内快速崛起，成为知名啤酒企业？请你为该啤酒企业选择目标顾客，进行市场定位。请调查你所在地区啤酒市场的发展态势，分析该企业啤酒的竞争优势和面临的困境，并设计出相应的调查问卷和态度测量表。

▲案例分析

车载冰箱、便携式充电枪消费者问卷调查

随着国内家庭用车的普及，以及新能源汽车的快速发展，以便携压缩机车载冰箱（以下简称"车载冰箱"）、便携式充电枪为代表的车载电器备受市场青睐。3 月 11 日，"聚焦车时代，乐享车生活"——车载电器洞察及标准创新研讨会在某公司广州总部成功举办，研讨会在某报的融媒体平台报道后引发社会广泛关注。消费者对这类产品是如何看待的？最关注的又是什么？2022 年年初，某公众号启动车载冰箱、便携式充电枪消费者问卷调查，总计有 500 多位消费者填写了调查问卷。问卷包含了以下问题。

1. 您的爱车价格是多少？
2. 您是否了解过车载冰箱及便携式充电枪？
3. 未来，您是否计划使用车载冰箱及便携式充电枪？
4. 您最看重的车载冰箱的方面是什么？（可多选）
5. 对目前市场上的便携式充电枪产品，您的使用忧虑是什么？（可多选）
6. 对于使用车载冰箱，您觉得最能满足哪方面的需求？（可多选）
7. 对于使用便携式充电枪，您觉得最能满足哪方面的需求？（可多选）

问题：

（1）以上问卷的问题存在哪些问题？

（2）如何修改这些问题？

分析要求：

（1）学生分析案例提出的问题，拟定《问卷问题提纲》；

（2）小组讨论，修改以上问题及排列顺序；

（3）在班级展出附有"教师点评"的各小组《问卷问题提纲》。

▲决策设计

对顾客的态度调查

小王在 2010 年开了一家纺织厂。2020 年他开始对工厂进行改造，改造后的工厂可以生产更多颜色的布料，因此，工厂收到了许多颜色、品种不同的订货单。但是当快要投产时，他收到了政府部门的通知，要求必须减少 4 个染缸（共 10 个），因为市政排水系统承受不了。

对小王来说，如果没有 10 个染缸就不能生产出那么多颜色的布料。偶然间，小王想到可以了解顾客对改变颜色的看法，并希望当面解释，使已订货的顾客接受现实的情况。

设计要求：

（1）小王的纺织厂所面临的困境是什么？如果现在请你出任小王纺织厂的营销顾问，你认为纺织厂应该做怎样的调查，制定什么样的营销策略，才能摆脱困境？

（2）小组讨论，形成小组《问卷设计方案》。

（3）班级交流，教师对各小组《问卷设计方案》进行点评。

（4）在班级展出附有"教师点评"的各小组《问卷设计方案》，供学生比较研究。

市调大赛指导模块

创建线上调查
问卷

项目四

组织控制市场调查

预习思考

1. 市场调查人员的素质要求；培训市场调查人员的方式；市场调查过程的管理控制。
2. 接受一次市场调查人员的调查，体验调查过程，记录他在访问过程中存在的问题。

 **选择市场调查机构**

任务描述

本任务要求学生能够运用所学的选择市场调查机构的相关知识，结合实际调查项目的情况，选择适合该项目的市场调查机构开展调查工作。

任务导入

市场调查机构的选择

市场调查是一项有条不紊的组织活动，是一种程序规范的组织行为，包括一系列烦琐、复杂的操作步骤。市场调查工作依靠个别人来完成是难以实现的，因此，由专业的市场调查机构完成市场调查是一个不错的选择。那么，熟悉不同类型的市场调查机构及职能，了解我国市场调查行业的形式及特点，了解市场调查机构的部门设置和人员的配备要求，掌握市场调查人员的选择、培训事项及企业与市场调查机构的合作程序，变得十分重要。

任务实施流程

在执行市场调查工作前需要选择一家合适的调查机构。本任务主要从以下几个方面展开学习，如图4-1所示。

图4-1　任务4.1实施流程

基本知识与技能

企业在组织实施实地调查前，需要选择合适的调查机构，委托其开展各项实地调查任务。如果选择的调查机构不合适，很可能导致花费巨大，最后却达不到调查的预期目标。因此，企业需要了解各类市场调查机构的特点，才能判断应该选择什么类型的市场调查机构，以及判断其是否可以胜任调查工作。

4.1.1　了解市场调查机构的类型及特点

1. 市场调查机构的含义和分类

市场调查机构是指受企业或其他组织委托，专门或主要从事市场调查活动的单位或部门，是一种具有现代服务业性质的组织机构。

（1）按照市场调查服务的独立程度分

市场调查机构按市场调查服务的独立程度，可分为以下两种。

① 独立性调查机构，是指专门从事市场调查活动的单位，又称为专业市场调查机构。

② 非独立性调查机构，是指企业内部设立的主要从事市场调查活动的部门，也称为企业市场调查机构。

（2）按照市场调查机构的隶属关系分

市场调查机构按市场调查机构的隶属关系，可分为以下三种。

① 各级政府统计组织建立的调查机构。

② 新闻单位、大学和研究机关的调查机构。

③ 专业性市场调查机构，又大致分为：专业市场调查公司；咨询公司；其他调查公司。

大多数企业主要委托专业市场调查公司开展市场调查活动，所以，目前市场调查行业的主流是专业市场调查公司。

2. 专业市场调查公司的类型

专业市场调查公司，是独立性调查机构，是接受各方委托从事市场调查的主体。不管是企业还是政府机构，对专业市场调查公司所提供的数据资料的依赖性越来越强。专业市场调查公司的类型主要有以下三种。

（1）完全服务公司

完全服务公司有能力完成其委托人所要求的全部市场调查工作，能够自己找出问题，进行调查设计、搜集和分析数据，并且完成最后的报告。显然，这些公司有必需的人才和设备来完成整个任务。完全服务公司主要有以下几种类型。

① 综合性市场调查公司，是专业市场调查公司中数量最多的类型，它是专门从事市场调查事务的机构，专营市场调查业务，提供综合的服务，具有较强的市场调查能力，服务意识强，调查策划能力强，有专门的调查队伍或调查网络体系，市场调查的专业化程度高，能够承接企业委托的各类市场调查项目，调查质量有保障。例如，美国的 AC 尼尔森、盖洛普，中国的华南国际市场研究有限公司、北京零点市场调查有限公司等均属于综合性市场调查公司。

② 广告研究公司。不少具有一定规模的广告公司设有调查部门，主要任务是经营广告业务，接受客户关于市场调查的委托，但多数与广告活动有关。广告公司的调查部门主要承接的是广告制作前期调查和广告效果调查等两大调查任务。广告公司的调查部门在进行市场调查时，主要执行的是方案策划与研究报告撰写；至于现场调查，特别是量化调查的现场操作环节，一般均由其他市场调查公司配合完成。

③ 辛迪加信息服务公司。报业辛迪加原来的意思是报业的联合组织，新闻可以在各报同时发表。辛迪加信息服务是指公司定期地搜集各种各样的数据，一般整理成数据集以刊物的形式提供给订户，现在主要提供电子版信息。它们也搜集一般的资料（主要提供受众的媒体资料和零售资料），但不是专门为某个客户服务的，任何人都可以购买它们的资料。这类公司数量少，但规模大，有大量的订户。美国营业额排名在前面的调查公司，如 AC 尼尔森等，向订户提供有关全美电视收视率的数据，美国的电视台、电台、广告公司几乎都是这家公司的固定订户。我国的央视调查咨询中心下属的央视-索福瑞媒介研究公司，也是辛迪加信息服务公司。

④ 管理咨询公司，一般由资历较深的专家、学者和有丰富实践经验的人组成，主要为委托企业提供管理咨询服务，充当企业顾问和参谋的角色。这类公司服务的内容包括企业诊断性调查、专项调查研究、项目的可行性分析和经营策略研究等，主要任务是为企业的生产与经营活动提供技术、管理方面的咨询服务。管理咨询公司在咨询业务活动中，在很多方面需要进行市场调查，调查结果是咨询目标分析与建议提出的重要依据。专家、学者侧重于咨询的前期设计及最终研究报告的撰写，有丰富实践经验的人侧重于涉及咨询目标的具体调查工作。

（2）有限服务公司

有限服务公司专门从事某个方面或某几个方面的调查工作，主要为其他市场调查公司提供各种辅助性服务，如提供抽取样本服务、现场服务、市场细分服务、数据输入服务和统计分析等专业性强、技术含量高的服务。随着我国市场调查行业的发展，分工日趋精细，这类公司有很好的发展前景。我国的有限服务公司主要有以下几类。

① 现场服务公司，除了现场搜集资料外，不做其他任何业务，既不进行上游的调查方案设计，也不从事下游的数据分析，仅在现场质量控制方面拥有丰富经验，可进行专门的拦截访问、电话访问、深度小组讨论、邮寄调查和入户调查。有的公司专门进行个人访问；有的公司专门进行邮寄调查；有的公司被称作"电话信息库"，专门进行电话访问；有的公司开展对消费者的定点拦截访问；有的公司提供经过培训的人员，对行人进行拦截访问；等等。

② 市场细分专业公司，对所从事的行业都有较深入的了解，主要业务是对特定的调查对象进行数据搜集。有些市场细分专业公司针对某个特定的行业机构或人员进行调查，如专门对非营利机构进行调查。

③ 数据输入服务公司。计算机使调查人员能够在访问的同时将数据输入分析软件，从而极大地提高了效率。这类公司专门编辑已完成的问卷，进行编码和数据输入，提供高质量的软件系统和数据输入服务。

④ 调查样本公司，是专门从事样本设计及分发的公司，此类公司有自己的调查部。拥有全国样本的公司可以自己进行电话调查，从而节约时间。

⑤ 专门进行数据分析的公司。这类公司在调查过程中，为数据分析和解释提供技术帮助，拥有专门的高级分析人才和先进的分析软件，采用复杂的数据分析技术，如多元回归分析、因子分析、聚类分析、列联分析等。

（3）独立性市场调查机构

随着我国市场经济的发展，独立性市场调查机构应运而生，如政府信息统计部门、高校调查研究中心、科研单位的研究中心等。这些机构一般不是商业性的经营机构，在为政府决策部门提供各种资料之余，有时也向企业或投资者提供有偿的市场调查或咨询服务。

独立性市场调查机构的核心职能是服务，具体来讲，它的职能主要有以下几个方面。

① 承接市场调查项目。

② 提供市场咨询服务。

③ 提供市场资料。

④ 提供管理培训服务。

3. 当前我国市场调查行业的类型及特点

我国目前有三类市场调查公司，即外资调查公司、民营专业调查公司以及合资调查公司，它们在规模、市场定位、营销手段等方面有很大差异。

（1）外资调查公司

我国的外资调查公司目前有 AC 尼尔森、盖洛普等，这类公司前期投入多、规模大、办公环境优越。

① 优势。

• 项目质量高，操作的规范性较强，各部门分工明确。

- 业务量较为稳定，重要客户来自国外，国内客户群小。
- 研究人员素质较高，培训能力很强。

② 劣势。

- 项目报价高，往往超出客户的承受能力。
- 高级管理人员流失现象严重。
- 在完成较为特殊、针对性强的地域性项目方面，优势不明显。

（2）民营专业调查公司

此类调查公司大多是股份制，投资人和经营人一体化，以市场调查为主要业务，不从事其他经营活动。目前，在我国市场调查行业中，此类公司数量多，规模较小。

① 优势。

- 市场营销能力较强，对客户的反应迅速，服务意识较强。
- 采用项目主任负责制，有利于最大限度地激发个人的积极性和责任心。
- 能够满足客户的特别需要，获得信息的手段较灵活。
- 在报价方面具有较强的竞争力。

② 劣势。

- 跨城市执行项目时，竞争力较弱。
- 人员流失现象严重，严重影响项目质量。
- 市场开拓的难度较大。

（3）合资调查公司

很多国内调查公司与外资公司合资，从而兼具外资调查公司和民营专业调查公司的优势。例如，华通现代与美国 Market Facts 合资成立华通现代（ACSR），中国国际电视总公司和 Kantar 集团合资成立央视市场研究股份有限公司（CTR）。它们将外资的管理、技术与自身的行业优势、数据资源结合，在专业调查项目上具有很强的行业优势。

4.1.2　了解市场调查机构的结构和人员

1. 调查机构的管理结构

常见的调查机构的管理结构如下。

（1）直线式

在该结构下，完成调查任务只需要很少的调查人员，样本数量少，在较小范围内调查；项目负责人首先需要明确调查人员和督导员，组成一个调查团队，然后在咨询机构或咨询人员的协助下制订调查方案、确定日程、进行分组等。组织培训后，项目负责人指挥几个组的督导员展开调查。这样的管理结构，节省人员，效率较高。

（2）职能式

在该结构下，完成一个项目负责人领导若干职能人员，分别负责调查小组的培训、质量检验或复核、经费等。职能人员根据自己的职能，与各组督导员联络，向其寻求支持，协助他们完成某个方面的全部或部分工作，并向项目负责人汇报工作。

（3）直线职能式

如果从事的某项调查工作需要大量的调查人员和样本，并且在一个较大的范围内展开调查，调查小组的规模比较大，任务分配复杂，往往需要后勤工作、质量检验和复核工作配合。对于督导员来说，工作量骤增。

项目负责人统一对各职能部门或职能组进行管理，也可以直接与督导员联系。每一个调查组需要配备若干职能人员，职能人员根据自己的工作职能展开工作。如财务人员和后勤人员负责调查组的生活安排、设备采购、经费管理等事宜，他们对本组的督导员负责，由本组的督导员负责指挥，而督导员则向上一级的职能部门或职能组反映情况。这样的设置和安排，可以减少项目负责人和督导员的工作量，便于分工和专业化管理，提高调查的效率。

（4）矩阵式

企业的调查部门、独立的调查公司和学术性调查机构的管理机构多采用矩阵式管理结构。调查机构的常设机构由调查机构负责人和各职能部门或人员组成（专职培训部门或人员、督导部门或人员、项目部门或人员、问卷设计和分析部门或人员、财务部门或人员等）。

他们的日常工作由机构负责人统一指挥，工作内容是市场开发、宣传推广等。一旦确定了调查项目，负责人就要召集调查人员，展开调查活动，有时可能若干调查项目同时开展。

调查小组的管理工作由督导员负责，调查规模较小时，则全部督导工作由督导员完成。这时，他可能既是调度、复核人员，又是财务、后勤人员。如果调查规模较大，整个督导工作就由督导员和其他职能人员共同完成。这时，督导员是一名管理人员而不是技术人员。

2. 调查团队人员及其职责

（1）项目主管

项目主管的作用是协调各部门的关系，起草初步的计划，制定预算并监督资源的使用。其责任是确保项目的目标、预算和计划的执行。

（2）实施主管

实施主管的责任主要包括以下内容。

① 了解调查项目的目的和具体的实施要求。

② 根据调查设计的有关内容和要求挑选调查人员。

③ 负责督导团队的管理和培训。

④ 负责调查实施中的质量控制。

实施主管是项目主管和调查督导沟通的桥梁，要求既要掌握市场调查的基本理论和方法，又要有比较强的组织和运作能力，还要有丰富的现场操作经验。

（3）调查督导

调查督导负责对调查人员工作过程的检查和对调查结果的审核。

督导可分为现场督导和技术督导。现场督导主要负责日常工作的管理，技术督导主要负责调查员访问技巧的指导。很多情况下，一位督导既是现场督导又是技术督导。

4.1.3 选择专业市场调查机构

1. 初步选择

初步选择主要从以下几个方面开展。

（1）声誉

这主要是指了解专业市场调查机构在同行中的声誉，如其在哪些方面比较突出，突出的方面是否是企业所需要的；在职业道德方面的表现如何，如是否为客户保守秘密，不弄虚作假。

（2）调查机构资历

这主要是指了解专业市场调查机构成立时间长短，主要职员任职时间长短，承接项目范围和特点，客户对象主要有哪些。

（3）业务能力和专业水平

这主要是指了解专业市场调查机构调查人员资历、实践经验和学识水平，承接过的业务数量与质量，是否发生过法律纠纷，公司业务发展前景和规划如何。

（4）营业方式及财力

这主要是指了解专业市场调查机构采用什么方式吸引客户，收费是否合理，常用支付条件，信用状况及经费保证程度。

（5）工作设施状况

这主要是指了解专业市场调查机构工作人员数量，办公设备是否现代化，统计汇总资料采用什么软件，外勤服务情况。

2. 比较选择

企业通过以上各项的分析、评估，可以把所要选择的对象缩减到两个或三个，接着就应该分别安排见面，要求各机构提出书面的调查建议书，通过对建议书的比较分析，进一步了解各机构。调查建议书的内容如下。

（1）工作人员的数量、专业水平、实际工作经验和能力。

（2）抽样调查的方法和技术。

（3）拟定问卷的思路与问卷样本。

（4）选择调查人员的标准与培训计划。

（5）对问卷有效性的监督管理措施。

（6）制作图表所需时间的估计。

（7）项目费用预算情况。

企业在研究了几个调查机构的建议之后，就应当能和符合要求的机构洽谈合作了。

3. 签订代理合同

市场调查机构是营利性组织，委托代理关系是一种商业关系，为了使双方的利益得到有效的保障，企业与市场调查机构必须签订代理合同来明确双方的权利和义务。代理合同一般包括以下内容。

（1）调查范围与调查方式。要求调查公司围绕调查目标进行策划和设计，调查方式由调查公司确定，其他的如调查对象、走访的次数和形式等也可以写入合同。

（2）预算。企业提供预算，调查公司认为在此范围内可以完成调查，便接受委托，合同中应写明应付数额。必须注意，合同中应注明每个项目的开支情况，如劳务费、礼品费、管理费等。另外，要避免日结，这对企业不利。预算中还可以注明对于超预算的追加款项的处理方法，一般可接受10%追加款。

（3）付款条件。一般随着调查的进行分期付款，如果双方合作多次，相互信任，也可采取事前或事后付款方式。如果有涉外业务，还要考虑货币种类及汇率问题。

（4）人员配备。在代理合同中规定人员配备，有利于企业对承担调查工作的每个职员进行指导和监督。

（5）期限。超期未能完成调查项目的处理办法也一并注明，通常是扣除一定的金额。

（6）调查成果。以书面形式记录和反映的调查成果就是调查报告，调查报告应包括调查结果、分析、营销策略、趋势预测等内容，有些还要求提供诸如当地生产厂商、经销商及客户的相关资料。

4. 开展合作

选定了某家市场调查公司或当地商业咨询服务机构之后，企业就必须切实地与之一道工作。企业和市场调查机构的关系是"对等交换"的关系，应该相互信任和配合。

委托人要自始至终提供市场调查机构所需的帮助，便于市场调查机构充分了解和掌握企业的实际情况和需要解决的问题，确定调查主体、范围、方式和技巧。市场调查机构主要的工作人员及职责如下。

（1）访问员或调查员：采集资料，对指定的被调查者进行调查访问，以获得原始数据资料。

（2）录入员：对收集到的问卷资料进行编码，并将数据资料输入计算机，以便研究人员做统计分析处理。

（3）资料员：分类、整理和归档各种一般性的商业资料，以便研究人员查询。

课堂活动11

讨论调查机构的选择

同步实务

某泰国品牌超市欲重返成都市场，请为该超市挑选一家合适的调查机构，并为其制定选择流程。

业务分析： 要寻找合适的调查机构，就需要从业务匹配度等方面入手。

业务程序： 第一，通过网络查找我国知名调查机构的相关信息；第二，考查各调查机构擅长的领域以及行业资历等；第三，列出 3～4 家备选机构；第四，通过讨论或进一步了解确定选择哪一家。

业务说明： 该业务主要考查选择市场调查机构的方法与流程。

 **组建市场调查小组**

 任务描述

本任务要求学生能够运用所学的组建市场调查小组的相关知识，结合实际调查项目的情况，组建适合的市场调查小组。

任务导入

市场调查小组至关重要

在市场调查中，项目领导组的正确计划和领导，调查督导的认真监督与引导，调查人员本身的素质、条件、责任心等都在很大程度上影响着市场调查作业的质量，影响着市场调查结果的准确性和客观性。因此，组建科学合理的市场调查小组，领导开展市场调查，对收集完整有效的市场信息至关重要。

因此，组建的市场调查小组是否适合市场调查项目，将决定该项目是否能顺利开展后续的各项调查工作。

任务实施流程

市场调查组织可划分为项目领导组、调查督导和调查人员三重管理结构，它们相互制约，互为监督。本任务主要从以下几个方面展开学习，如图4-2所示。

图4-2　任务4.2实施流程

基本知识与技能

正式开展市场调查前，建立市场调查小组十分必要。如果项目领导组的建立不合适、调查督导和调查人员的选择不符合要求，这不仅会影响调查的正常进度，还有可能导致调查结果不准确。因此组建合格的市场调查小组，才能顺利开展后续的市场调查工作。

4.2.1　建立项目领导组

不同的市场调查机构，其组织结构的形式可能不同，但是在接受委托方的委托，开始按照委托方的要求，认真组织实施各个阶段的调查工作时，为了保证项目顺利实施，需要先建立项目领导组，主要负责管理控制项目的实施，并及时向委托方反馈调查进程和调查工作的有关信息。

1. 市场调查业务部人员组成项目领导组

市场调查公司内部会设置调查部，有的还会设立调查一部、调查二部等，这些部门的主要职责就是执行市场数据资料的收集工作。一般情况下，根据职责分工，专业调查公司会指派市场调查业务部人员组成项目领导组。

2. 多个部门业务人员组成项目领导组

如果受托项目规模较大，涉及多个方面的工作，这时就需要调查公司内部的研究开发部、调查部、统计部、资料室等多个部门指派相关人员，一起组成市场调查项目领导组，以保证调查工作的顺利实施。

3. 明确项目主管职责

项目主管是项目领导组的第一责任人。

对于规模不大的市场调查项目，项目主管可能就是项目实施主管，其主要职责有以下几个。

（1）深入了解调查项目的性质、目的以及具体的实施要求。

（2）负责选择合适的实施公司（如果需要）并与之联系。

（3）负责制订实施计划和培训计划。

（4）负责挑选实施督导和调查人员（如果需要）。

（5）负责培训实施督导和调查人员。

（6）负责实施过程中的管理和质量控制。

（7）负责评价督导和调查人员的工作。

4.2.2　选择调查督导

调查督导是指在调查实施的过程中，有效地对调查的方法、方式，以及具体的实施步骤进行监督和指导的人员。调查督导是市场调查不可欠缺的一部分。监督方式可以是公开的，也可以是隐蔽的。

在实际的工作中，选择调查督导有两种形式，一是研究人员担任，二是 FW（Facility Watch）担任。研究人员担任调查督导主要对抽样设计的实施、调查问题的集体应用进行研究和监督；FW调查督导，主要是监督实施的具体方法。

合格的调查督导应具备以下素质和能力。

（1）良好的协调和沟通能力。

（2）有良好的工作条理性、计划性、责任心及团队合作精神。

（3）愿意接受有挑战的工作，可适应出差。

（4）有良好的计算机技能，能熟练使用办公自动化软件。

（5）能够有效地组织及管理调查人员执行项目，对工作压力有一定的承受能力以及良好的适应力。

 拓展链接 4-1

调查督导岗位

调查督导岗位人员负责项目的沟通、协调及管理工作，具体如下。

（1）协助制订调查执行计划，保证项目按时高质量完成。

（2）培训调查人员的工作技能。

（3）管理和监控调查人员的工作质量。

（4）及时回收、初审及汇总项目数据。

（5）QC（质量控制）对接、调查人员结算沟通。

4.2.3　选择调查人员

1. 选择调查人员

一个市场调查机构一般不可能有太多专职调查人员，而兼职的调查人员队伍又不太稳定。因此，调查公司常常要招聘调查人员。招聘调查人员，既可以采取书面的形式，也可以采取面试形式。

在招聘过程中，对调查人员主要考核的内容应该包括以下几点。

（1）责任感。责任感在市场调查中显得尤其重要。缺乏责任感的人，即使工作能力很强，专业水平很高，也很难把事情做好。

（2）普通话。一般人都听得懂普通话，所以在一般情况下，尽量选择能说普通话的人作为调查人员，同时也要具体情况具体分析。例如，我国说方言的很多，许多地方平时习惯使用方言，这时如果调查人员能够使用方言跟受访者交谈，会比较容易得到受访者的认同，消除受访者的防御心理，提高访问的成功率。

2. 明确调查人员的素质要求

市场调查活动是一项科学细致的工作，优秀的调查人员必须具有相应的知识和技能。

（1）思想品德素质要求

思想品德素质是决定调查人员成长方向的关键性因素，也是影响市场调查效果的重要因素。一个具有良好思想品德素质的调查人员，应该能够做到以下几点。

① 政治素质。熟悉国家现行的方针、政策、法规，具有强烈的社会责任感和事业心。

② 道德修养。具有较高的职业道德修养，表现在调查工作中为能够实事求是、公正无私，既不敷衍塞责，也不迫于压力屈从或迎合委托单位或委托单位决策层的意志。

③ 敬业精神。热爱市场调查工作，在调查工作中认真、细致，具有敏锐的观察力，不放过任何有价值的资料，也不错拿一些虚假的资料。对存在疑点的资料，能够不怕辛苦，反复核实，做到万无一失。

④ 谦虚谨慎、平易近人。调查人员最主要的工作是与人打交道。谦逊平和、时刻为对方着想的调查人员，往往容易得到受访者的配合，从而能够获得真实的信息；而脾气暴躁、盛气凌人、处处只想到自己的调查人员，容易遭到拒答或得到不真实的信息。

（2）业务素质要求

业务素质水平的高低是衡量调查人员好坏的指标之一。调查人员不仅需要有一定的理论基础，还需要具备较丰富的实践经验。

① 掌握有关市场调查的基础知识。调查人员不是专业的研究人员，所以不要求具有高深的专业知识，但至少应该做到：了解调查工作中调查人员的作用和他们对整个市场调查工作成效的影响；在访问中保持中立；了解调查计划的有关信息；掌握访谈技巧；熟知询问问题的正确顺序；熟悉记录答案的方法。

② 具有一定的业务能力。调查人员的业务能力从以下方面体现。阅读能力：能够理解问卷的意思，流利传达问卷中的提问项目和回答项目。表达能力：在调查过程中能够将要询问的问题表达清楚。观察能力：能判断受访者回答的真实性。书写能力：能够准确、快速地将受访者的回答大致记录下来。独立外出能力：能够独自到达指定的地点，寻找指定的受访者，并进行访问。随机应变能力：能够随机应变，与不同类型的受访者打交道。

（3）身体素质要求

身体素质涉及两方面：体力和性格。市场调查是一项艰苦的工作，特别是入户访谈和拦截调查，对调查人员的体力要求较高。同时，市场调查人员应性格温和，具有亲和力。

在实际调查过程中，调查工作是由一支良好的调查队伍实现的。调查人员具备较高的思想品德素质是前提。而调查人员的业务素质和身体素质则可以随着调查方法的不同而有所不同。

课堂活动 12

讨论调查人员的
要求

 **同步实务**

某市场调查机构正在为某调查项目招聘兼职调查人员，假设你是该机构的招聘人员，请为机构招聘合适的调查人员。

业务分析： 要按照对调查人员的各方面要求进行招聘。

业务程序： 第一，考查其思想品德素质；第二，考查其市场调查基础知识；第三，考查其业务素质；第四，考查其身体素质；第五，通过讨论确定人选。

业务说明： 该业务主要考查对调查人员的挑选。

 培训市场调查人员

📖 任务描述

本任务要求学生能够运用所学培训市场调查人员的相关知识，结合实际调查项目，对招聘的市场调查人员进行培训。

任务导入

收集到错误的数据不如没有数据

某手机生产厂家进行了一次市场调查，调查目标：了解消费者的首选手机品牌，列举你会选择的手机品牌。

该企业从市场调查部抽取了两组人员，设计了问卷，进行了街头拦截调查。企业收集到资料后，经整理分析发现：第一组的结论是有15%的消费者选择本企业的手机；第二组得出的结论却是36%的消费者表示本企业的手机将成为其购买的优先考虑对象。巨大的差异让企业管理层非常恼火：为什么完全相同的调查，会得出如此不同的结果呢？企业决定聘请专业调查公司进行调查诊断，找出真相。

专业调查公司的执行小组受聘，和参与调查的调查人员交流，并很快提交了简短的诊断结论：第二组在进行调查过程中存在误导行为。第一，在调查期间，第二组的调查人员佩戴了企业统一发放的领带，而领带上有本企业的标志，其标志足以让受访者猜测出这次调查活动的主办方；第二，第二组在调查过程中，把选项的记录板（无提示问题）向受访者出示，而本企业的名字非常显眼。以上两个细节，向受访者泄露了主办方信息，影响了消费者的选择。

调查人员的不专业行为会导致企业收集到错误数据，误导企业做出错误决策，所以说，"收集到错误的数据不如没有数据"。

任务实施流程

招聘市场调查人员之后，下一步的工作是对他们进行培训，以提高调查人员的工作技能，降低拒访率，使调查工作更加有效率。本任务主要从以下几个方面展开学习，如图4-3所示。

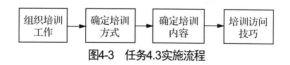

图4-3 任务4.3实施流程

📖 基本知识与技能

调查人员作为信息的采集者，会直接影响调查的质量，所以培训调查人员对收集市场信息非常关键。专业调查人员，是经过多次的培训和访问实践后挑选出来的，有了新的调查任务，可以直接参加项目说明会，能够马上进入角色，然后根据调查设计人员的"项目执行要求说明书"熟悉问卷，了解受访者，并实施有效访问。

4.3.1 组织培训工作

1. 培训调查人员工作的组织

在调查人员培训中，出于组织与管理的需要，市场调查公司管理部门的相关人员还应该做好两项工作：其一，及时发出培训通知；其二，组织具体的培训工作。

（1）及时发出培训通知

管理者应提前发出培训通知，让受训者能就本次培训做好相应的学习准备；提前通知培训师，也显示调查公司对培训工作的重视，也为培训师的提前准备预留充足的时间。有的培训还会涉及其他部门，提前告知其他部门，便于工作更好地开展，从而保证培训工作的顺利开展。

（2）组织具体的培训工作

在人员培训工作中，培训组织者应该注意以下内容。

① 保证组织到位，确认培训师、受训者都按时到位，培训所需材料发放到位，座次安排、入场秩序井然有序。

② 确保培训进程顺利，严格控制时间。

③ 收集第一手培训信息。

④ 按时进行培训中的效果调查，及时发放效果调查表，指导受训者填写。

⑤ 针对培训中可能出现的突发情况，及时应对。

2. 当前培训可能面临的培训体系设计问题

（1）培训体系管理制度不完善。以要求代替制度，培训管理制度陈旧，培训管理缺乏有效的刚性约束，培训工作缺乏权威性，这会导致问题得不到很好的解决，要求得不到贯彻。

（2）培训体系运作不规范。如没有按照培训的流程进行运作，尤其是缺乏有效的培训需求调查和培训效果评估，简化培训工作，培训缺乏针对性，效果难以保证。课程建设不系统，没有对培训课程进行梳理和打造，缺乏可供企业内部选择的固定的精品课程，造成大量的重复劳动。

（3）培训体系管理系统不完备。如缺乏其他部门的有效配合，培训工作成了人力资源一个部门的事，培训与业务脱节，培训的作用难以得到有效的发挥。培训体系管理系统的建设是一个循序渐进的过程，不能一蹴而就，不能流于形式。

（4）培训队伍不稳定。如没有固定的教师队伍，而兼职教师也多是从企业内部临时抽调的业务人员，或是从外部临时聘用的，其教学水平和教学质量具有很大的不确定性，而这意味着企业在培训方面存在一定的成本风险。

4.3.2 确定培训方式和方法

培训是针对所有调查人员进行的，其目的在于让调查人员了解项目的有关要求和工作标准，学习必要的调查知识。

对调查人员的培训主要包括两种形式：书面培训和口头培训。

1. 书面培训

书面培训的基本要点在于使调查人员牢记调查项目的重要性、目的、任务，并通过阅读训练手册，熟悉各项任务要求。书面培训的主要内容如下。

（1）熟悉市场调查项目的内容和目的。

（2）熟悉并掌握按计划选择调查对象的方法。

（3）掌握选择恰当时机、地点和调查对象的方法。

（4）掌握访问技巧。

（5）掌握关于调查询问的技术。

（6）说明如何确定调查形式，检查调查问卷的指示说明，以及如何处理访问中发生的特殊情况。

2. 口头培训

口头培训的目的是消除调查人员的恐惧和疑虑，使调查人员灵活运用口头访问技巧。为此，调查人员需要经常进行练习，而且要参加多次访问的演练，从而能够具备下列素质。

（1）访问态度和蔼、友好。

（2）能抓住问题重点，并给予调查对象充分的回答余地。

（3）善于选择访问时机。

（4）有较强的判断能力，善于明辨是非。

（5）善于完整、清楚地记录，真实地反映被调查对象的本意。

具体的培训方法主要有以下几种。培训时相关人员可根据培训目的和受训人员情况加以选用。

（1）集中讲授方法。这是目前培训中采用的主要方法，即请有关专家、调查方案的设计者，对调查课题的意义、目的、要求、内容、方法及调查工作的具体安排等进行讲解，在必要的情况下，还可以讲授一些调查基本知识，介绍一些背景材料等。采用这种培训方法，应注意突出重点、有针对性、讲求实效。

（2）以会代训方法，即由主管市场调查的部门召开会议。会议有两种形式：研讨会和经验交流会。召开研讨会，主要就需要调查的主题进行研究，逐一确定调查题目的拟定，调查的设计，资料的搜集、整理和分析调查的组织等各项内容。召开经验交流会，在会上，大家可以互相介绍各自的调查经验、先进的调查方法和成功的调查案例等，以集思广益，博采众长，共同提升。采取以会代训方法，一般要求参加者有一定的知识水平和业务水平。

（3）以老带新方法。这是一种传统的培训方法，即由有一定理论和实践经验的人员帮助新接触调查工作的人员，使新手尽快熟悉调查业务，得到锻炼和提高。这种方法能否取得成功，取决于带者是否无保留地传授，学者是否虚心求教。

（4）模拟训练方法。即人为地制造一种调查环境，由培训者和受训者或受训者和受训者分别装扮成调查人员和调查对象，进行二对一的模拟调查，练习某一具体的调查过程。模拟时，要将在实际调查中可能遇到的各种问题和困难表现出来，让受训者做出判断、处理，以增加受训者的经验。采用这种方法，应事先做好充分准备，如此模拟时才能真实地反映调查过程中可能出现的情况。

（5）实习锻炼方法。即在培训者的策划下，受训者到自然的调查环境中锻炼。这样，受训者能将理论和实践有机地结合，在实践中发现各种问题，在实践中培养处理问题的能力。采用这种方法，应注意掌握实习的时间和次数，并对实习中出现的问题和经验及时进行总结。

4.3.3　确定培训内容

根据项目需要，对调查人员的培训一般包括以下内容。

1. 责任培训

责任培训旨在让调查人员明白一名合格的调查人员应承担哪些责任，使他们在今后的调查工作中能够更好地完成调查任务。

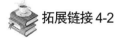

拓展链接 4-2

调查人员的责任

（1）接触调查对象。按照调查项目负责人的安排，在合适的时间接触抽样计划所要求的调查对象。为了使样本具有代表性，尽可能接触所要求的所有调查对象。另外，要确定家庭中受访者的资格，只能访问一个家庭中的一个人。如果调查对象拒绝回答，则按要求向上级反映，或严格按要求寻找替代的调查对象。切记，调查人员不能自作主张地用另一个人代替拒访者。

（2）保密。调查人员不能将调查对象的个人隐私透露给其他人员。同时，在调查过程中如果有他人在场，调查人员应委婉地向调查对象说明是否另外约时间访问。

（3）提问。每次访问之前，如何向调查对象提问，调查公司都有统一规定，所以调查人员一定要按要求提问，不要随意提问。

（4）记录。记录调查对象的回答，要求记录准确、填写清楚、整洁，以免编码时出差错。

（5）审查。在结束访问时，调查人员要检查问卷是否都准确填写完成，字迹是否清楚。

（6）发放礼品、礼金。如果对调查对象有酬谢，要一一发送礼品或礼金，注意不要多发或少发。

2．项目操作培训

不同的市场调查项目，在访问方式、内容上都是不同的。所以，在实施调查前的培训阶段，调查公司要对调查人员进行项目操作培训。

项目操作培训内容如下。

（1）向调查人员解释问卷问题。一般是让调查人员先看问卷和问卷须知，针对调查人员不清楚的地方给予解释。

（2）统一问卷填写方法。为了录入方便，要规范作答的方式和方法。

（3）分派任务。指定每个调查人员调查的区域、时间和调查对象。

（4）访问准备。告知调查人员在调查前所需携带的各种物料，如问卷、调查对象名单、电话、答案卡片、介绍信、身份证明、礼品等。

（5）向调查人员说明会有一定的监督措施以检查调查人员的调查质量。

3．访问技巧培训

访问技巧是指调查人员为了获得准确、可靠的调查资料，运用科学的访问方法，引导调查对象提供信息的各种方法和策略。

根据调查方案的要求，调查人员可能进行入户访问，也可能进行街头拦截访问。为了保证调查质量，提高调查人员的工作效率，对调查人员进行访问技巧培训是非常必要的。通常在入户访问调查中，训练有素的调查人员的入户成功率可达到90%；而没有掌握访问技巧的调查人员的入户成功率只有10%。

4.3.4　培训访问技巧

1．访问准备阶段的技巧

（1）准备访问计划。应在访问之前把准备的问卷做一遍，了解问卷的重点和难点，特别是要拟好访问提纲，包括见面词等。

（2）准备访问用品。访问用品包括调查问卷、身份证、学生证、校徽、介绍信、笔、纸、录音机和礼品、宣传资料、交通线路图等。

（3）模拟访问。事先找一些熟悉的人进行模拟访问，可以发现在实际访问时可能会出现的问题，尽早想一些应对措施。

2．避免被拒访的技巧

（1）避免访问开始时被拒访

自我介绍要按规范的形式进行，这是顺利入户的关键。通常问卷中已编写了开场白（自我介绍词）。

调查人员做自我介绍时，应该快乐、自信，如实表明调查目的，出示身份证明。有效的开场白可增强调查者的信任感和参与意愿。

（2）避免访问中途被拒访

选择恰当的入户访问时间，可以有效避免被拒访。

在一般工作日，调查可选择在19：00—21：00进行；在双休日，可选择在9：00—21：00进行，但应避开吃饭和午休时间。

被调查者如果要拒绝调查，通常会找许多借口，调查人员要想出不同的对策。

3. 合理控制环境的技巧

理想的调查应该在没有第三者的环境下进行，但调查人员可能会受到各种干扰，所以要接受控制环境的技巧的培训。

例如，如果调查过程中有其他人插话，调查人员应该礼貌地说："您的观点很对，我希望待会儿请教您。"

调查人员应该尽力使调查在脱离被调查者其他家庭成员的情况下进行，如果调查时由于其他家庭成员的插话，调查人员得不到被调查者的回答，则应该中止调查。

如果周围有收音机或电视机发出很大的噪声，调查人员很难建议把声音调小，这时，调查人员可逐渐减小说话声，如此被调查者有可能意识到噪声，并会主动处理。

4. 保持中立的技巧

调查人员的表情、对某个回答的态度，都会影响被调查者。

调查人员在调查过程中，除了出于礼貌有所表示外，不要给出其他反应。即使对方提问，调查人员也不能说出自己的观点。要向被调查者解释，他们的观点才是真正有用的。同时，还要避免向被调查者谈及自己的背景资料。调查人员应该给出一个模糊的回答，并鼓励被调查者谈他们自己和他们的见解。

5. 提问与追问的技巧

调查人员在调查过程中应按问卷设计的问题顺序进行提问。

对于开放式问题，一般要求充分追问。追问时，不能引导，也不要用新的词汇，要使被调查者的回答尽可能具体。优秀的调查人员能帮助被调查者充分表达他们自己的意见。追问不仅能帮助调查人员获得充分的信息，还能使调查更加有趣。

在调查过程中，有时被调查者不能很好地全面回答问题，有时问卷本身就设定了追问问题，这时调查人员需要运用追问技巧来达到预期的目的。

调查人员可以这样追问："您说得挺好，指的是什么，请具体说一下。""您还有没有其他喜欢的呢？""还有呢？"。

6. 结束调查的技巧

得到所有需要的信息后就可以结束调查了。此时，被调查者可能还有进一步的自发陈述，他们也可能有新的问题，调查人员工作的原则是认真记录有关的内容，并认真回答被调查者提出的问题。总之，应该给被调查者留下一个良好的印象。最后，一定要对被调查者表示诚挚的感谢。

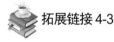 **拓展链接4-3**

结束调查的技巧

（1）让被调查者有良好的感觉。调查人员要感谢被调查者抽出时间接受调查，并使被调查者感受到自己为这项调查研究做出了贡献。

（2）迅速检查问卷。看被调查者有没有漏答问题；问题的答案是否存在前后不一致的情况；是否有需要被调查者澄清的含糊答案；单选题是否有多选的情况。

（3）再征求意见，询问被调查者的想法、要求，并告诉他们如有可能，还要进行一次回访，希望他能同意。

（4）离开现场时，要表现得彬彬有礼，与被调查者说再见。

课堂活动13

角色扮演调查人员的培训

任务 4.4 管控市场调查工作

📖 任务描述

本任务要求学生能够运用所学的与管控市场调查工作相关的知识，采用恰当的方法，结合实地收集调查资料的情况，在调查过程中进行市场调查项目的控制和市场调查人员的控制。

任务导入

HL 商厦消费者调查

作为在成都商圈中发挥特殊作用并取得一定成绩的中型百货商店，HL 商厦急需对自己消费者的基本特征有全面的了解，以便制定更具针对性的营销策略。商厦负责市场营销管理工作的王科长与某大学商学院联系，提出合作完成此项调查工作。

经双方的数次协商，准备采用店内问卷调查、店外拦截式问卷调查、目标顾客入户访问几种方法相结合的方式来搜集、研究、分析所需的资料。由于数日后是国际劳动节，他们决定利用当日人流量大的特征，完成一项拦截式问卷调查，专门搜集出现在 HL 商厦门口附近的行人的态度信息。某大学商学院师生设计了专门用于拦截式调查的问卷。

拦截式问卷调查的实施时间：5 月 1 日至 3 日，每天 10 点至 16 点。

调查人员数量：某大学工商管理系营销专业的 12 位同学。

调查现场监督：工商管理系老师、HL 商厦相关人员。

对配合这次调查的行人的奖励：由 HL 商厦提供一份标有 HL 商厦标记的小礼品。

调查访问要求：所有问卷必须以"你问他答你记录"的方式完成；所有问卷不得有涂改的现象，否则视为废卷；每完成 10 份调查问卷应立即交到"资料汇总部"接受审查，查找问题、总结经验。

调查如期完成，共收到合格调查问卷 456 份（发放问卷 500 份）。

对实施市场调查的过程进行必要的管控，能保证调查的科学性、有效性和时效性，并且可以减少由于不合格调查造成的额外费用。

任务实施流程

市场调查资料的收集需要大量的人力、财力，而且该阶段容易出现调查误差。组织、管理、控制是该阶段工作成效的基本保障。市场调查活动的组织与控制包括市场调查项目控制和市场调查人员控制两个方面。本任务主要从以下几个方面展开学习，如图 4-4 所示。

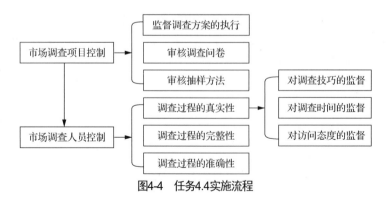

图4-4　任务4.4实施流程

基本知识与技能

市场调查人员将方案付诸实施，就意味着市场调查资料的收集工作正式开始。该阶段的主要任务是组织调查人员深入实际环境，按照调查方案的要求和安排，有组织、系统、细致地收集各种市场资料。为保证调查任务的顺利完成，我们需要控制收集资料的过程。

4.4.1　市场调查项目控制

1. 监督调查方案的执行

调查方案直接关系到实地调查作业的质量和效益。调查人员的工作能力、职业态度、技术水平等会对调查结果产生重要影响，一般要求，调查人员应具备良好的沟通能力、创造力和想象力。调查费用因调查种类和收集资料精确度的不同而有很大差异，调查组织者应事先编制调查经费预算，制定各项费用标准，力争以最少的费用取得最好的调查效果。调查日程指调查项目的期限和各阶段的工作安排，包括规定调查方案设计、问卷制作、抽样、人员培训、实地调查、数据录入、统计分析、报告撰写等的时间安排。为保证调查工作的顺利开展和按时完成，调查人员可制定调查进度日程表，对调查任务加以具体规定，便于对调查进程随时进行检查和控制。

2. 审核调查问卷

在问卷初稿完成后，调查人员应该在小范围内选择一些有代表性的调查对象进行试调查，了解问卷初稿中存在哪些问题，以便对问卷的内容、问题和答案、问题的次序进行修正。发现问题后，应该立即进行修改。如果修正后问卷内容发生了较大的变动，调查人员还可以进行第二轮试调查，以使最后的定稿更加规范和完善。

3. 审核抽样方法

抽样方法的选择取决于调查研究的目的、调查问题的性质以及调查经费和允许花费的时间等客观条件。调查人员应该掌握各种具体抽样方法，对拟选择的抽样方法进行验证。只有这样才能在各种环境和具体条件下及时选择最为合适的抽样方法，以确定每一个具体的调查对象，从而保证数据采集的科学性。

4.4.2　市场调查人员控制

市场调查人员所收集的问卷是研究者进行市场分析的重要信息来源。但是，在实际中，由于各种情况，调查人员的问卷来源不一定真实可靠，相关人员必须对调查人员进行适当的监控，以保证调查问卷的质量。

在收集市场调查资料的过程中，要加强对市场调查人员的控制，主要从调查过程的真实性、完整性和准确性三个方面予以控制。

1. 调查过程的真实性

调查过程的真实性是指在真实的时间、地方对真实的人做出了真实的调查，并真实地填写调查记录。对调查过程真实性的监控一般可以利用下列手段。

（1）现场监督

在调查人员进行现场调查时，督导要跟随，以便随时进行监督并对不符合规定的行为进行指正。这种方法在电话访谈、拦截访问、整群抽样调查时比较适合。

对调查人员的现场监督涉及以下几个方面。

① 对调查技巧的监督。对调查技巧的监督是指督导通过在现场观察和分析，可以发现某位调查人员是否真正地掌握了调查的技巧，是否能够轻松地打开局面、提出问题、展示图片和运用其他演示资料，是否能够不偏离调查主题，是否能够记录主要观点而不是仅仅记录无关紧要的谈话等。如果发现存在这样或者那样的问题，就要在适当的时候予以纠正，并重新进行培训或者现场做示范，

当调查人员能够熟练掌握技巧并确信可以开展调查时才允许正式调查。

② 对调查时间的监督。对调查时间的监督，有多种方法。其中一种方法是了解整体访问时间和个别调查时间分配是否合理。如果入户访问需要 25 分钟完成，而在连续的 3 个小时内，某调查人员居然完成了 20 份调查记录，就较为可疑了。又如，一份记录平均约 5 分钟才能完成，而某位调查人员总是能在 2 分钟内完成，就说明可能存在问题。除了单一时段的长短和总时段的可信与否等问题外，监督人员还可以查询调查人员是否在规定的时间内完成了应有的调查，是否在规定的时间内提交调查记录，这些问题都会影响调查项目的顺利完成。

③ 对访问态度的监督。监督调查人员的访问态度，可以发现调查人员是否认真投入现场工作，是否能够胜任某次调查工作，是否容易获得正确的调查结果，是否会做出合理的记录，等等。

对访问态度的监督可以从多个方面来实现。一是在调查时观察调查人员是否认真倾听，是否积极提问，是否记录一些重要内容；二是在现场观察调查人员与受访者交流时的热情程度和耐心程度。市场调查是一次人与人交流的过程，不良的情绪会带来不良的回应。还可以从调查记录中发现问题。一个重视访问的调查人员，填写的问卷应当是清楚的、容易辨认的，而且应该是经过自我检查的。

（2）审查问卷

对调查人员收集来的问卷进行检查：检查时间、地点、受访人、调查内容等是否如实填写，是否有遗漏；答案之间是否前后矛盾；不同问卷作答的笔迹是否一样；等等。

（3）电话回访或实地复访

根据调查人员提供的电话号码，督导或专职访问员进行电话回访。

如果打电话找不到有关的受访者，根据调查人员提供的真实地址，督导或专职访问员进行实地复访。实地复访比电话回访真实可靠，但需要花很多的时间和精力。

在电话回访和实地复访过程中，通常要根据以下几个方面来判断调查人员访问的真实性：一是电话能否打通或地址能否找到；二是受访者家中是否有人接受访问；三是调查问题是否与调查目标吻合；四是调查时间是否跟问卷记录时间相符；五是受访者所描述的调查人员形象是否与该调查人员相符；六是访问是否按规定的程序和要求执行。

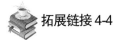 **拓展链接 4-4**

调查人员引起问卷质量问题的原因

调查人员引起问卷质量问题的原因如下。

① 调查人员自己填写了很多问卷，没有按要求去调查受访者。

② 调查人员访问的对象并不是调查方案中指定的人选。

③ 调查人员按自己的想法自行修改问卷的内容。

④ 调查人员没有按要求发放礼品。

⑤ 有些问题漏记或没有记录。

⑥ 有的问题备选答案太多，不符合规定的要求。

⑦ 调查人员嫌麻烦，放弃有些地址不好找的受访者。

⑧ 家庭成员的抽样没有按抽样要求进行。

2. 调查过程的完整性

调查过程的完整性是确保问卷信息可以分析使用的重要条件。真实的问卷如果答案都是"不知道""不置可否"或者空白，则说明调查很可能不完整。至于回答留有空白或者"不知道"的情形究竟占比达到多少才算问卷不完整，在每次访问中都可以视调查要求重新设定。通常情况下，给出这些答案的比例应该小于 10%。有经验的调查管理者会比较多数调查人员调查记录中的不完整答案的比例，而抽取差距较大的记录予以复核。此外，调查人员由于粗心或者懒惰而没有把问卷填写完整也会造成调查不完整的情况，这种情况在问卷审核时就可以筛选出来。

3. 调查过程的准确性

调查过程的准确性是调查记录质量复核的重要内容。若一份已经完成的问卷具备了真实性、完整性后，却存在着不准确的问题，这是很可惜的事。

为了确保访问的准确性，在选择调查人员和开展试调查方面就要严格控制。因为，调查工作主要是为了真实、准确地记录受访者的回答，如果由于调查人员能力不够而发生记录不准确或者理解失误的问题，调查的质量就无从谈起了。

 同步实务

请针对任务 4.2 中的[同步实务]的市场调查过程进行控制。

业务分析： 该业务主要从市场调查项目控制及市场调查人员控制两个方面进行。

业务程序： 第一，市场调查项目控制；第二，监督调查方案的执行；第三，审核调查问卷；第四，审核抽样方法；第五，市场调查人员控制，对调查过程的真实性、完整性、准确性进行控制。

业务说明： 该业务主要考查具体控制市场调查过程的操作。

 职业技能训练

训练主题： 培养控制收集资料过程的技能。

训练要求： 要求每个小组在收集资料的过程中进行合理控制。

训练内容： 在 4.4.2 节介绍的市场调查人员控制相关内容，小组采取合理的方法控制调查项目及调查人员。

主要准备：

（1）知识准备，市场调查项目控制（监督调查方案的执行、审核调查问卷、审核抽样方法），市场调查人员控制（调查过程的真实性、完整性、准确性）。

（2）组织准备，本训练任务与 4.3.4 节中的训练任务一同进行。教师提前布置训练任务，并进行分组，推选或指定组长，组长负责本小组成员的活动安排。

操作步骤：

第一步：在实地调查前进行市场调查项目控制。

第二步：在实地调查过程中进行市场调查人员控制。

第三步：撰写《××市场调查控制报告》。

成果形式：《××市场调查控制报告》。

 职业道德与营销伦理

小李的不规范市场调查

小李在一次关于消费者购物习惯的调查中，被要求采访十位经常在大型商场购物的、年龄在五十岁以上的男性消费者。小李在规定的时间内寻找符合条件的被调查者面临一定的困难。当寻找到一位愿意配合完成问卷调查的被调查者时，却发现他的年龄不足五十岁，这时小李便诱导这位被调查者，请他在公司进行电话审核时，谎称自己五十岁，进而完成一份调查问卷。

问题： 小李的行为符合职业道德与营销伦理要求吗？

分析提示： 调查人员填写假信息或伪造采访的行为，将严重影响调查数据的准确性，降低市场调查问卷的质量水平。小李的行为使调查数据失准，调查真实性受损，所以小李的行为违反了职业道德与营销伦理的要求。

重点实务与操作

□重点实务

1. 市场调查人员的选择
2. 培训市场调查人员
3. 控制市场调查项目
4. 控制市场调查人员

□重点操作

1. 市场调查人员的培训
2. 市场调查人员的控制

课堂训练

▲单项业务

业务 1：选择市场调查人员训练

某商场欲对消费者基本情况及消费满意度开展市场调查，请你为其选择市场调查人员。你会从哪些方面，通过什么手段考查人员素质？请写出具体方案。

业务 2：控制市场调查人员训练

将学生分成几个小组，调查手机在校园的需求状况。请结合该调查写出监督市场调查人员的方案。

▲综合业务

某银行发现信用卡的申请业务量下滑，请设计一份调查问卷来找出其中的原因。由于资金有限，只能进行电话访问，请列出收集数据的步骤，以保证所收集的数据质量。

▲案例分析

名牌产品评选过程中可能存在的调查管理问题

（项目组长：　　　　项目组成员：　　　　　　　　　　　　　　　　　　　　　　）

2022 年 11 月 20 日起，某市名牌产品推荐委员会开展了一年一度的"名牌产品消费者推荐评议"活动。该活动问卷发布在某平台上，评选内容主要是 230 项品牌的知名度和满意度。不同于以往的是，活动方还在某市品牌网和 315 中国选择网上开通了名牌专题评议窗口，欢迎读者登录并参与评选。

此外，该活动从某市 600 余家企业申报的千余种产品中，按某市名牌产品推荐办法进行资格初审，并经条件审查，共有 390 项品牌产品列入 2021 年某市品牌产品推荐名单，其中有 160 项为消费者评选出的"五连冠"或"六连冠"的原名牌产品，其不再列入本次评议范围。

评议填表说明如下。

1. 请按公布的生产资料类和日用消费类产品，在其知名度对应的"○"和满意度对应的"○"中，分别点选您认为知名度较高、较满意的产品。

2. 生产资料类产品必须选择 10 项以上，日用消费类产品必须选择 20 项以上，未按要求点选规定项数的均作为废卷处理。

3. 为鼓励广大消费者积极参与某市名牌产品推荐评议活动，对反馈的有效评议选票将进行公正抽奖。设一等奖一名，奖价值约 5 000 元的奖品；二等奖 5 名，各奖价值约 1 000 元的奖品；三等奖 10 名，各奖价值约 50 元的奖品；纪念奖 50 名，各奖纪念品一份。

问题：

（1）在该调查开始前，需要做好哪些方面的工作？

（2）在开展调查工作时，若某企业号召企业员工进行投票，调查的结果是否存在真实性问题？

（3）对于网上评选，你认为如何在网页上进行事前设计才能减少不可信的回复？

分析要求：

（1）学生分析案例提出的问题，拟定《案例分析提纲》；

（2）小组讨论，形成小组《案例分析报告》；

（3）班级交流，教师对各小组的《案例分析报告》进行点评；

（4）在班级展出附有"教师点评"的各小组《案例分析报告》，供学生比较研究。

▲决策设计

为大肚塑料杯编写调查指导书

在 2022 年儿童节前夕，某公司将推出新款大肚塑料杯，该公司的市场部门经理拟就大肚塑料杯所在的市场开展调查。调查问卷已编写好。

设计要求：

（1）假设你就是该公司的市场部经理，请你就入户调查时应注意的细则列出简要的访问指导书。假定在开展调查过程中，有一位调查人员因为丢失了调查问卷和礼品而耽误了调查工作，你将如何处理？此外，有两位调查人员的调查记录不清晰且难以辨认，而且没有遵守调查规定，他们强调培训时你没有讲清楚规定地点和记录要求，你该如何应对这种状况？你是否会继续使用这两位调查人员？

（2）小组讨论，形成小组《决策设计方案》。

（3）班级交流，教师对各小组《决策设计方案》进行点评。

（4）在班级展出附有"教师点评"的各小组《决策设计方案》，供学生比较研究。

市调大赛指导模块

收集市场调查数据

项目五

整理市场调查资料

预习思考

1. 市场调查数据缺失值的处理方法。
2. 市场调查资料可视化展示的常见图形及适用的数据资料类型。
3. 假如要展示某短视频平台用户的学历水平,应该采用什么样的可视化图形?

任务 5.1 处理调查资料

任务描述

本任务要求学生掌握调查资料的处理方法,同时指导学生完成资料的登记、审核、分组以及缺失值处理四项工作。

任务导入

资料规范化管理

某公司新产品研发均由产品设计工艺负责人负责,从研发到投产的所有技术问题均由他一个人负责。审核员想了解与产品工艺相关的数据,开发部经理说:"这些数据都在产品设计工艺负责人脑子里,为了保密,只在个人的笔记本里有记录,没有整理成文件。"

审核员要求查看笔记本,经理拿来一个笔记本,审核员看到上面的内容密密麻麻,都是平时做试验的记录,没有一定的格式。

审核员问开发部经理:"你看得明白吗?"经理说:"都是当事人自己记录的,我一般不会看他们的记录,一切由产品设计工艺负责人负责。"审核员看到该公司的多数研发人员都是从研究所出来的,平均年龄为 50 岁。

审核员问经理:"以后这些笔记本会上交吗?"

经理:"没有明确的规定。"

审核员:"如果产品开发人员不在了怎么办?"

经理:"不知道,好多年一直是这么过来的,没出过什么问题,自然也就没考虑以后的事。"

公司这样管理相关资料的方式显然是不对的,为了保密,可以根据资料实际情况,按照密级分类整理、汇总保管。保管在个人手里,没有规范的资料管理办法,实际上公司很难确保对这些资料进行控制,这样会导致后续出现很多工作漏洞,将来也会使公司运营出现较大的问题。

任务实施流程

处理调查资料的人需要较好的数据敏感性，需要根据后续分析和研究内容开展数据处理工作，本任务主要从以下几个方面展开学习，如图5-1所示。

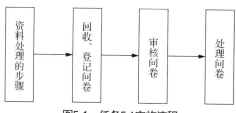

图5-1　任务5.1实施流程

 基本知识与技能

完成市场资料收集工作的时候，回收的资料应该得到确认。确认工作首先从调查资料的回收与登记开始。

同时，为保证调查资料准确、真实和完整，还必须对资料进行严格的审核，以确定哪些数据是合格的，可以接受；哪些是不合格的，必须作废；哪些是经过处理，还可以继续使用的。资料经确认、审核和处理以后，即可用于后续研究。

拓展链接 5-1

调查资料的整理

通过问卷调查得到的是大量的原始资料，这些资料只是研究分析的基础，因为这些资料反映的是总体单位（个体）的状况，是分散凌乱的，不能完整系统地反映总体的情况。

资料的整理是指通过各种方法对收集的资料加以分类、分析及统计运算，把庞大的、复杂的、零散的资料集中简化，使资料变成易于理解和解释的形式。简言之，资料的整理就是通过一系列的操作将收集到的原始资料转变为数据结果，以便研究者了解、揭示其中的含义，使之变为更实用、价值更高的信息，进而为下一阶段的统计分析做准备的过程。

5.1.1　了解调查资料处理的步骤

在市场调查中，获取的调查资料的表现形式是多样的，可以是问卷调查数据，也可以是以小组座谈和深层访谈的文本为主的调查数据，还可以是与市场调查研究相关的其他一般数据资料等，其中比较常见的市场调查资料便是问卷调查数据。问卷调查是一种高效地获取被调查者原始资料的方式，问卷调查简单易操作、节省成本且结果容易量化。

下面以问卷调查数据为例，简单说明调查资料处理的步骤。对于纸质问卷或线上问卷，首先需要开展问卷的回收及登记工作，接着需要对问卷开展审核工作，最后需要对有问题的问卷进行处理，如图 5-2 所示。

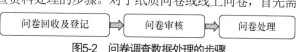

图5-2　问卷调查数据处理的步骤

5.1.2　回收、登记问卷

问卷调查数据处理的第一步是对发放的问卷开展问卷回收和登记工作。随着实地调查工作的开展，项目管理控制部门应考虑安排调查问卷的回收工作。调查问卷的回收由项目组专人负责，应加强责任制，保证问卷的完整与安全，具体的工作任务如下。

（1）对在各调查地点完成的问卷分别编号存放。一个大型项目可能涉及多个调查地点，根据调查计划，随时会有不同的调查人员交回不同的问卷。问卷回收部门一定要细心、妥善地将各种问卷及时进行编号，分门别类地存放或移交研究部门。

（2）填写问卷登记表。为了加强对回收问卷的管理，一般需要事先专门设计登记表格，登记表格的具体内容有：调查地区及编号、调查人员姓名及编号、调查实施的时间、问卷交付的日期、问卷编号、实发问卷数、上交问卷数、未答或拒答问卷数、丢失问卷数等。

（3）做好标记。回收的问卷应分别按照调查人员和不同地区（或单位）放置，醒目标明编号或注明调查人员和地区（或单位），以方便整理和查找。

Chapter 5

5.1.3 审核问卷

问卷调查数据处理的第二步是对已经回收和登记好的问卷开展审核。调查资料是资料整理工作的基础，对原始资料进行审查核实，可以避免调查资料的遗漏、错误或重复，保证调查资料的准确性、真实性、完整性和一致性。审核问卷一般由具有丰富经验的资深审核员进行。对调查问卷的审核具体包括完整性审核、准确性审核、时效性审核与一致性审核四个方面。

（1）完整性审核。完整性审核包括检查调查的总体单位是否齐全与调查项目（标志）的回答是否完整两个方面。调查问卷的所有问题都应有答案。答案缺失，可能是因为被调查者不能回答或不愿回答，也可能是因为调查人员遗漏。资料整理人员应决定是否接受该份问卷，如果接受，就应马上向原来的被调查者询问，填补问卷的空白；或者询问调查人员有无遗漏，能否追忆被调查者的回答。否则，就应放弃该份问卷，以确保资料的可靠性。

在进行完整性审核时，应注意答案缺失有三种表现：其一是全部不回答；其二是部分不回答；其三是隐含不回答，如对所有问题都选"A"，或都回答"是"。第一种情况和第二种情况容易发现，对第三种情况应仔细辨别，谨慎处理。

（2）准确性审核。准确性审核可以通过逻辑检查、比较审查和设置疑问框审查等方法进行。逻辑检查是分析标志、数据之间是否符合逻辑，有无矛盾及违背常理的地方，即进行合理性检查。如一般情况下，在审核中发现儿童年龄段的居民，填写的文化程度却是"大学以上"，这就属于不合逻辑的情况。比较审查是利用指标数据之间的关系及规律进行审查。例如，地区居民户数不可能大于地区居民人数，地区居民总人数应等于城镇居民人数与农村居民人数之和，产品的全国销售总额应等于其在各省、自治区、直辖市的销售额之和等。设置疑问框审查则是利用指标之间存在一定的量值与比例关系，通过规定疑问框，审查数据是否有疑问。例如，规定某变量值介于0.3～0.8，如果数据在此范围之外，即属于有疑问的数据，应立即抽取出来进行审查。操作中应注意疑问框的设置不能相距过大，否则会遗漏有差错的数据；但也不能过小，过小会使大量正确数据被检出来，增加审查的工作量。因此，疑问框的设计由经验丰富的专家负责，才能取得良好的效果。

（3）时效性审核。检查各调查资料在时间上是否符合本次调查的要求，其中包括收到的资料是否延迟、填写的资料是否是最新的资料等，从而避免将失效、过时的信息作为决策的依据。

（4）一致性审核。检查资料前后是否一致，避免自相矛盾。对于测量同一维度的一组问题前后的一致性，可以采用信度分析来检验。

【例5-1】 在一次牙膏市场调查中，一位被调查者回答某一问题时说自己喜爱某品牌的牙膏，但在回答另一个问题时说自己经常购买另一品牌的同类产品。显然该被调查者的答案前后矛盾。对于这种情况，审核人员应决定是向被调查者询问，还是将该份问卷作为无效问卷剔除。

5.1.4 处理问卷

在全部调查结束后，需要对获取的调查问卷数据进行处理。其中较为常用的处理方法包括：调查数据缺失值处理和调查资料分组处理。

1. 调查数据缺失值处理

（1）返回现场重新调查

此方法适用于规模较小、被调查者容易找到的情形。但是调查时间、调查地点和调查方式可能发生变化，从而影响二次调查的数据结果。

【例5-2】 由于季节和气候的变化，消费者的消费倾向可能产生变化，如2022年7月我国北方城市凉席销量居然远超南方城市。网络零售平台数据显示，2022年7月以来，石家庄、长春等地凉席销量非常高，反超西南"火炉"城市。美团优选"7月全国凉席销量排名"显示，东北三省省会城市全部进入"月度凉席销量排名"前十。

（2）视为缺失值或错误值

在无法退回问卷，不能重新调查的情形下，可以将这些不满意的问卷作为缺失值或错误值处理。如果不满意的问卷数量较少而且这些问卷中令人不满意的回答的比例也很小，涉及的变量不是关键变量，在此情况下，可采取此方法。

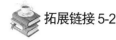 **拓展链接5-2**

缺失值定义及处理方法

缺失值也称缺失数据、错误数据，是由于被调查者对问题回答不清、错误或未回答，或者调查人员疏漏，未问问题，也未记录，造成的数据奇异值或缺失。一般的数据资料错误和缺失也有可能是存放数据的文件损坏、病毒感染、调查人员误删、自然损坏等导致的。

对缺失值的处理，通常采用的方法为补全或删除。对于主观数据，人将影响数据的真实性，如果存在缺失、错误的样本的其他属性的真实值不能保证，那么根据这些属性值进行的插补也是不可靠的，所以对主观数据出现缺失值的处理一般不推荐插补的方法。插补主要针对客观数据，它的可靠性有保证。

常用的客观数据出现缺失值的处理方法要根据不同的数据类型、分布以及实际的研究变量来确定。插补数据的第一种方法：对于服从正态分布的连续数值型数据，可以用平均值替代；对于不服从正态分布的有偏数据，可以采用中位数替代；对于类别型分类数据，可以用众数替代。进一步地，还可以进行相关变量的分层插补，如缺失的是一名职业为"市场营销员"的薪资信息，则可以按照职业计算平均工资进行插补。插补数据的第二种方法：相关变量建模预测法。例如某被调查职员薪资水平的缺失问题，薪资与职员年龄、工龄、职业等因素相关，因此可以建立影响薪资水平的回归模型，进行缺失薪资取值的预测。其实这种方法就是借助被调查者对其他问题的回答，推测缺失的答案可能是什么。当然还有一种简单的方式就是直接删除包含缺失值的被调查对象或变量。

（3）视为无效问卷

当存在以下情况时，问卷应被视作无效问卷，可弃用。

① 回答令人不满意的问卷占问卷总数的比例在10%以上。

② 包含缺失数据的问卷样本量本身较小。

③ 不满意问卷与合格问卷的答卷者在人口特征、关键变量等方面的分布没有显著差异。

④ 涉及关键变量的回答缺失。

2．调查资料分组处理

 **拓展链接5-3**

资料分组的定义及方法

资料分组是根据调查研究的目的和任务，按照某种标志，将总体区分为若干部分的一种统计方法。总体的组成部分称为"组"。资料分组的基本原则：保持各组内统计资料的同质性和组与组之间资料的差别性。准确地分组，有助于揭示现象的本质和特征；在保证调查资料准确的前提下，分组是否合理、科学关系整个调查统计分析研究的成败。

资料的分组是针对市场信息的性质、特点、用途等进行的归类处理，实践中的资料主要有量化和非量化两种，对这两种性质的资料的分组方法有所不同。定性资料根据研究目的、主题和统计分析的需要，确定分组标准，进行分类汇总。分组时应注意：分组的标准是互斥的，每个回答只能放在一个间隔里；分组涵盖所有可能的回答，经常使用"其他"来包括没有给出的答案；对开放式问题，一般不要求被调查者从备选答案中做选择，而是由调查人员根据研究的实际需要来分组；分组前要看是否存在定量的问题。

在实际应用中，许多问卷本身就已经对答案进行了分组，并转化成了定量的形式；但当问题的答案是一个具体的数值时，就需要对答案根据调查分析的需要，按答案显示的规律，选择合适的标准进行归类。一般情况下，资料的分组要注意以下几个方面的问题。

第一，分组标准要相互排斥和全面涵盖，以方便被调查者回答。例如，分组为100～150件，151～200件，201～250件，这样就使大于250件、小于100件，或者正好等于150件和200件的调查对象，无法进行归类。

第二，分组标准应该根据研究的目的、主题和统计分析的要求而定。

第三，分组间隔要使常出现的答案在中间。例如，如果很多的消费者关于月收入的调查数据是1 350元和1 720元，分组的间隔应该是1 000元～1 500元和1 501元～2 000元，而不能使用1 000元～1 400元或1 301元～1 800元。

第四，分组要尽量多。分组多，可以降低分析的难度；分组少或太粗略，可能影响分析的精确程度。

第五，使用复合分组。在调查人员对调查的资料数据还未确切掌握的情况下，应该使用复合分组，以便进行符合调查主题的分析。

（1）选择分组标志

① 根据调查目标选择分组标志。同一总体由于研究目的的不同，采用的分组标志也不同。

② 选择能够反映现象本质或主要特征的标志。有时能够反映某一调查目的的标志有多个，此时应尽可能选取最能反映现象本质的关键性标志。

需要指出的是，有些现象由于其复杂性，采用单个分组标志不能满足要求，必须采用两个或两个以上的分组标志。例如，对企业规模的划分，就需采用资产总额和年销售额双重标志。

【例5-3】　对某地区所有消费者这一总体分类，根据调查目的的不同，可以分别采用性别、年龄、职业等分组标志。

与研究居民的购买能力有关的标志：居民工资水平与居民家庭人均收入水平。家庭人均收入水平更能反映居民的购买能力的真实情况，是应该被采用的关键性标志。

③ 根据现象所处的具体历史条件和经济条件选择。随着社会的发展，现象所处的历史条件和经济条件也在不断变化，因此许多过去适用的分组标志现在可能不再适用，我们应根据条件的变化选用新的、合适的标志。

（2）简单分组与复合分组

根据统计分组时采用标志的数量，分组方法有简单分组和复合分组两种。

① 简单分组是对所研究的现象只采用一个标志进行的单一分组。

② 复合分组是对所研究的现象采用两个或两个以上的标志进行的连续分组。

在实际业务活动中，一般来说，如果总体单位数很多，情况复杂，适宜采用复合分组。例如，为了了解我国高等院校在校学生的基本状况，可以同时选择专业、本科或高职高专、性别三个标志进行复合分组，并得到复合分组体系。需要注意的是，采用的标志太多，会使所分组数成倍增加，导致各组单位数过少，反而达不到分组目的，因此不宜采用过多标志进行分组。

【例5-4】　知名旅游地区某酒店为了了解旅游现状以及本酒店的服务现状，进行了关于"酒店服务"的问卷调查，为进一步加强酒店管理，提高酒店服务质量提供数据支持。该酒店围绕消费者的个人基本信息和社会信息、酒店消费频次和目的、酒店类型偏好、选择酒店考虑的因素等相关问题在问卷星平台开展线上调查和酒店消费者填写纸质问卷的线下调查。

酒店对本次问卷调查数据的处理如下。首先应从问卷星平台上下载调查问卷数据，同时将纸质问卷按照消费者填写顺序编号整理，并做好问卷编号、份数、问题内容等的登记和整理。

接着，酒店的调查人员应该进行调查资料的审核，审核有无重复回答、有无回答时长过长或过短、有无填写缺失或错误、资料前后是否具有一致性等情况。若回收的调查问卷数据存在缺失值，则按照具体缺失数据类型和分布进行缺失数据插补或删除。例如，共调查1 000名消费者半年的酒店消费金额，若有 600 人以上的数据缺失，则直接删除酒店消费金额调查资料；若只有少数几个被调查消费者酒店消费金额缺失，则可以判断其是否服从正态分布，利用剩余被调查消费者的消费金额的平均值或中位数进行插补。

最后，为了为消费者提供个性化服务，酒店可以根据消费者选择酒店考虑的因素进行分组，制定定位精准化和格调主题化的酒店服务策略；同时酒店也可以结合消费者年龄和酒店消费金额制定品质标准化和产品多样化的酒店服务策略。

课堂活动 15

讨论调查资料审核

 同步实务

某调查机构从某汽车销售平台上获取了 1 289 例 "suv 汽车数据"，包含汽车 ID、名称、价格、排量、性能、级别、车门数、车座数、马力这几个指标，现在请选择合适的数据插补方法对 ID 为 42 号和 794 号的汽车价格进行缺失值插补。

业务分析：参考拓展链接 5-2 "缺失值定义及处理方法"进行处理。

业务程序：第一，确定缺失数据类型和分布；第二，选择并计算合适的统计量指标进行插补；第三，比较不同统计量指标插补结果。

业务说明：该业务主要考查对调查数据资料的缺失值的插补方法。

任务 5.2　资料编码和数据录入

 任务描述

本任务要求学生能够学会对调查资料开展事前编码和事后编码，并能够根据编码情况设计编码表；同时能够按照编码表，录入调查数据，为后续开展调查数据的可视化提供数据参考。

任务导入

市场调查问卷中的编码

在提倡"绿水青山就是金山银山"的当下，新能源汽车制造业在我国迅速发展，市场中新能源汽车保有量越来越大，据不完全统计，每卖出 100 辆汽车就有 20 辆是新能源汽车。但反过来想，100 位消费者里仍有 80 位消费者选择燃油汽车，相比于燃油汽车，新能源汽车的保养和使用费用很便宜，为何大家还是不愿意选择新能源汽车？

某新能源汽车制造商针对新能源汽车行业销量存在的问题，对大量汽车司机开展了相关问卷调查。针对问卷中"您为什么在今后两年内不想购买新能源汽车？"这一问题，调查人员收集到的回答如下。

1. 续航里程虚标，害怕半路没电。
2. 公共场所中充电桩少，充电困难。
3. 二手车保值率低，贬值快。
4. 听说使用时有安全隐患。
5. 充电速度慢，需要等待很久。
6. 新能源汽车品牌较少，选择面很窄。
7. 我不太了解新能源汽车。
8. 更换、安装和维修电池比较麻烦。
9. 价格昂贵，难以接受。

面对这么多的回答，如果不进行选项编码和归类，就不方便进一步开展分析。例如，"续航里程虚标，害怕半路没电""公共场所中充电桩少，充电困难""充电速度慢，需要等待很久""更换、安装和维修电池比较麻烦"这四项都是与新能源汽车的电池和续航功能相关的回答，应该合并为"电

池和续航功能差"。合并之后再分析消费者不购买新能源汽车的原因。

所以我们应针对问卷中涉及的答案进行编码，然后将一些意思相近的答案归为一类，再开展问题的分析。

任务实施流程

市场调查资料的编码和数据录入为后续开展调查资料的可视化展示奠定了基础，具体可从以下三个方面展开学习，如图5-3所示。

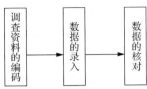

图5-3　任务5.2实施流程

 基本知识与技能

在资料汇编阶段，相关人员往往需要处理大量的数据资料。传统的手工汇总技术（包括划记法、折叠法、过录法、卡片法等）效率低、速度慢，已退居次要地位，目前的市场调查工作一般采用计算机汇总处理技术。运用计算机进行数据处理，首先需要对资料进行编码，然后将数据录入计算机，选择计算机软件（如SPSS、Excel等）或通过编程计算分析。

5.2.1　资料的编码

拓展链接 5-4

编码的工作

编码是把原始资料转化为符号或数字资料的标准化过程。问卷设计者在编写题目时，赋予每一个变量和可能的答案一个符号或数字代码，称为事前编码；若问题已经作答，为每个变量和可能答案赋予一个符号或数字代码，则称为事后编码。合理编码，不仅可以使资料简单方便地录入计算机，而且使不同信息易于分辨、理解、计算，可对计算和统计结果解释工作产生较大影响。

一般来说，标准化的封闭式问卷资料的编码过程比较简单，而开放式问卷资料或讨论、记录资料的编码过程比较复杂。标准化的封闭式问卷常采用事前编码，可节省时间；而开放式问卷资料常用事后编码，可涵盖所有作答情况。

1. 事前编码

事前编码是针对结构性问题的一种编码方法，该编码方法相对简单，因为问题事先都已规定备选答案，所以每一个问题的每个备选答案都可以被赋予代码，并对答案代码的含义和所在栏目予以说明。

【例5-5】　您是否会持续关注新能源汽车？　　0—否；1—是（15）

在该调查题项中代码0代表"否"，1代表"是"，括号中的15表示这个答案记录在编码表中的第15栏。在SPSS变量视图中需要对研究问题进行变量编码的值标签设定，如图5-4和图5-5所示。这是数据编码在SPSS工具中实现的方式，也是在该软件中录入数据的第一步。

数据事前编码及数据录入

图5-4　SPSS变量视图值标签

例5-5是单选题，被调查者在0和1两个选项中只能选择一个答案。如果是多选题（答案有两个及两个以上），编码处理方式是将每个选项设为二分变量，即对每个选项给予"0""1"两个编码，选中的编码为"1"，未选中的编码为"0"。

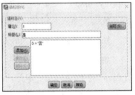

图5-5　变量值标签设定

【例5-6】 您在未来两个月内不打算购买新能源汽车的原因是什么？（可多选）

- 续航里程虚标，害怕半路没电。　　　　　(0，1) (16)
- 公共场所中充电桩少，充电困难。　　　　(0，1) (17)
- 二手车保值率低，贬值快。　　　　　　　(0，1) (18)
- 担心自燃，使用时有安全隐患。　　　　　(0，1) (19)

对于以上多选题，编码处理方式是将每个选项设为二分变量，即为每个选项给予"0""1"两个编码，选中的标"1"，未选中的则标"0"。

在 SPSS 中定义该多选题，需要在变量视图中将多选题的每个选项设置为单独的一个变量问题，如不购买汽车的原因有四个，需要设置四个问题，如图 5-6 和图 5-7 所示。

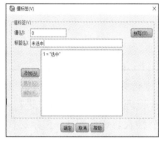

名称	类型	宽度	小数	标签	值
Q20	数值(N)	8	0	新能源汽车持续关注	{0, 否}…
Q21	数值(N)	8	0	新能源汽车拥有	{0, 没有}…
Q22_1	数值(N)	8	0	续航里程短	{0, 未选中}…
Q22_2	数值(N)	8	0	充电桩少	{0, 未选中}…
Q22_3	数值(N)	8	0	二手车贬值快	{0, 未选中}…
Q22_4	数值(N)	8	0	安全隐患	{0, 未选中}…

图5-6　多选题值标签设定　　　　　　　图5-7　多选题编码方式

【例5-7】 请对以下影响新能源汽车购买的因素按照重要程度进行排序____。（排序题）

（1）续航能力　　（2）充电便利　　（3）购买价格　　（4）使用安全

以上是排序题，需要对四个选项按重要程度进行排序。排序题在问卷编码中，类似多选题，需要对每一个选项单独设置一个变量，每个选项对应的序号即填写的数据。在 SPSS 中排序题选项变量属性设置如图 5-8 所示。

名称	类型	宽度	小数	标签	值	缺失	列	对齐	度量标准
Q1_1续航能力	数值(N)	2	0		无	无	2	畺右	序号(O)
Q1_2充电便利	数值(N)	8	0		无	无	8	畺右	序号(O)
Q1_3购买价格	数值(N)	8	0		无	无	8	畺右	序号(O)
Q1_4使用安全	数值(N)	8	0		无	无	8	畺右	序号(O)

图5-8　排序题选项变量属性设置

假设被调查消费者在进行排序时选择的重要顺序依次为：（1）续航能力、（3）购买价格、（4）使用安全、（2）充电便利。在 SPSS 数据视图中录入数据结果如图 5-9 所示。在后续的分析中可以对排序题各个选项进行平均排名的计算以及各因素排名频数和占比统计。

Q1_1续航能力	Q1_2充电便利	Q1_3购买价格	Q1_4使用安全
1	4	2	3

图5-9　排序题录入数据结果

2. 事后编码

事后编码是指问卷调查及回收工作完成以后再进行编码设计。需要进行事后编码的问题主要有两类。

（1）封闭式问题的"其他"项。

（2）开放式问题或非结构性问题。

以上两类问题的回答较为复杂，所以一般需要在资料收集完成后，再进行编码设计。事后编码一般由具有专业素质的编码人员进行。

数据事后编码及
数据录入

开放式问题或非结构性问题的编码步骤可以总结为：

第一步，通读全部答案，记录答案中出现的不同含义；

第二步，按照调查目的对不同含义进行归类，并统计各类含义出现的频次；

第三步，根据统计频次，将频次少的含义进一步与频次多的相近含义合并为新含义类别，一般不超过9类；

第四步，审查原始答案中是否出现一个答案包含多层含义的情况，如果是出现了就按多选题编码，如果没有出现就按单选题编码。

【例5-8】　对于任务5.2[任务导入]中的"您为什么在今后两年内不想购买新能源汽车？"这一问题，宜采用事后编码。因为列出的不购买的原因较多，且部分选项之间描述的是同一原因，所以以合并部分原因之后再进行统一编码，分析消费者不购买新能源汽车的原因。答案合并与编码如表5-1所示。

表5-1　答案合并与编码

答案类别描述	答案归类	分配的数字编码
电池和续航功能差	1，2，5，8	1
保值率低	3	2
使用不安全	4	3
品牌单一	6	4
不了解	7	5
价格高	9	6

【例5-9】　顺序编码法。即用某个标准对市场资料的信息进行分类，并根据一定的顺序用连续的数字或字母进行编码的方式。这种编码的方式比较简便，易于管理，但不适合用于进行分组处理。例如，调查消费者月收入的项目把不同消费水平的家庭分为五个档次，然后用1～5分别代表从低到高的五个档次，如下：

（1）小于1 000元

（2）1 001元～3 000元

（3）3 001元～5 000元

（4）5 001元～7 000元

（5）大于7 000元

3.　事后编码注意事项

（1）调查资料的编码要尽可能保持其内容的翔实性。

（2）编码应采取一一对应的原则，即每个答案对应一个编码，不应重叠。

（3）一些重要项目即使未在问卷中出现，也应进行编码。

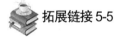

拓展链接5-5

编码的基本原则与作用

在编码过程中，应遵循以下原则。

1.　准确性原则。设计的代码要能准确有效地替代原信息。

2.　完整性原则。在转换信息形式的同时尽量不丢失信息，减少信息的损失和浪费。编码时一般需预留足够位置，以适应调整代码或插入新的代码的需要。

3.　效率性原则。编码应易于操作，节约人力、物力。

4.　标准化原则。一个代码只代表一个数据，代码的设计要避免混淆和误解。

5.　兼容性原则。兼容性原则又称通用性原则，即编码能适用于其他系统，扩大调查资料的使用范围。

编码的作用主要体现在以下方面。

1.　将定性资料转化为定量数据，将问卷信息纳入规范标准的数据库，进而可以利用统计软件进行计算分析。

2.　减少数据录入和统计分析的工作量，节省时间和费用，提高工作效率。

3.　减小误差。资料经过量化后，清晰明了，不易丢失。另外，利用编码技术修正答案误差，替代缺失值，都可以减小误差。

4. 设计编码表

为了查找、录入以及分析的方便，编码人员要编写一份编码表，说明各英文字母、数码的意思。录入人员可根据编码表录入数据，分析人员或程序员根据编码表拟统计分析程序，研究者阅读统计分析结果，不清楚代码的意义时，可以查看编码表。

【例5-10】　整理空调消费者调查问卷时用的编码表如表5-2所示，在SPSS中的"变量视图"完成的变量定义与编码如图5-10所示。

表5-2　空调消费者调查问卷编码表

变量序号	变量含义	题号	变量名称	是否跳答	数据宽度	数据说明
1	长虹的知名度	Q1	Q1-1	否	1，0	1=选中，2=未选中
2	海尔的知名度	Q1	Q1-2	否	1，0	1=选中，2=未选中
...						
10	其他品牌知名度	Q1	Q1-10	否	1，0	1=选中，2=未选中
11	最常用品牌知名度	Q2	Q2-1	否	2，0	1=长虹，2=海尔……11=其他，99=漏答
12	次常用品牌知名度	Q2	Q2-2	否	2，0	变量序号11
13	第三常用品牌知名度	Q2	Q2-3	否	2，0	变量序号11
...						
30	长虹价格合理排序	Q10	Q10-1a	是	1，0	1=最合理……6=最不合理
31	海尔价格合理排序	Q10	Q10-1b	是	1，0	1=最合理……6=最不合理

图5-10　SPSS中部分空调消费者调查问卷变量定义与编码

表5-2中的变量序号是给各变量的一个新的数码，表示各变量在数据库中的输入顺序；变量含义是指对问卷中问题的概括，研究者或程序员通过阅读变量含义能很快得知这一变量的意思；题号指变量属于问卷中的第几题；变量名称是变量的代号，便于计算机识别与统计操作；数据宽度一般指数据所占的空间，而编码表中数据的宽度指数据的位数和小数位数，表示最多是几位数及小数点后几位；数据说明是对各受访者的某种反应的说明。

5.2.2　数据的录入与核对

1. 选择录入方式

若采用计算机辅助电话访问（CATI）、计算机辅助面访（CAPI）以及网络调查，数据收集与录入可以同时完成。而对于面访、邮寄调查以及传真调查，事后还需要进行数据录入。数据录入的传统方式是键盘录入。此外还可以采用扫描、光标阅读器等光电录入方式。目前使用最多的仍是键盘录入。数据录入可以利用数据库，也可以采用一些专门的数据录入软件。光电录入要求填写的调查表和编码的数字书写规范，否则容易造成数字误识。

2. 手工录入注意事项

手工录入容易出错，录入员可能因为手指错位、错看、串行等因素录入错误。如果录入员工作不认真负责或者技术不熟练，更会提高差错率。因此，采用手工录入时，可采取以下措施，控制录入质量。

（1）挑选工作认真、有责任心、技术水平高的人员组成数据录入小组。

（2）随时加强对录入员的培训、管理和指导。

（3）定期或不定期检查录入员的工作效率和质量，对差错率和录入速度达不到要求的录入员予以淘汰。

（4）对录入的资料进行抽样复查，一般复查比例为25%～35%。

（5）双机录入。用两台计算机分别录入相同资料，比较并找出不一致的数据，确定差错，然后加以更正。双机录入可有效提高数据质量，但花费的时间和费用也较多。

【例5-11】　调查人员针对例5-5中的问题调查了10名汽车司机，他们的回答如下。

1　2　2　1　1　1　1　2　1　2　2

首先应该在SPSS"变量视图"中定义好该问题，并进行编码和值标签设定，这一工作在例5-5中已经完成。接下来需要在"数据视图"界面找到对应的该变量列，按顺序录入数据，如图5-11所示。

图5-11　在SPSS的数据视图界面录入数据

同步实务

针对任务5.1中的[同步实务]中完成数据插补后的"suv汽车数据"，对汽车的价格、排量、性能、级别、车门数、车座数、马力指标进行编码。其中，汽车价格、排量、车门数、车座数、马力从低到高地分不同档次，如表5-3所示。

表5-3　汽车数据编码

价格（万元）	排量（升）	车门数（个）	车座数（个）	马力（匹）
（1）≤5	（1）<1.5	（1）≤5	（1）≤5	（1）<150
（2）(5,10]	（2）1.5～2.0	（2）>5	（2）>5	（2）150～200
（3）(10,15]	（3）2.1～3.0			（3）>200
（4）>15	（4）>3.0			

业务知识：参考调查数据资料编码及注意事项。

业务程序：第一，参考例5-9中数值型数据顺序编码的方式；第二，确定数值型数据顺序编码的要求；第三，确定类别型调查数据变量的水平个数；第四，按照要求开展数据编码。

业务说明：该业务主要考查调查数据资料的编码。

课堂活动16

讨论编码应用和录入技巧

 **可视化数据**

任务描述

本任务要求学生能够对处理后的数据利用SPSS进行可视化展示，对提出的问题采用合适的数据，制作相应的图表进行分析和研究，为决策者决策提供可视化参考。

任务导入

销售数据可视化分析

数据聚合、汇总和可视化是支撑数据分析领域的三大支柱。其中，数据可视化作为一个强有力的工具，近年来被各行各业广泛使用，并逐渐从二维走向三维。有效的数据可视化既是一门艺术，也是一门科学。色彩丰富的数据大图，炫酷的动画效果，让原本看不见、摸不着的数据变得直观易懂，便于分析决策，还能调动人的情绪，引发人的共鸣，甚至能达到一图胜千言的效果。

电商行业的快速发展，使得许多零售商受到严重冲击，许多连锁零售商纷纷借助大数据和人工智能等技术赋能进入精细化管理的行列。在消费升级的助推下，零售消费市场逐渐回归理性，市场逐步由供给驱动转为消费驱动，这对全渠道零售企业的数据化管理能力要求越来越高。

销售数据可视化平台支持有效数据的搜集、整理和聚合管理，提供各种报表，从时间、地域、渠道以及业务形态等多种角度使分析结果可视化，完善基础数据指标和报表，具有用户活跃度监测、供应链优化、营销组合优化、渠道优化等功能。销售数据可视化平台通过渠道数据化分析，有效监控各种渠道每天新增、活跃、成交用户数，监测商品销售的品牌、类别和地区分布，并跟踪其销售金额和销售量的情况，实现单品的实时管理；根据供需的缺口，适时调整各种商品的供货，优化周转率。销售数据可视化平台是对产品库存、供销产业链、店铺运营、营销推广、用户分析的综合应用管理平台，可实现从产品数据到店铺数据的全面实时监控管理，帮助企业及时调整战略，促进产品的销量提高，提高企业盈利能力。

销售数据可视化平台的核心功能便是数据的可视化展示，虽然可视化大屏看起来非常炫酷和富有科技感，但实际都是由简单的图表加上后期 UI 渲染制作而成的。

任务实施流程

可视化调查数据资料要根据具体提出的问题，选择合适的图表进行展示，同时选择的图表类型与研究的数据类型也有很大的关系。本任务主要围绕统计图表的制作展开，具体学习内容如图 5-12 所示。

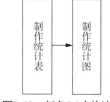

基本知识与技能

经实地调查取得大量反映个体情况的原始资料，对这些原始资料进行科学的分类、汇总、整理以后，可得到反映总体综合情况的统计资料，这些资料必须通过有效的方式显示，其主要形式是统计表和统计图。

图5-12　任务5.3实施流程

5.3.1　制作统计表

用表格的形式来表现数据，比用文字表现更清晰、更简明，便于显示数字之间的联系，有利于进行比较和分析研究。制作统计表应该注意以下几个问题。

拓展链接 5-6

单栏统计表与多栏统计表

统计表是表现统计资料的一种形式。把经调查得来的大量统计资料，经过汇总整理以后，按照一定的规定和要求填写在相应的表格内，就形成了统计表。

统计表主要有单栏统计表和多栏统计表。对单一问题按回答项目制作的表叫单栏统计表，也叫单向频数（频率）表；对两种或两种以上的调查项目变量制作的表叫多栏统计表，又称交叉表。交叉表的价值在于它提供了项目变量之间关系的内涵。其优点有四个：（1）使统计资料条理化、清晰化；（2）简明易懂、节省篇幅；（3）便于比较（项目、指标）、便于计算（直接通过表格计算）；（4）方便检查、核对数字的完整性和准确性。

1. 设计与填写统计表

在设计统计表之前，要对表中的统计资料进行全面的分析研究，包括研究如何分组、如何设置指标、哪些指标放在主栏、哪些指标放在宾栏等。相关人员要全面考虑与安排，务必使设计出来的表主次分明、简明醒目、科学合理。具体操作如下。

（1）统计表一般应为长宽比例适中的长方形，统计表的上下端线应当用粗线绘制，表中其他线条一律用细线绘制。表的左右两端习惯上均不画线，采用不封闭的开口形式。统计三线表的绘制方法是上下端线用粗线绘制，第一行的下框线用细线绘制，其余均不画线。

（2）表中的行"合计"，一般列在最后一行（或最前一行），表中的栏"合计"一般列在总体分组后的最前一栏。

（3）表中栏较多时，为方便阅读与核对指标之间的关系，可以按栏的顺序编号。习惯上对非填写统计数字的（文字）各栏分别按甲、乙、丙……的顺序填写编号；而对指标数字的各栏分别用（1）、（2）、（3）……的顺序编号。各栏之间如果有计算关系，可以用数学公式表示，如（3）＝（2）－（1），表示第3栏等于第2栏减去第1栏。

（4）表中的总标题要简明扼要，并能确切说明表中的内容，同时在标题内或在标题下面应说明统计资料所属时间、空间。

（5）表内各主词之间、各宾词之间，应按时间先后、数量的大小、空间的位置等自然顺序合理编排，一般按从小到大、从过去到现在、从低到高的顺序排列。

（6）表中的指标数字应有计量单位。如果全表的计量单位都是相同的，应在表的右上角注明单位；如果表中各栏的指标计量单位相同，应在各栏标题的下方或右侧注明计量单位；如果表中同行的分组指标计量单位相同，应在行标题后专列"计量单位"栏。

（7）表内上下各栏数字要对齐，同类数字要保持统一位数。例如，统一规定整数后面保留两位小数，如果小数点后面是零，应当填上"0"，以表示没有小数。表内如有相同的数字，应全部重写一遍，不能用"同上""同左"等字样表示。不能有空格，应当用一字线"—"或"\"填写，以免被误认为漏填。如果有数字但数字很小，可以忽略不计，或应有数字但不详，可以用省略号"……"表示。如果某项资料免于填报，应当用符号"×"表示。总之，表内各行各栏不应留有空格。

（8）对某些资料必须进行说明时，应在表的下面注明。

【例5-12】　绿色包装食品消费行为相关的调查中，需调查消费者的学历，统计不同学历的消费者人数、百分比以及累计百分比，并制作三线表。

微课堂

统计三线表的制作

在 SPSS 中的操作步骤：在菜单栏中选择【分析(A)】—【描述统计】—【频率】，将"学历水平"选入"变量"框后单击【确定】。上述操作步骤如图5-13和图5-14所示。

值得注意的是，在 SPSS 中不能直接输出绘制好的三线表，需要在 Word 或其他工具中设置表格边框，整理后的三线表如表5-4所示。

图5-13　分类变量统计表菜单

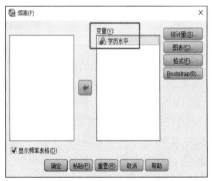

图5-14　分类变量统计表设置

表5-4　学历统计三线表

学历	频数（人数）	百分比（%）	累计百分比（%）
高中以下	204	20.4	20.4
高中	287	28.7	49.1
大学	209	20.9	70.0

续表

学历	频数（人数）	百分比（%）	累计百分比（%）
硕士研究生	234	23.4	93.4
博士研究生	66	6.6	100.0
合计	1 000	100.0	—

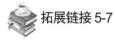 拓展链接 5-7

统计表的结构

统计表是表现调查资料的一种重要形式，即将调查得来的原始资料进行整理，使之系统化，用表格形式表现。

从形式上看，统计表是由纵横交叉的直线组成的左右两边不封口的表格，表的上面有总标题，即表的名称，左边有行标题，上方有栏标题，表内是统计数据。因此，统计表一般包括四个部分。

（1）总标题。它相当于一篇论文的总标题，表明全部统计资料的内容，一般写在表的上端正中。

（2）行标题。它通常称为统计表的主词（主栏），它表明研究总体及其分组的名称，也是统计表说明的主要对象，一般位于表的左方。

（3）栏标题。它通常称为统计表的宾词，表明总体特征的统计指标的名称，一般写在表的上方。

（4）数字资料。数字资料即表格中填写的数字。

2. 编制频数表

频数表可用于描述数据分布的基本状况，其编制方法如下。

（1）确定组距和组数。首先将原始资料按标志值的大小顺序排列，找出最大值、最小值，确定全距，然后根据全距确定组距和组数。组距和组数相互制约，组数越多，则组距越小，组数越少，则组距越大。一般可先确定组距，再根据组距确定组数。

如以 R 代表全距，d 代表组距，K 代表组数，已知全距和组距，则：$K=R/d$。反之，如已知全距和组数，则：$d=R/K$。

（2）在市场调查研究中，所分组数不宜太多或太少，一般 5～15 组较为合适。当然，不同情况需区别对待，重要的是分组应将总体单位的性质区别及分布特征、集中趋势显示出来。

（3）确定组限时，最小组的下限应低于或等于最小变量值，而最大组的上限应高于或等于最大变量值。只有如此，才能把所有的变量值都包括在各组中。但组限和变量值的差距不宜过大，必要时可采用开口组（如人口统计中的年龄分组）。

【例5-13】 某品牌针对其产品智能手环挑选了 30 名消费者开展满意度调查，评分范围为 0～130 分，原始评分数据资料如下。

98	81	95	84	93	86	91	102	100	103
105	100	104	108	107	108	101	106	109	112
114	109	117	125	102	115	120	119	129	116

第一步：计算全距。将各评分值由小到大排序，确定最大值、最小值，并计算全距。评分的最大值是 129，最小值是 81。

$$R=最大值-最小值=129-81=48$$

第二步：确定组数和组距。在等距分组时，组距与组数的关系是：组距=全距/组数。

本例中根据一般情况，将评分划分成优、良、中、及格和不及格 5 档，可以先确定组数 $K=5$。

在等距分组时，计算组距=48÷5=9.6。

为了计算方便，组距近似地取10，即 $d=10$。

第三步：确定组限。关于组限的确定，应注意以下几点。

第一，最小组的下限（起点值）应低于最小变量值，最大组的上限（终点值）应高于最大变量值。

第二，组限的确定应有利于表现总体分布的特点，反映事物质的变化。

第三，为了方便计算，组限应尽可能取整数，最好是5或10的整倍数。

第四，变量有连续数值型变量和离散类别型变量两种，其组限的确定方法是不同的。

第四步：编制频数（频率）分布表，如表5-5所示。

表5-5　某品牌智能手环消费者满意度评分分布表

评分（分）	频数（人）	频率（%）
80～89	3	10.0
90～99	4	13.3
100～109	14	46.7
110～119	6	20.0
120～130	3	10.0
合计	30	100.0

3. 制表时应注意的问题

（1）制表要求科学、实用、简明、美观。

（2）表格一般采用开口式，表的左右两端不画线，表的上下通常用粗线封口。

（3）用一个表集中说明一个问题，如果反映的内容较多，可以分为几个表来表达。

（4）表的左上方是表的序号，表格的总标题要简明扼要，恰当反映表中的内容。

（5）表中的数字要注明计量单位。

4. 利用SPSS制作统计表

在SPSS中制作统计表是比较简单的，主要可在菜单栏选择【分析】—【描述分析】来完成相应的统计表的制作，如图5-15所示。要说明的是，SPSS中有很多涉及数据统计分析的菜单和功能板块都可以实现统计表的制作，如图5-16所示。例如选择【分析】—【相关】—【双变量】，可绘制数值型变量间的Pearson相关系数表。

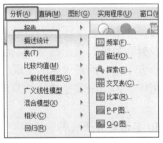

图5-15　在SPSS中制作统计表

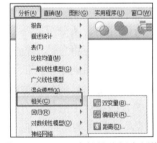

图5-16　SPSS中相关分析表制作

【例5-14】　已知某电信行业客户基本信息和通信信息数据，绘制客户的收入与基本费用之间的Pearson相关系数表。

首先在SPSS中打开"某电信行业客户数据.sav"，部分数据如图5-17所示，接着选择菜单栏中的【分析】—【相关】—【双变量】，在弹出的对话框中将将"收入"和"基本费用"数据变量选入"变量"框，二者都是数值型变量，相关系数默认为"Pearson"，单击【确定】，如图5-18所示，完成客户的收入与基本费用之间的Pearson相关系数表，如表5-6所示。

微课堂

一般统计表的制作

图5-17 某电信行业客户数据

图5-18 SPSS中相关分析表制作

表5-6 收入与基本费用之间的 Pearson 相关系数表

		收入	基本费用
收入	Pearson 相关性	1	.195**
	显著性（双侧）		.000
	N	1000	1000
基本费用	Pearson 相关性	.195**	1
	显著性（双侧）	.000	
	N	1000	1000

注：**表示在.01 水平（双侧）上显著相关。

显然，SPSS 直接输出的表 5-6 并不是标准的统计表，我们还需要手动进行表格处理：修改标题，去掉左右框线，补齐数据中小数前面的 0，空格中填入"一"字线，可以将表格上下端线加粗。表 5-6 是一个典型的交叉表，行代表收入和基本费用，列也是收入和基本费用，中间数据是行和列对应变量之间的相关系数。整理后的统计表如表 5-7 所示。

表5-7 通信客户收入与基本费用间相关系数

一	一	收入	基本费用
收入	Pearson 相关性	1	0.195**
	显著性（双侧）	—	0.000
	N	1 000	1 000
基本费用	Pearson 相关性	0.195**	1
	显著性（双侧）	0.000	—
	N	1 000	1 000

注：**表示在 0.01 水平（双侧）上显著相关。

5.3.2 制作统计图

统计图是统计资料的另一种常用的表达形式，用各种图来反映统计资料，具有简洁具体、形象生动和直观易懂的特点，能给人留下深刻的印象，一般能取得较好的效果。当然，制作统计图只是描述和揭示统计数据特征的有效方法之一，其并不能代替统计分析。

绘制统计图，应注意从以下方面着手。

（1）明确制图目的。

（2）精选符合制图目的的准确的统计资料，使图示内容正确而又简明扼要。

（3）选择合适的图式，力求图形的科学性和艺术性。

（4）认真设计和绘制，对图形的布局、形态、线条、字体和色彩等都要认真选择和处理。

（5）标题明确而鲜明。

（6）必要时可附加统计表和文字说明。

接下来，就以某电信行业客户信息和通信信息数据为基础，利用 SPSS 进行条形图、直方图、折线图、饼图、散点图、箱形图等常见统计图的制作。直观的可视化图形展示，有助于大家了解通信客户基本特征，明确客户类型，分析客户流失因素，探寻提高客户留存率的可行措施，为之后通信运营工作的有效开展提供支持。

1．条形图

条形图以宽度相等的条形的长度或高度来反映类别型统计资料。条形图所表示的统计指标可以是绝对数，也可以是相对数和平均数；可以是不同地区、单位之间的同类现象，也可以是不同时间的同类现象。根据图形的排列方式，条形图可以分为纵式条形图（即柱状图）和横式条形图（即带形图）；根据图形的内容，条形图可以分为单式条形图、复式条形图、堆积条形图。

【例 5-15】　根据"某电信行业客户数据.sav"：（1）绘制"居住地"的单式条形图，了解客户的地区分布；（2）绘制"套餐类型"与"流失"的复式条形图，了解客户流失与订购的套餐类型间的关系；（3）绘制"不同地区"与"流失"的堆积条形图。

（1）绘制"居住地"的单式条形图。

打开数据文件，在菜单栏中选择【图形】—【旧对话框】—【条形图】，在打开的对话框中选择【简单箱图】并选中"个案组摘要"按钮，单击【定义】按钮。在打开的对话框中，选中"个案数的%"，将"居住地"选入"类别轴"框，单击【确定】。上述操作步骤如图 5-19～图 5-21 所示。完成"居住地"单式条形图的制作。

微课堂

统计图形绘制——条形图

图5-19　条形图菜单

图5-20　选择条形图类型

图5-21　单式条形图设置

双击输出的条形图，进入图形编辑窗口，进一步美化输出图形。设置条形图的宽度、填充颜色、数据标签等，如图 5-22 所示。美化后的条形图如图 5-23 所示。

由图 5-24 可知，三个地区的客户分布占比分别为 32.2%、33.4%和 34.4%，通信客户在各地区分布相当。

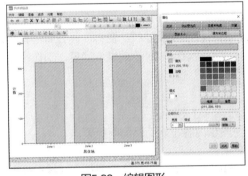

图5-22　编辑图形

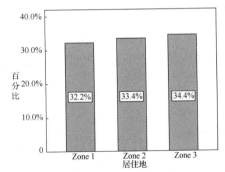

图5-23　通信客户居住地分布条形图

（2）绘制"套餐类型"与"流失"的复式条形图。

选择"复式条形图"，单击【定义】，如图 5-24 所示；在打开的对话框中将"套餐类型"选入"类别轴"框，将"流失"选入"定义聚类"框，如图 5-25 所示。

美化后的"套餐类型"与"流失"的复式条形图如图 5-26 所示，可见在各套餐类型中，未流失的客户占较大比例。其中 Plus service 的套餐类型，客户流失的比例最小；而 Basic service 和 Total service 这两个套餐类型，客户流失的比例较高。

图5-24　选择条形图类型

图5-25　复式条形图设置

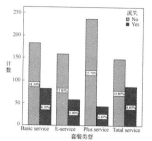

图5-26　"套餐类型"与"流失"的复式条形图

（3）绘制"不同地区"与"流失"的堆积条形图，操作步骤如图 5-27～图 5-28 所示。

美化后的"不同地区"与"流失"的堆积条形图如图 5-29 所示，可见不同地区的客户流失比例相差不大。

图5-27　选择条形图类型

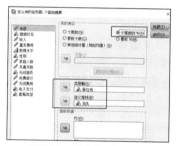

图5-28　堆积条形图设置

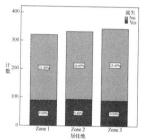

图5-29　"不同地区"与"流失"的堆积条形图

2.　直方图、折线图

直方图和折线图是描述数值型统计资料的图形，直方图与前述条形图的区别是各条形之间不留间隔。直方图常常和折线相结合使用，即在直方图的基础上，连接各条形顶边的中点，形成一条折线（曲线），形成折线图。

【例 5-16】　根据"某电信行业客户数据.sav"，绘制"基本费用"的直方图和折线图，了解客户订购的基本费用情况。操作步骤如图 5-30～图 5-33所示。

微课堂

统计图形绘制——直方图、线图

图5-30　直方图菜单

图5-31　折线图菜单

图5-32　直方图设置

图5-33　折线图设置

由"基本费用"的直方图（见图 5-34）可知，基本费用呈现右偏趋势。由"基本费用"的折线图（见图 5-35）可知，有较少客户基本费用较多，其余客户基本费用较少。两个图形都能说明绝大部分客户的基本费用处在较低水平。

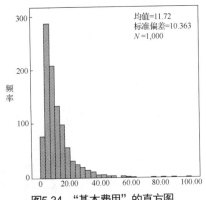

图5-34　"基本费用"的直方图

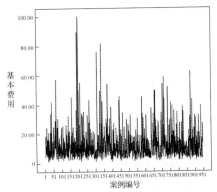

图5-35　"基本费用"的折线图

3. 饼图

饼图也称圆形图，是用圆形面积的大小代表总体数值，或用圆形中的扇形面积反映总体内部各构成指标数值的图，后者也称圆形结构图。饼图常用于在总体分组的情况下，反映类别型统计资料总体的结构、各组所占比重（百分比）。饼图是普遍使用的一种统计图，绘制方法是根据构成总体的各组成部分所占比重，求出其占圆心角的度数，按其度数绘制扇形面积。

微课堂

统计图形绘制——饼图

【例5-17】　根据"某电信行业客户数据.sav"，绘制"套餐类型"的饼图。

操作步骤如图5-36、图5-37所示。

根据绘制的客户套餐类型的饼图（见图5-38）可知，选择四种套餐类型的客户人数所占比例差不多。

图5-36　饼图菜单

图5-37　饼图设置

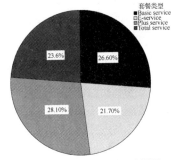

图5-38　"套餐类型"的饼图

拓展链接 5-8

制图规则与技巧

图例要说明资料所属的内容、地点和时间；尺度线与基线垂直；设置的尺度应能包括资料中最大的数值；以 0 为起点；尺度点之间的距离应相等，各相同距离必须表示相同数值；尺度点过多时，可间隔写。

项目较多时应按大小顺序排列，以使结果一目了然；尽量避免使用附加的图标说明，应将图标的意义及所表示的数量尽可能标记在对应的位置上；数据和图表说明文字之间的比例要恰当，避免过多或过少的标注、斜线、竖线、横线等，图既要清楚又要简明。度量单位的选择要适当，使所有的差异都是可视的和可解释的。

作图时应既使用颜色，又使用文字说明，以便于理解，颜色和纹理的选择不是随机的，有一定的逻辑性。例如，重要的部分应该用突出的颜色或更粗的线条、放大的符号来表示。图形的安排要符合人们的阅读习惯（如人们普遍喜欢从上到下地看）。一般应该说明数据的来源。

提高版面的清晰度。多使用整数，或尽可能减少小数的位数；在图表上使用刻度尺，尽量减少图形上的数字标注；可用符号来代替部分文字，如%代替"百分数"；压缩文字，精简语言；尽量减少注释。在选择颜色时，一般倾向于使用简单的颜色，或对比明显的颜色，如黑色、白色、蓝色、绿色，而突出强调时可用红色、黄色；使用颜色时除考虑其美观性、装饰性外，还应有针对性和寓意。最重要的是，所有的特效、技术和技巧都处于从属地位，应围绕服务内容展开设计。

4. 散点图

散点图通常用于描述两个或多个数值型变量间的关系，往往与线性回归分析结合使用。散点图是数据点在直角坐标系平面上的分布图，散点图表示因变量随自变量变化的大致趋势，据此可以选择合适的函数对数据点进行拟合。用两组数据构成多个坐标点，考查坐标点的分布，判断两变量之间是否存在某种关系或总结坐标点的分布模式。常用的散点图有简单散点图和矩阵散点图。

【例5-18】　根据"某电信行业客户数据.sav"：（1）绘制"年龄"和"基本费用"的散点图；（2）绘制"年龄""收入""开通月数""基本费用"四个数据资料的矩阵散点图。

（1）绘制"年龄"和"基本费用"的散点图。

选择【图形】—【旧对话框】—【散点/点状】，在打开的对话框中选择"简单分布"，单击【定义】按钮，打开【散点图/点图】对话框，将"年龄"选入 X 轴，将"基本费用"选入 Y 轴，单击【确定】。上述操作步骤如图 5-39～图 5-41 所示。年龄与基本费用关系散点图如图 5-42 所示。

图5-39　散点图菜单

图5-40　简单分布散点图设置

根据图 5-42 可看出，年龄与基本费用之间存在一定的正相关趋势，但该趋势并不明显。

图5-41　散点图设置

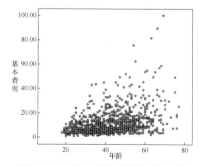

图5-42　年龄与基本费用关系散点图

（2）绘制多个数据资料的矩阵散点图。

选择"矩阵分布"，单击【定义】按钮，在打开的"散点图矩阵"对话框中将"年龄""收入"

"开通月数""基本费用"选入"矩阵变量"框，单击【确定】，操作如图 5-43 和图 5-44 所示。

年龄、收入、开通月数与基本费用的矩阵散点图如图 5-45 所示。

图5-43　选择散点图

图5-44　散点图设置

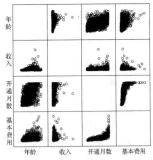

图5-45　年龄、收入、开通月数与基本费用的矩阵散点图

根据图 5-45 可直观看出，年龄、收入、开通月数与基本费用间均没有较为明显的线性关系，但能发现开通月数与基本费用间的曲线趋势较为明显：开通月数较少时，随着开通月数的增加，基本费用缓慢增加；但随着开通月数增加到一定程度，基本费用则迅速增加。

5．箱形图

箱形图又称为盒须图、盒式图或箱线图，是一种显示一组连续数值资料取值分布的统计图。箱形图因形状如箱子而得名，在各种领域也经常被使用，常见于品质管理。它主要用于反映原始数据分布的特征，还可用于比较多组数据分布特征。箱形图的绘制方法：找出一组数据的最大值、最小值、下四分位数（$Q1$）、中位数（$Q2$）和上四分位数（$Q3$），计算四分位距（IQR=$Q3$-$Q1$）；分析（$Q1$-1.5IQR）与最小值的关系，确定二者中的最大的值为箱形图的上边缘；分析（$Q3$+1.5IQR）与最大值的关系，确定二者中的最小的值为箱形图的下边缘；连接 $Q1$ 和 $Q3$ 两个四分位数画出箱体；将上边缘和下边缘与箱体相连接，并将中位数在箱体中对应的位置标注出来。

微课堂

统计图形绘制——
箱形图

【例5-19】　根据"某电信行业客户数据.sav"：（1）绘制客户"基本费用"的箱形图；（2）绘制不同客户"流失"情况的"基本费用"的分组箱形图。

（1）绘制客户"基本费用"的箱形图。

选择【图形】—【旧对话框】—【箱图】，在打开的对话框中选择"简单"，选中"各个变量的摘要"单击【定义】按钮；打开【箱图】对话框，将"基本费用"选入"框的表征"框，单击【确定】。上述操作步骤如图 5-46～图 5-48 所示。"基本费用"的箱形图如图 5-49 所示。

图5-46　箱形图菜单

图5-47　简单箱形图设置

根据图 5-50 可知，"＊"为极端极大值，"○"为异常极大值。判断的规则是：取值在($Q3$+1.5IQR, $Q3$+3IQR)或($Q1$-1.5IQR,$Q3$-3IQR)的为异常值，取值大于 $Q3$+3IQR 或小于 $Q3$-3IQR 的为极端值。

图5-48　箱形图设置

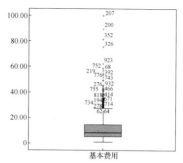

图5-49　"基本费用"的箱形图

上述箱形图说明：基本费用整体均处在较低水平且箱形图的箱体较短，绝大部分客户基本费用较低且比较集中。ID 为 207、200、352、326、923、752、68、743、818、755 等*和○标记客户为较高消费的客户，通信公司可以重点关注这些客户。

（2）绘制不同客户"流失"情况的"基本费用"的分组条形图。

选择"简单"，选中"个案组摘要"，单击【定义】按钮，打开箱形图设置对话框，将"基本费用"选入"变量"框，将"流失"选入"类别轴"框，单击【确定】。上述操作步骤如图 5-50、图 5-51 所示。流失与非流失客户的基本费用分组箱形图如图 5-52 所示。

图5-50　箱形图菜单

图5-51　分组箱形图设置

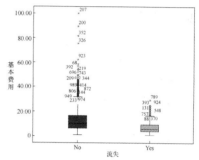

图5-52　流失与非流失客户的基本费用分组箱形图

根据图 5-52 可知：非流失客户的基本费用高于流失客户，因此可以根据客户基本费用的高低初步判别客户流失情况。非流失客户基本费用较流失客户分散，流失客户的基本费用较低且较为集中。

6. 象形图

象形图是用人物或各种实物的形象反映统计资料的统计图，如用人形反映人口数或劳动力数量，用手机的图片反映手机的产量或拥有量，用农产品的图片反映其产量或交易量等。一般使用一系列大小相同的象形符号代表一定比例的数据资料（如一幅手机的图片代表 1 000 部手机）。象形图在展示各种非专业的宣传资料中运用较多，主要用于不同时间、不同地区（单位）或不同条件下的统计指标的对比，象形图的特点是具体形象、鲜明生动，给人印象深刻。

【例 5-20】　根据某省农村地区 2020—2022 年手机拥有量绘制的历年手机拥有量象形图，如图 5-53 所示。

2020年 □ □ □ □ □ □ □
2021年 □ □ □ □ □ □ □ □ □ □
2022年 □ □ □ □ □ □ □ □ □ □ □ □ □ □ □

图5-53　某省农村地区手机拥有量统计

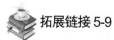拓展链接 5-9

资料整理的意义

1. 资料整理是市场调查中十分必要的步骤

市场调查的根本目的是获取足够的市场信息，为市场营销决策提供依据。从市场调查的过程可知，在市场信息收集与市场信息的使用之间，必然有一个市场信息的加工处理环节。因为运用各种方法，通过各种途径收集的各类信息资料，尤其是各种一手资料，大多处于无序的状态，很难直接运用。即使是二手资料，也往往难以直接运用，必须经过加工处理。对市场信息的加工处理，可以使收集的信息资料统一化、系统化、实用化，从而方便使用。

2. 资料整理提升了调查资料的价值

未经处理的信息资料由于比较杂乱、分散，其使用价值有限。资料整理是一个去伪存真、由此及彼、由表及里的过程，它能大大提高市场信息的浓缩度、清晰度和准确性，从而大大提升调查资料的价值。

3. 资料整理可以促使新信息产生

在信息资料的处理过程中，调查人员会充分运用智力劳动和创造性思维，从而产生一些新的信息资料。应用各种历史和现状信息资料，推测和估计市场的未来状态，这一过程可能产生新的信息。

4. 资料整理可以对前期工作起到纠偏作用

在市场调查工作的各个阶段、各具体环节，都会出现计划不周等问题或偏差。例如，对市场调查问题的定义可能并不全面，设计市场调查方案时可能忽视了某些工作，信息资料的收集可能存在遗漏或者收集方法欠妥等。这些问题有可能在实施过程中，通过检查、监督、总结等活动被发现，并加以纠正。但是，很难避免有些问题未被人们发现。在信息加工处理过程中，我们往往能发现一些问题，如果及时反馈，就能够采取措施，对存在的问题加以纠正，避免造成严重后果。

课堂活动 17

讨论统计图表制作
与应用

 同步实务

根据"某电信行业客户数据.sav"，选择案例中未选用的其他数据变量，提出需要了解和分析的问题，并选取合适的表格及图形进行分析。

业务分析：参考统计表和统计图相关知识点和 SPSS 操作步骤进行分析。

业务程序：第一，打开并熟悉相关数据文件；第二，根据研究问题选择合适的指标变量；第三，绘制表格和图形，研究相关问题；第四，整理和分析相关表格和图形。

业务说明：该业务主要考查制作和理解统计图表。

 职业道德与营销伦理

数据可视化之忠于事实原则

利用图表直观展示数据时，需要遵循的原则首先便是忠于事实，没有什么比让图表反映数据真相更重要了。图表必须准确反映真实的数据，而不能通过艺术加工误导阅读者。图表是数据的载体，可以"加工"，让数据显得不一样。大部分"加工"仅仅是为了让图表好看一些，殊不知阅读者却读到了错误的结论。图 5-54 是根据同一组数据绘制的两组条形图。

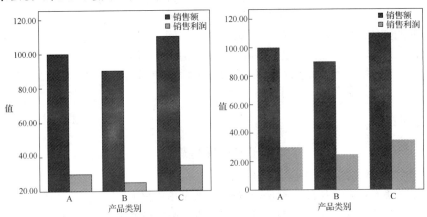

图5-54　不同产品销售额与利润条形图

问题： 在图 5-54 中，哪一幅图才是正确的？

分析提示： 左边的图和右边的图使用的是相同的一组数据，但看上去，左图与右图比较，左图销售利润明显偏低。造成视觉差异的原因是纵轴刻度起始点不同：左图纵轴起始点是 20，而右图是 0。问题就在这里，实际上阅读者很难注意到坐标轴刻度起始点这一细节，而会简单地根据柱形高度去判断利润的多少，从而得出错误的结论。

重点实务与操作

□**重点实务**

1. 调查数据资料缺失值处理原则
2. 调查数据资料审核内容
3. 调查数据资料编码
4. 统计图表的原理

□**重点操作**

1. 缺失数据插补
2. 编码表的制作
3. 统计三线表的制作
4. 统计图的制作

课堂训练

▲**单项业务**

业务 1：调查资料的录入、审核及编码

查询网络直播渠道消费者购物相关信息数据，并将收集的数据录入 SPSS，结合具体数据开展消费者购物相关信息数据的录入、审核及编码工作。

业务 2：选择合适的统计量进行缺失数据插补

根据收集的网络直播渠道消费者购物相关信息数据，为缺失的消费者购买金额、购买产品类别选择合适的统计量进行数据插补，并给出具体插补结果和选择依据。

业务 3：选择合适的图表展示消费者购买行为

根据收集的网络直播渠道消费者购物相关信息数据，选择合适的统计图表展示消费者个人信息；同时也对消费者的购买偏好和习惯进行可视化展示和分析。

▲**综合业务**

根据网络直播渠道消费者购物相关信息数据，整合以上三个业务的内容，形成完整的缺失数据处理以及研究问题的可视化图表分析报告，为网络直播"带货"进一步精准营销、个性化产品推荐以及提高销量提供分析基础。

▲**案例分析**

企业调查数据的整理

某智能手机制造企业的市场营销部门发现曾经的线上销售冠军型号的市场销售量有所下降，因此想要通过收集整理和可视化电商平台上该款手机的销售相关数据，进而分析可能影响销量下降的因素。

在进行该项任务前，该部门首先需要解决以下几个主要问题。

第一，应该从电商平台获取哪些具体的销售数据？

第二，获取的销售相关数据应该如何进行整理？

第三，整理后的销售数据应该如何进行可视化分析？

第四，可视化分析的结果如何解释说明销量下降的原因？

对于以上四个问题，该市场营销部门通过与销售电商平台沟通，获取了消费者购买该款手机的颜色、价格、内存大小、评论的文本数据等，通过对以上数据的录入整理、缺失数据处理，并根据不同数据类型进行销售数据可视化，给出了消费者主要购买手机的偏好，对消费者购买中评论的重要因素和存在的问题进行分析，进而进行生产和库存的整理，优化线上销售服务。

问题：

（1）根据上述制造企业面临的问题，你认为他们的做法是否可行？

（2）你认为该企业还可以开展哪些方面的数据整理工作？

分析要求：

（1）学生分析案例提出的问题，拟出《案例分析提纲》；

（2）小组讨论，形成小组《案例分析报告》；

（3）班级交流，教师对各小组《案例分析报告》进行点评；

（4）在班级展出附有"教师点评"的各小组《案例分析报告》，供学生比较研究。

▲决策设计

为某智能手环销售数据进行调查数据整理

某智能手环制造商，为了更进一步优化产品设计，对市场上主流的智能手环品牌进行了热销产品数据的调查。调查获取的数据主要有：消费者购买的智能手环品牌、智能手环的外形外观评分、灵敏度评分、准确性评分、操作难易评分、做工质量评分、购买意愿评分。

设计要求：

（1）假定你是该制造商的市场经理助理，请你对获取的智能手环调查数据的整理内容和方法进行决策。

（2）小组讨论，形成小组《决策设计方案》；

（3）班级交流，教师对各小组《决策设计方案》进行点评；

（4）在班级展出附有"教师点评"的各小组《决策设计方案》，供学生比较研究。

市调大赛指导模块

回收的网络问卷
处理方法

项目六

分析市场调查资料

 预习思考

1. 市场调查资料定性分析方法。
2. 市场调查资料定量描述分析和定量解析分析方法。
3. 若要分析某航空公司员工的学历构成和整体平均年龄，应采用哪种指标？

任务 6.1 定性分析

任务描述

本任务要求学生掌握调查资料的定性分析，主要包含定性分析的步骤和定性分析的具体方法两个部分。

任务导入

游戏设计中的归纳分析法

本学习任务中，定性分析方法中的归纳分析法是指从许多个别事例中获得一个概括性规则。以游戏设计来说，如何归纳游戏的概括性规则？

首先必须认识游戏：它是什么，换种说法，即游戏的本质是什么？若把《西游记》看成一个游戏，什么样的词汇最能描述它的本质？打怪升级？不，如果把打怪升级作为本质，游戏只能往《梦幻西游》方向做。打怪升级只是《西游记》的表象，只能算作"师徒四人"在取经途中的行为。那么《西游记》的本质是什么？《西游记》的本质是一次惊险刺激多苦难的旅行。直白了说，就是干了一件从 A 点到 B 点，拿点东西的事情。将其细化，可以分成若干章回的小关卡，也是从 A 点出发到达 B 点，中途做了很多事情：打败妖怪、获得通关文牒、替人消灾解难等，并且关卡之间并无太多的关联性。

按照这个思路，再对游戏主角师徒四人的目标进行归纳。总体来说，就是去西天取经。如果从若干独立的故事来看，师徒四人的短期目标又是什么呢？答案是"过关"。对于每个故事而言，师徒四人的短期目标就是从 A 点去往 B 点而已，只是在这从一点到另一点的路途中，又可以分为若干个更小的目标。

（1）披荆斩棘：师徒四人取经遇到最多的事情并不是降妖伏魔，而是往哪走以及遇到树木、山、石、坑、水等小障碍。（2）过险阻：如通天河、火焰山等，没有他人帮忙或者法宝，师徒四人无法过关。（3）找食物：唐僧饿了走不动路，八戒饿了就撒泼，吃饱肚子是师徒四人首要的事情，否则无法前进。（4）对付妖怪：有反派才有故事，才有精彩纷呈的斗智斗勇。（5）消灾解难：有的灾难是别人的，如乌鸡国国王；有的灾难是师徒四人的，如觊觎唐僧肉的妖怪、要与唐僧结亲的女妖等。当然，这其中包含了很多丰富多彩、惊心动魄和有趣的斗智、斗勇、斗法。（6）通关文牒：没有通关文牒，在别的国家走不了路，在女儿国假结亲、车迟国斗法，其目的都是获得通关文牒。（7）救人：唐僧被抓，或者猪八戒、沙僧连带被抓，都需要解救。（8）抵抗诱惑：师徒四人必须抵抗各种各样的诱惑，如女色、金钱等。（9）保护行李：除了要保护唐僧之外，还要保护行李。（10）探路：因为前路是未知的，每次到新的地方时，都需要徒弟探路。

在本任务中运用归纳分析法，不要求多熟悉游戏，甚至不需要玩过游戏，所要求的是归纳能力。也就是说，就算是游戏门外汉，也能成为优秀的游戏设计者，在竞争激烈的游戏市场竞争中也能占有一席之地。那么市场调查中还有哪些定性分析的方法，在市场调查中又如何应用这些定性分析方法来解决市场调查问题呢？

任务实施流程

对调查资料进行处理和可视化分析后，还需要进行具体、深入的分析。开展定性分析是分析调查资料的第一步。本任务主要从以下几个方面展开学习，如图6-1所示。

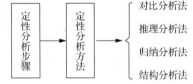

图6-1　任务6.1实施流程

基本知识与技能

"定性"，顾名思义，就是确定问题的性质。定性分析就是要确定数据资料的性质，是通过对构成事物"质"的有关因素进行理论分析和科学阐述的一种方法。定性分析常用来确定市场的发展态势与市场发展的性质，主要用于市场探究性分析。定性分析是市场调查和分析的前提和基础，没有正确的定性分析，就不能对市场做出科学和合理的描述，也不能提出正确的理论假设，定量分析也就因此失去了理论指导。而没有理论指导的定量分析，不可能得出科学和具有指导意义的调查结论。

拓展链接6-1

调查资料分析的意义

分析是指把事物、现象、概念分成较为简单的部分，找出这些部分的本质属性和彼此之间的关系。分析市场调查资料就是以某种有意义的形式或次序重新呈现收集的资料，实际上是告诉人们每组资料里到底隐藏了哪些有用的信息。

市场调查资料分析要做到：第一，对本次调查的核心目的进行分析，确定此次调查分析的方向和最终目的，以及资料分析的重点等情况；第二，确定调查资料收集的具体方法是否适合调查的总体目标，是否具有针对性；第三，对收集资料的可靠性和代表性进行分析；第四，选用适当的分析方法，对调查资料的数据进行分析，总结资料所反映的问题；第五，得出综合的分析结论。

6.1.1　定性分析步骤

定性分析的步骤如下。

1. 审读资料数据

分析人员对要分析的资料数据进行认真的审查和阅读。审读时，对调查对象实际情况做好事实鉴别，将数据资料按问题分类，选取有意义的事例，为下一步做好准备。

2. 知识准备

分析人员在分析前要做好定性分析的知识准备，如查找相关分析知识、理论及推导逻辑。做好定性分析的知识准备，能为进一步开展分析工作做好准备。

3. 制订分析方案

制订分析方案时要整体考虑分析什么材料，用什么理论，从什么角度对调查资料进行解释。当然，资料的审读与理论知识的准备过程也是设计方案的过程，但完整的分析方案的形成一般是在前面两个步骤之后进行的。

4. 分析资料

从这一步开始分析人员对市场调查资料进行研究和解释。当研究资料证明了前面设定的假设时，要从理论上找出二者一致的意义，并加以说明，这也是定性分析的关键。在对资料进行分析研究的基础上，研究结果证明了研究假设时，应该从理论上探讨和解释为什么研究假设被证明，并根据研究资料和理论提出新的问题和研究假设。这样才能更深层次地揭示市场问题，更好地达到调查目标。

6.1.2 定性分析方法

1. 对比分析法

对比分析法是指将被比较的事物和现象进行对比，找出其异同点，从而分清事物和现象的特征及其相互联系的思维方法。在市场调查中，对比分析具体表现为把两个或两类问题的调查资料相对比，确定它们之间的相同点和不同点。市场调查的对象不是孤立存在的，都和其他事物存在着或多或少的联系，并且相互影响，而对比分析有助于找出调查事物的本质属性和非本质属性。

在运用对比分析法时要注意：可以在同类对象间进行，也可以在异类对象间进行；要分析可比性，应该进行多层次分析。

【例6-1】 在研究新产品开发过程中，运用的典型的对比分析就是竞品分析。竞品分析主要是对产品导入期竞争对手的市场经营情况与策略进行深入的调查分析。市场营销和战略管理方面的竞品分析是指对现有的或潜在的竞争产品的优势和劣势进行评价。

例如，某企业想要开发一款运动健身类App，产品经理开展竞品分析，首先探寻市场上同类型App的基础信息，如表6-1所示。

表6-1 产品基础信息对比

竞品	上线时间	口号	产品定位	特色功能（优势）
Keep	2015年	自律给我自由	一站式运动解决方案	运动健身课程，分享社区，运动数据记录
悦跑圈	2014年	多一点运动，多一点健康	专业的跑步工具	专注跑步全产业链，用红包与游戏激励人坚持健身运动
咕咚	2011年	智能运动，尽在咕咚	全球最大的运动社交平台	社交功能，具有多种运动方式解决方案

2. 推理分析法

推理分析法是指由一般性的前提推导出个别性的结论的一种分析方法。

市场调查中的推理分析，就是把调查资料的整体分解为各个因素、各个方面，形成分类资料，并对这些分类资料进行研究，分别把握其特征和本质，形成对调查资料整体和综合性认识的逻辑方法。使用时需要注意，推理的前提要正确，推理的过程要合理，而且要充分发挥创造性思维。

【例6-2】 2022年现实题材电视剧《幸福到万家》中，何幸福遇到爬山的游客问路，并且游客提及万家庄有山有泉，地方很美，简直是人间仙境，可以拍出好看的风光片，但住宿条件太差，期望能待更久，并提出下次还会再来。何幸福于是意识到：万家庄拥有天然的旅游资源，如果开发旅游产业，改善游客住宿环境，一定能取得成功。何幸福始终记着万善堂说的那句话：人不能闯着闯着就把家给闯丢了。于是她毅然决然地回到了万家庄，并制订了回家建幸福客栈的计划。她众筹到建设客栈的钱，又得到了村里的支持，她的幸福客栈开业了，并且生意红火。

3. 归纳分析法

归纳分析法是指由具体、个别或特殊的事例推导出一般性规律及特征的分析方法。

对市场调查资料应用归纳分析法，可得出一些理论观点。归纳分析法是在市场调查分析中应用非常广泛的一种方法，具体可分为完全归纳法、简单枚举法和科学归纳法。

（1）完全归纳法。完全归纳法是指根据调查问题中的每个对象的某种属性，概括出该类问题的全部对象整体所拥有的本质属性的方法。应用完全归纳法要求分析者准确掌握某类问题全部对象的具体数量，而且还要调查每个对象，了解它们是否具有所调查的特征。但在实际应用之中，调查对象往往很难满足这些条件，因此完全归纳法的使用范围受到一定的限制。

（2）简单枚举法。简单枚举法是指根据目前调查所掌握的某类问题中若干对象具有某种属性，而且没有观察到相反的事例，来归纳该类问题整体所具有的该种特征的方法。这种方法建立在应用人员经验丰富的基础上，操作简单易行。但应用简单枚举法得出的结论可能会具有偶然性，要增强结论的可靠性，则分析的对象就应该尽量多一些。

【例6-3】　很长一段时期，人们在很多地方看到的天鹅都是白色的，所以就得出"天鹅必白"的结论。但后来在澳洲海岸发现了黑色的天鹅，才推翻了原来的结论。之前的错误结论，就是简单枚举分析的对象不全面造成的。

（3）科学归纳法。科学归纳法是从事物的因果关系中揭示事物的必然联系，做出关于这一门类的全部对象一般结论的推理方法，也叫判断因果联系的归纳法。

【例6-4】　科学归纳以感性经验为基础，因而，它不能揭露事物的深刻的本质和规律。恩格斯曾这样举例说，观察了蒸汽冲开壶盖之类的许多事例之后，可以归纳出热运动转化为机械运动的结论，人们甚至可以根据这种认识造出蒸汽机来，可是，为什么从热中可以得出机械运动？即使观察了十万部蒸汽机，我们也无法归纳出一个结论来回答这个问题。所以恩格斯指出，我们用世界上的一切归纳法都永远不能把归纳过程弄清楚。

4. 结构分析法

任何事物都可以分解成几个部分，构成事物的这些部分之间有一种相对稳定的联系，称为结构。分析某现象的结构和各组成部分的功能，从而进一步认识这一现象本质的方法叫结构分析法。例如，对UPS的供应商进行分析，可以将UPS分为主机和电池分别进行分析，然后再进行汇总。

 同步实务

业务分析：对某市汽车用品市场进行调查，进行定性分析。

业务程序：第一，通过市场调查分析市场特点；第二，进行比较分析；第三，进行归纳分析或结构分析。

业务说明：对某市汽车用品市场进行调查，定性分析如下。

一、市场分析

1. 市内零散商铺较多，经营商户愿意集中式经营。
2. 商铺硬件条件、交通条件较差，大部分需要改造后才能使用，期望能进一步规范市场。
3. 合同期限较短，投入存在风险，而且租金涨幅较大。
4. 部分品牌商想进入吉林市场，但没有合适位置，无较高档次汽车集散地。
5. 汽车行业发展较好，汽车用品相应需求大。
6. 某市目前没有完整的集汽配、装饰、改装、服务于一体的大型专业市场。
7. 汽配店所需面积较大，一般商铺难以达到，商铺难以集中出现。

二、市场经营商户类型分析

1. 第一类是全方面经营，各种产品和服务都比较全的商户。这些商户大多经营规模较大，店内的工作人员在素质和服务态度上都显示出极高的水平，在严格的经营管理体系下，这些商户在市场上也拥有较大竞争力。
2. 第二类是经营汽车装饰类产品的商户。这些商户大多以座套、坐垫、脚垫、挂件、香水等中低端产品为主要经营方向，有的甚至只经营挂件、香水等小物件，在降低经营成本的同时走薄利多销路线。这些商户在经济实力和技术实力上大多处于弱势地位，所以寻找的是适合自己的发展道路。

3. 第三类是以技术为基础走中高端产品路线，主要经营电子类产品的商户。虽然这一类商户在市场上所占比例较小，但他们极大地带动了整个市场、整个行业的发展。

三、市场需求、消费者购买分析

从销售情况来看，商户均认为低档汽车配件更新频率比较快，而高档汽车由于有品牌与质量的双重保障，所以零配件的使用损耗率就比较低。消费者在选择汽配产品时，不那么在意原厂和配厂的区别。关于消费者为何选择经销商售出的配件，商户所销售产品的质量是消费者主要考虑的因素。商户出售的产品中，中档次的居多，低档次其次，高档次较少。中档次产品的性价比由于比较高，是消费者首选的产品。低档次产品的在质量上比较让人担心，消费者较少选择。而高档次产品由于价格高，只有少部分消费者愿意选购。商户在售出配件时都会帮消费者安装好，只有小部分消费者会选择自己安装。由于所调查商户多为私营企业，所以在售后服务方面，只有少数商户会对消费者进行回访，这部分企业也是新经销商，为了商户效益与日后发展，在售后上做了努力。

 职业技能训练

训练主题：定性分析技能的培养。

训练要求：要求学生对整理后的调查资料进行定性分析。

训练内容：在项目五整理市场调查资料时，对任务 5.2 的[同步实务]中整理好的调查资料进行定性分析。

主要准备：

（1）知识准备，掌握定性分析的步骤、定性分析方法。

（2）组织准备，教师提前布置训练任务，并进行分组，推选或指定组长，组长负责本小组成员的活动安排。

操作步骤：

（1）将整理好的调查资料进行审读。

（2）制订定性分析方案。

（3）根据合适的定性分析方法分析资料。

（4）撰写《调查资料定性分析报告》。

成果形式：《调查资料定性分析报告》。

 拓展链接 6-2

定性分析的特点

1. 定性分析注重整体的发展分析

定性分析的目的在于揭示事物的质的规定性，因此必须立足于对调查对象的整体分析，透彻了解调查对象。与定量分析不同，定性分析更多关注事物的发展过程以及相互关系，并从哲学、心理学、伦理学、历史学、社会学、经济学、政治学、人类学、语言学等层面进行探讨，从而整体把握调查对象质的特性。只有将调查对象作为一个发展的整体加以分析，才有可能揭示调查资料各组成部分之间内在的关系，以及与其他方面的联系，才有可能透过现象看到本质，说明调查对象变化发展的真正原因。

2. 定性分析的对象是质的描述性资料

定性分析以反映事物质的规律性的描述性资料为调查对象。这些资料通常以书面文字或图片等形式表现，而不以精确的数据形式表现。在各种自然场合，定性分析带有很大程度的模糊性和不确定性。定性分析的资料来自小样本以及特殊的个案，而不是随机选择的大样本。正因如此，定性分析有自己独特的分析方法，且需要大量的资料来进行补充。

3. 定性分析的研究程序具有一定弹性

在分析程序上，定性分析也不同于定量分析。定量分析有一个标准化的程序，使用数学方法进行量的刻画，用数学语言表示事物的状态、关系和过程，在此基础上加以推导、演算和分析，以形成对问题的解释和判断，具有逻辑的严密性和可靠性。而定性分析有一个不太严格的研究程序，前一步搜集资料的数量与质量往往决定下一步应该怎么做，原因是调查对象是一个不断变化的主体，使定性分析过程常常出现变动，具有很强的灵活性。

4. 定性分析的方法是对搜集资料进行归纳与逻辑分析

归纳分析有一个不同于演绎分析的一般程序。演绎分析是先有一个假设，然后搜集能检验假设的事实，将事实与假设加以比较分析，最后得出结果。而归纳分析却是先列出事实，将事实加以归类，然后从中得到一些启示，抽象概括出概念和原理。这是一种自下而上的分析路径。定性分析的客观性基于对所调查对象有丰富的合乎事实的材料。运用定性分析，调查人员不仅可以从各个不同的事物经验中找出共同的联系，而且也可以从许多不同的观察事例中找出共同的特点，同时研究事物的特例，找出相异之处及其原因。

5. 定性分析中的主观因素影响及对背景的敏感性

课堂活动18

讨论定性分析法
步骤和应用

定性分析是一种价值研究，一方面很容易受到调查人员和调查对象的主观因素影响，如主体的能动性、独立性和创造性，若干差异的存在，以及具有较强的主观色彩，从而影响分析的客观性。另一方面，市场调查对象的表现状况又总是与特定的情境相关，离开这一特定情境，某个市场现象就不会发生，这就是背景的敏感性。因此，定性分析很关注对背景的分析。

 同步实务

2022年2月，某健身教练带头掀起了线上全民健身的热潮。每天晚上，其网络直播间内数百万名"×××女孩"跟着他一起挥洒汗水，锻炼身体。请对比传统媒体平台和新媒体平台（网络直播平台）的商业模式和运营方式。

业务分析： 参考"6.1.2 定性分析方法"中的对比分析法及案例进行分析。

业务程序： 第一，调查当前排名靠前的网络直播平台和传统媒体平台；第二，对两者的商业模式和运营模式进行对比分析；第三，列出传统媒体平台和新媒体平台的区别。

业务说明： 该业务主要考查对比分析法。

任务6.2 定量描述分析

 任务描述

本任务要求学生掌握调查资料的定量描述分析，主要包含调查资料的集中趋势的描述和离散趋势的描述两个方面，并且能够熟练运用SPSS开展调查资料的定量描述分析，进一步探索和分析调查对象特征。

任务导入

第七次全国人口普查数据描述

2020年我国进行了第七次全国人口普查，对于一个总人口超过14亿的人口大国来说，进行全国范围的人口普查是十分困难的。国家统计局发布的《第七次全国人口普查公报》围绕全国人口情况、地区人口情况、人口性别构成情况、人口年龄构成情况、人口受教育情况、城乡人口和流动人口情况以及接受普查登记的港澳台居民和外籍人员情况这几个方面对我国第七次全国人口普查结果进行了描述性分析。部分描述结果如下。

全国总人口为 1 443 497 378 人，与 2010 年第六次全国人口普查的 1 339 724 852 人相比，增加 72 053 872 人，增长 5.38%，年平均增长率为 0.53%。全国共有家庭户 494 157 423 户，集体户 28 531 842 户，家庭户人口为 1 292 809 300 人，集体户人口为 118 969 424 人。平均每个家庭户的人口为 2.62 人，比 2010 年第六次全国人口普查的 3.10 人减少 0.48 人。全国人口中，汉族人口为 1 286 311 334 人，占 91.11%；各少数民族人口为 125 467 390 人，占 8.89%。与 2010 年第六次全国人口普查相比，汉族人口增加 60 378 693 人，增长 4.93%；各少数民族人口增加 11 675 179 人，增长 10.26%。

全国人口中，男性人口为 723 339 956 人，占 51.24%；女性人口为 688 438 768 人，占 48.76%。总人口性别比（以女性为 100，男性对女性的比例）为 105.07，与 2010 年第六次全国人口普查基本持平，男多女少仍然是我国人口性别结构的一大特征。

通过对第七次全国人口普查数据在人口数上的定量的描述分析，能够清晰认识到我国人口在总数、各地区分布以及性别分布上的特征。本任务内容将对调查数据从集中趋势和离散趋势两个方面进行定量描述。

任务实施流程

市场调查资料的定量描述分析主要为集中趋势和离散趋势的描述。本任务主要从以下两个方面展开学习，如图 6-2 所示。

图6-2　任务6.2实施流程

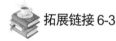基本知识与技能

定量描述分析属定量分析，是指对调查数据做相应的整理、加工和概括，用来描述总体特征的一种统计分析方法。定量描述分析是一种非常有效的概括大规模数据特征的方法，既是统计分析的重要组成部分，也是市场调查资料分析中常用的分析方法。

拓展链接 6-3

数据类型的划分

数据类型划分的标准不一，数据按照调查的部分可分为：总体数据与样本数据。调查人员能够直接获取调查的全部数据当然最好，但是，调查人员无法或不便于获取全体调查对象的整体数据时，可基于某一规则抽取具有代表性的一些数据，以这些数据作为样本开展调查。

数据按照计量层次可划分为：定类数据、定序数据、定距数据和定比数据。定类数据也称为名义数据、类别数据，属于数据的最低计量层次，表示个体在属性上的特征或类别上的不同变量，仅仅是一种标志，没有次序关系。例如，对性别进行数值化转码，以数值 1 代表男性，数值 2 代表女性。定序数据也称为顺序数据，属于数据的中间计量层次，用数字表示个体在某个有序状态中所处的位置，不能做四则运算。例如，对受教育程度编码，无=1，小学=2，初中=3，高中=4，大学=5，硕士研究生=6，博士研究生及以上=7。定距数据也称为等距数据，是具有间距特征的变量，有单位但没有绝对零点，可做加减运算，不能做乘除运算，如温度。定比数据是指取值范围连续的数值数据，属于数据的最高计量层次，既有测量单位，也有绝对零点。定比数据的取值既可以是整数，也可以是实数。考试成绩、学生身高、体重、血压、人数、商品件数等都是定比数据。

根据数据计量层次，数据可简单分为连续型数据和分类数据两种类型。连续型数据包含定距数据和定比数据，如身高、体重、消费者满意度评分等，这些数据的特点是可以有小数点，可以直接录入。分类数据包含无序的定类数据和有序的定序数据，其值是定性的，表现为互不相容的类别或属性。

微课堂

数据描述的集中
趋势和离散趋势

6.2.1　分析数据的集中趋势

数据的集中趋势分析的目的在于揭示被调查者回答的集中程度，通常用最大频数或最大频率对应的类别选项来衡量。所谓集中趋势，就是一组数据向一个代表值集中的情况，也就是一组数据取值的一般水平。表6-2中描述了某高校大学生月均网购支出数据。

表6-2　某高校大学生月均网购支出数据

月均网购支出（元）	消费者数（人）	各组人数比重（%）
150 以下	11	4.66
151～200	20	8.47
201～250	37	15.68
251～300	46	19.49
301～350	52	22.03
351～400	42	17.80
401～450	21	8.90
450 以上	7	2.97
合计	236	100.00

表6-2显示，大学生月均网购支出在301～350元的人数较多，这里就是数据分布的中心区域，从整体的数据分布状况来看，数据集中趋向于301～350元这一组。其实际意义就是被调查的大学生月均网购支出大部分集中在301～350元。

集中趋向数据的特征是，总体各单位的数据分布既有差异性，又有集中性。它反映了社会经济状况的特性，即总体的社会经济数量特征存在着差异，但客观上还存在着一个具有实际经济意义的、能够反映总体中各单位数量一般水平的数值。定量描述分析中的集中趋势分析就是找出这个数值。常用的描述数据分布集中趋势的统计量有平均数、中位数、众数等。

1．平均数

平均数是数列中全部数据取值的一般水平，是数据数量规律性的一个基本特征值，反映了一些数据必然性的特点，平均数适用于描述连续型数据集中趋势。平均数包括简单算术平均数、调和平均数和几何平均数，这里只说明简单算术平均数。

简单算术平均数反映了变量取值的集中趋势或平均水平，是处理实际问题常用的指标。需要注意，简单算术平均数容易受极端值影响。对于 n 个调查数据 x_1，$x_2 \cdots x_n$，简单算术平均数 $\bar{x}$ 的一般计算公式为：

$$\bar{x} = \frac{x_1 + x_2 + \cdots + x_n}{n} = \frac{\sum_{i=1}^{n} x_i}{n}$$

利用简单算术平均数可以将处在不同空间的现象和不同时间的现象进行对比，反映现象一般水平的变化趋势或规律，分析现象间的相互关系等。

【例6-5】　计算500名银行信用卡客户月平均消费金额，部分数据如表6-3所示。

表6-3　500名银行信用卡客户月消费金额　　　　　　　　　　　　　　　单位：元

1	2	3	4	5	6	7	8	…	500
9 697.4	9 150.4	1 975.7	773.1	1 962.7	3 443.9	2 683.2	450	…	0.0

分析500名银行信用卡客户月消费金额的集中特征，计算月平均消费金额，可代入简单算术平均数的一般公式：

$$\overline{x} = \frac{9\ 697.4 + 9\ 150.4 + 1\ 975.7 + 773.1 + 1\ 962.7 + \cdots + 0.0}{500}$$

显然在分析的样本量较大时，手动计算是不现实的。可利用 SPSS 进行计算：选择【分析】—【描述统计】—【描述】，在打开的对话框中将"月消费金额"选入"变量"框，单击【选项】，打开相应对话框，在其中选中"均值"，单击【继续】和【确定】，完成月平均消费金额的计算。上述操作步骤如图 6-3 和图 6-4 所示。

500 名银行信用卡客户月平均消费金额结果如表 6-4 所示，500 名银行信用卡客户月平均消费金额为 4 781.878 6 元。

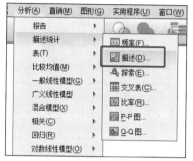

图6-3　平均数计算菜单

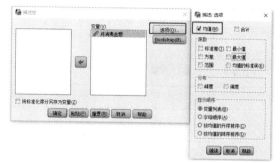

图6-4　平均数计算操作

表6-4　平均数计算结果

	N	均值
月消费金额	500	4 781.878 6 元
有效的 N（列表状态）	500	

2. 中位数

将 n 个调查数据 x_1，$x_2 \cdots x_n$ 按照从小到大排序，得到 $x_1 \leq x_2 \leq \cdots \leq x_n$，位于排序后中间位置的数称为中位数 M。中位数适用于描述连续型数据集中趋势，中位数受极端值影响较小，适用于分析任意分布的数据。但中位数只考虑到居中位置，无法反映其他变量值相对于中位数的大小，适用于分析大样本数据和对称分布数据。中位数的计算公式如下。

若 n 为奇数，则中位数为排序后处于中间位置的数据，计算公式为：$M = x_{\frac{n+1}{2}}$；若 n 为偶数，则中位数为排序后处于中间位置的两个数据的简单算术平均数，计算公式为：$M = \dfrac{x_{n/2} + x_{n/2+1}}{2}$。

另外，中位数将数据分成了两等份，如果将排序后的数据划分为相等的四部分，就可以得到三个分位点，处于这三个分位点上的数由小到大依次称为：下四分位数、中位数和上四分位数。在具体的应用中，可计算处于任意分位点上的数，该数也被称为百分位数。下四分位数实际是 25% 分位数，中位数是 50% 分位数，上四分位数是 75% 分位数。

【例6-6】 计算例 6-5 中 500 名银行信用卡客户月消费金额的中位数。

若手动计算，需要先对 500 个月消费金额进行升序排序，找到位于中间的第 250 名和第 251 名的客户的月消费金额为 2 159.00 元和 2 170.60 元，计算得到中位数：

$$M = \frac{2\ 159.00 + 2\ 170.60}{2} = 2\ 164.80（元）$$

利用 SPSS 计算中位数的步骤为：选择【分析】—【描述统计】—【频率】，在打开的对话框中将"月消费金额"选入"变量"框，单击【统计量】，在打开的对话框中选中"四分位数"或者"中位数"，这里二者均选中。上述操作步骤如图 6-5 和图 6-6 所示。

500名银行信用卡客户月消费金额的中位数计算结果如图6-7所示，500名银行信用卡客户月消费金额的中位数为2 164.800 0元，与月平均消费金额4 781.878 6元差距较大，这也说明了平均数容易受到极端值影响。

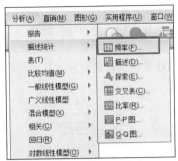

图6-5 中位数计算菜单

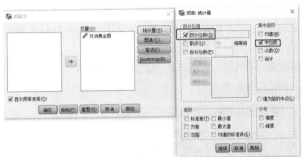

图6-6 中位数计算操作

中位数计算结果			
N		有效	500
		缺失	0
中位数			216 4.800 0
百分位数		25%分位数	732.875 0
		50%分位数	2 164.800 0
		75%分位数	6 263.250 0

图6-7 中位数计算结果

3. 众数

众数是数据中出现次数最多的变量值，可用于测定数据集中趋势，它克服了平均数指标受极端值影响的缺陷。在通过市场调查得到的统计数据中，众数能够反映一组数据的集中程度，可以辅助调查人员在实际工作中抓住事物的主要问题，有针对性地解决问题。要注意的是，由于众数只依赖于变量出现的次数，所以一组数据中可能会出现两个或两个以上的众数，也可能没有众数。同时，众数虽然可以用于描述各种类型的变量，但是对定序数据和定距数据，用众数描述数据的分布中心会损失很多有用的信息，所以一般只用众数描述定类数据的分布中心。

在调查实践中，有时没有必要计算简单算术平均数，只需要掌握最普遍、最常见的标志值就能说明社会经济现象的某一水平，这时就可以采用众数。

【例6-7】 在市场调查资料分析中，众数就是列出的数据中出现次数最多的数值，众数比其他数据出现的频率高。如果很多数据出现的次数一样，或者每个数据都只出现一次，那么这组数据中，众数可以不止一个或者没有。

甲组数据：2、2、3、3、4的众数是多少？（2、3）

乙组数据：1、2、3、4的众数是多少？（没有）

【例6-8】 现调查某市××品牌生鲜鸡肉的购买情况，统计消费者对该品牌生鲜鸡肉的月购买频率，结果如表6-5所示。表6-5显示，1 018名消费者中，有701人（68.9%）选择的是"2次以下"，该选项是出现次数最多的选项，是消费者月购买频率的众数。

表6-5 购买××品牌生鲜鸡肉的频率

购买偏好	频率	百分比	累计百分比
4次及以上	98	9.6	9.6
2~4次（不含）	219	21.5	31.1
2次以下	701	68.9	100.0
合计	1 018	100.0	—

平均数、众数和中位数都是反映总体一般水平的指标，彼此之间存在着一定的关系，但其各自含义不同，确定方法各异，适用范围也不一样。在实际应用中，应注意把握这几个指标的特征，根据不同的调查数据类型，采用不同的指标进行分析，把被调查总体数据的集中趋势准确地描述出来。

在社会生活中，可以这样理解简单算术平均数、中位数和众数的关系。简单算术平均数体现的是完全的平均主义，与"每人一票""全体投票"等相对应。中位数指的是在从小到大排序之后的样本序列中，位于中间的数值，它并不能反映所有样本个体的信息，仅仅考虑的是处于中间位置的样本的信息。众数指的则是在样本中出现次数最多的个体，与"少数服从多数"相对应。出现次数最多的个体信息被表达出来，其他个体的信息完全被忽视。

6.2.2 分析数据的离散趋势

如果需要用一个数值来概括变量的特征，那么集中趋势是合适的。但仅有集中趋势还不能完全准确地描述各个变量，这是因为没有考虑到变量的离散趋势。所谓离散趋势，是指一组数据之间的离散程度。常用的度量连续型数据离散程度的统计量是标准差，它是一组数据中各数值与简单算术平均数相减之差的平方和的算术平均数的平方根。而对分类数据来说，其离散程度是指其各个水平取值的分散程度。

【例6-9】 "性别"这一分类型变量，取值水平分别为"男性"和"女性"。若调查的100人中超过80%都是女性，说明性别这一分类型变量取值集中在女性，离散趋势不明显。若性别变量在男性和女性上的取值各占50%，此时两个水平取值相当，离散趋势达到最大。总之，对分类型变量而言，在各个水平上都有取值且取值频数相当，则表明该分类型变量取值较离散；若取值仅集中在个别水平上，则该分类型变量取值较集中。

在定量描述分析中，集中趋势的统计量包括平均数、中位数和众数，离散趋势的统计量则包括全距、方差、标准差、分位数和变异系数。前者体现了数据的相似性、同质性，后者体现了数据的差异性、异质性。

数据的离散程度分析是指数据在集中分布趋势下，同时存在的偏离数值分布中心的趋势。离散程度分析是用来反映数据之间的差异程度的。

【例6-10】 表6-2反映某高校大学生月均网购支出数据，虽然其中大多数大学生的月均网购支出在301～350元，但也有一些大学生的月均网购支出偏高或偏低，而使数据的分布出现离散状态。对于一组数据规律性的研究，集中趋势是数据数量特征的一个方面，离散程度则是数据特征的另一方面。集中趋势反映的是数据的一般水平，常用均值等数值来代表全部数据；但要更加全面地掌握这组数据的数量规律，还应该分析反映数据差异程度的数值。

1. 全距

全距也叫极差，是一组数据中最大值和最小值之差，用于反映连续型数据的波动情况。将 n 个调查数据 x_1，$x_2 \cdots x_n$ 按照从小到大进行升序排序，得到 $x_1 \leqslant x_2 \leqslant \cdots \leqslant x_n$。全距 R 的计算公式为：全距=最大值−最小值，即：

$$R = x_n - x_1$$

因为全距是数据中两个极端值的差值，不能反映中间数据变化的影响，没有充分利用全部数据，容易受到极端值的影响，所以它是一个粗略地测量离散程度的指标。在实际调查中，全距主要用于分析离散程度比较稳定的调查数据。同时，全距可以一般性地检验平均数的代表性：全距越大，平均数的代表性越好；全距越小，平均数的代表性越差。

2. 方差和标准差

标准差（S）反映的是连续型数据每一个值与平均值之间的差距。简单来说，平均差异越大，标准差越大。方差（S^2）是标准差的平方，这两个指标都反映总体中所有单位标志值对平均数的离差关系，是测定数据离散程度常用的指标。方差和标准差越大，平均数的代表性越差。

n 个调查数据 x_1，x_2，$\cdots$，x_n 的方差是所有观测值与均值的偏差平方和除以 $n-1$，具体计算公式是：

$$S^2 = \frac{1}{n-1}\sum_{i=1}^{n}(X_i - \overline{X})^2$$

样本的标准差是方差的平方根，公式为：

$$S = \sqrt{\frac{1}{n-1}\sum_{i=1}^{n}(X_i - \overline{X})^2}$$

方差和标准差的计算充分利用了全部数据，方差和标准差越小，数据的离散程度越小。方差的单位是观测数据单位的平方，而标准差的单位与观测数据的单位相同，消除了数据量纲的影响，因此在实际的连续型数据离散趋势分析时，常用标准差来度量数据的离散趋势。

3．分位数

分位数也被称为百分位数，是一种位置指标。将样本数据进行升序排序后，排在 $P\%$ 位置的右端点的数称为样本的 P 分位数。样本量为 n 的数据的位置 i 的计算公式为：

$$i=(p/100)\times n$$

在具体的应用中，可计算任意分位点处的数。常用的分位数为四分位数，是将样本数据进行升序排序后位于 25%、50% 和 75% 这三个分位点的数，依次也被称为：下四分位数 $Q1$、中位数 $Q2$ 和上四分位数 $Q3$。还可以进一步计算四分位距 IQR，四分位距=上四分位数-下四分位数。即：

$$IQR=Q3-Q1$$

四分位距实际就是一组数据升序排序后，位于中间 50% 数据的极差，项目五中的箱形图的箱体的高度就是四分位距。

【例6-11】 计算例 6-5 中 500 名银行信用卡客户月消费金额的全距、方差、标准差以及四分位数。若手动计算，需要先对 500 个消费金额进行升序排序：计算全距，则用最大值减去最小值；排序后位于第 125 位、第 250 位、第 375 位的数是四分位数；计算方差，则需要先计算平均值，代入方差公式计算，方差开根号后得到标准差。

利用 SPSS 的计算步骤为：选择【分析】—【描述统计】—【频率】，在打开的对话框中将"月消费金额"选入"变量"框，单击【统计量】，在打开的对话框中选中"四分位数""标准差""方差""范围"（SPSS 中的范围即全距），单击【继续】和【确定】完成计算。上述操作步骤如图 6-8 所示。计算后的结果如图 6-9 所示。

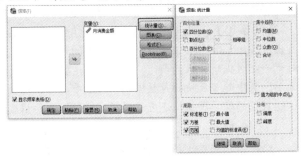

图6-8　相关统计量的计算

根据图 6-9 可知，500 名银行信用卡客户月消费金额的全距为 77 779.900，方差为 55 037 374.611，标准差为 7 418.718，25%分位数为 732.875，50%分位数（中位数）为 2 164.800，75%分位数为 6 263.250。从计算的离散趋势指标可知，500 名银行信用卡客户月消费金额的全距和标准差均较大，说明了不同客户信用卡月消费金额有较大的离散程度，也就是不同客户信用卡月消费金额有较大差异，银行可以进一步根据其他相关指标，综合划分客户信用卡消费等级，实现精准营销。

月消费金额统计量		
N	有效	500
	缺失	0
标准差		7 418.718
方差		55 037 374.611
全距		77 779.900
百分位数	25	732.875
	50	2 164.800
	75	6 263.250

图6-9　月消费金额统计量

4. 变异系数

变异系数V_σ常用于比较测量尺度和量纲不相同的连续数据的离散程度，变异系数越大，离散趋势越明显。其计算公式为：

$$V_\sigma = \frac{s}{\bar{x}}$$

其中s为样本数据的标准差，$\bar{x}$为样本的简单算术平均数。

【例6-12】　比较A组被调查消费者的年龄（岁）与B组被调查消费者的花费金额（元）的离散趋势。计算两组数据年龄、花费金额的变异系数，分别以V_1和V_2表示，若$V_1 > V_2$，则年龄的离散程度大于花费金额。

 同步实务

"云南旅游数据.sav"中包含了景点名称、价格、出游人数、点评数、服务保障、供应商、目的地以及特色等信息。请运用SPSS，对云南旅游数据中的价格、出游人数、供应商、目的地四个变量开展集中趋势和离散趋势的分析。

业务分析：参考前文分析数据的集中趋势和离散趋势的知识点进行分析。

业务程序：第一，确定分析变量的取值类型；第二，根据变量的不同类型开展数据集中趋势的分析；第三，根据变量的不同类型开展数据离散趋势的分析；第四，整理分析结果。

业务说明：该业务主要考查对调查数据集中趋势和离散趋势的分析。

> 课堂活动19
>
> 讨论数据集中和离散趋势的统计量指标

任务6.3 定量解析分析

 任务描述

本任务要求学生掌握调查资料的定量解析分析，主要包含调查资料的T检验、方差分析、卡方检验、相关分析和回归分析五个方面，并且能够熟练运用SPSS开展调查资料的定量解析分析，进一步分析调查资料隐含的统计规律和现实意义。

任务导入

解析颜色对饮料销量的影响

某饮料生产企业研制了一种新型饮料，饮料的颜色共有四种，分别为橙色、粉色、绿色和无色。这四种饮料的营养含量、味道、价格、包装等可能影响销量。为了测试颜色对销量是否有影响，调查人员从地理位置相似、经营规模相仿的五家超市收集了一个月内该种饮料的销量情况，如表6-6所示。

可以采用什么分析方法来得出结论？

表6-6　该饮料在五家超市的月销量情况　单位：箱

超市	无色	粉色	橙色	绿色
1	26.5	31.2	27.9	30.8
2	28.7	28.3	25.1	29.6
3	25.1	30.8	28.5	32.4
4	29.1	27.9	24.2	31.7
5	27.2	29.6	26.5	32.8
合计	136.6	147.8	132.2	157.3

通过对比分析颜色对饮料销量的影响，可以针对消费者推出喜欢的饮料颜色，也可以制定生产计划，进而提高饮料销量且缩减生产成本。本任务将围绕常用的定量解析分析方法来解决市场调查中的具体问题。

任务实施流程

市场调查资料的解析分析，主要是为了更进一步分析调查数据的内在规律，探寻调查数据之间的关系。本任务主要围绕常用的定量解析分析方法的基本原理及应用展开，具体学习内容如图6-10所示。

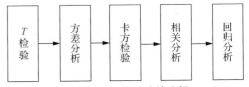

图6-10　任务6.3实施流程

基本知识与技能

如果说定量描述分析是为市场调查活动收集到的资料拍一张平面照片，那么定量解析分析就是为这些资料拍一张X光片，探寻这些资料内部隐含着的意思。定量解析分析也属于定量分析，对事物内部隐藏的本质的规律进行深入的剖析。这种分析主要以数学理论为基础，因而对分析人员的要求较高。在实际应用过程中，经常采用的方法有T检验、方差分析、卡方检验、相关分析和回归分析等。

拓展链接6-4

统计检验定义及步骤

统计检验亦称"假设检验"，是指根据抽样结果，在一定可靠性程度上对一个或多个总体分布的原假设做出拒绝还是不拒绝（予以接受）结论的程序。做出是否拒绝的决定常取决于样本统计量的值与所假设的总体参数是否有显著差异。

统计检验的推理方法的重要特点是应用了反证法的思想和小概率原理。小概率事件在一次试验中几乎不会发生，但是小概率事件并非不可能发生，只是其发生的概率很小，我们并不能完全排斥其发生的可能性。假设检验有可能犯两类错误：第一类错误是"拒真"，即原假设正确，而错误地拒绝了它，其发生的概率为犯第一类错误的概率；第二类错误是"纳伪"，即原假设不正确，而错误地没有拒绝它，其发生的概率为犯第二类错误的概率。

假设检验一般先对总体的比例、均值或分布做某种假设和对立假设，称为原假设H_0和备择假设H_1；然后计算在原假设成立条件下出现该事件的概率（称为P值或显著性值）。如果小概率事件发生了，即$P<\alpha$，则表明样本不支持原假设，我们应拒绝原假设而接受备择假设；如果该事件发生的概率（或可能性）较大，即$P>\alpha$，则不拒绝原假设。一般用α来控制犯第一类错误的概率，即犯该类错误的概率最大为α。

统计检验的步骤如下。

（1）确定恰当的原假设和备择假设。

（2）选择检验统计量。

（3）计算检验统计量观测值发生的概率，即P值。

（4）给定显著性水平α，并做出决策。如果$P<\alpha$，则拒绝原假设；如果$P>\alpha$，则没有理由拒绝原假设。

6.3.1　T检验

T检验主要应用于连续型数据变量的平均值检验，包含单样本T检验、独立样本T检验和配对样本T检验三种。

微课堂

定量解析方法——
T检验

1.单样本T检验

单样本T检验，主要用于检验单个样本的平均值是否与目标值相等。

【例6-13】　居民"商品房购买意向调查数据.sav"中，包含居民现有住房及商品房购买相关信息。现想要分析被调查消费者每月与住房有关的开销金额是否与2 000元有差异，选择数据中变量t_{10}"月与住房有关的开销"，运用SPSS进行单样本T检验。

在菜单栏中选择【分析】—【比较均值】—【单样本T检验】，在打开的对话框中将"月与住房有关的开销"选入"检验变量"框，在"检验值"处输入检验值"2000"，完成后单击【确定】。上述操作步骤如图6-11和图6-12所示。

单个样本统计量如表6-7所示，单个样本检验如表6-8所示。

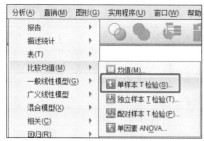

图6-11 单样本T检验菜单

图6-12 单样本T检验设置

表6-7 单个样本统计量

	N	均值	标准差	均值的标准误
每月与住房有关的开销	282	2 256.87	2 475.024	147.386

表6-8 单个样本检验

	检验值=2 000					
	t	df	Sig.（双侧）	均值差值	差分的 95% 置信区间	
					下限	上限
每月与住房有关的开销	1.743	281	0.082	256.869	−33.25	546.99

绝大部分统计解析分析的结果表都可以设置或直接输出对应的描述集中趋势和离散趋势的指标。表6-7表明，被调查消费者每月与住房有关的平均开销为 2 256.87 元，标准差为 2 475.024，较大，说明不同被调查消费者每月与住房有关的平均开销差异较大。表6-8表明，单样本 T 检验构造的统计量 t 值=1.743，P 值=0.082>0.05，说明被调查消费者每月与住房有关的开销金额与 2 000 元无统计学差异。

2. 独立样本 T检验

独立样本 T 检验，主要用于检验相互独立的两个样本的平均值是否相等。所谓独立样本，可简单理解为两组数据取值相互不影响。要注意的是，为了保证两个独立样本具有可比性，需要进行两样本数据方差齐性检验（Leven 检验），若检验结果 $P>0.05$，则两样本方差相等；若 $P \leqslant 0.05$，则两样本方差不等。可采用独立样本 T 检验来分析比较男性和女性客户每月在通信上的平均花费金额是否相等。

【例6-14】 根据居民"商品房购买意向调查数据.sav"，想要分析比较被调查消费者目前居住的是自有房还是出租房，在每月与住房有关的开销金额上是否有差异。选择数据中变量 t_2 "您目前居住的是自有房还是出租房"与 t_{10} "月与住房有关的开销"，运用 SPSS 进行独立样本 T 检验。

在菜单栏中选择【分析】—【比较均值】—【独立样本 T 检验】，在打开的对话框中将"月与住房有关的开销"选入"检验变量"框；将 t_2 "您目前居住的是自有房还是出租房"选入"分组变量"框，单击【定义组】，在打开的对话框中，在"组 1"和"组 2"框中填入分类型变量编码值"1"和"2"。完成后单击【继续】和【确定】。上述操作步骤如图 6-13、图 6-14 所示。

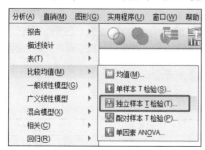

图6-13 独立样本T检验菜单

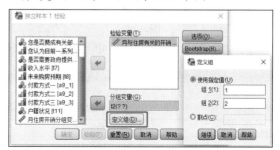

图6-14 独立样本T检验设置

组统计量如表6-9所示，独立样本检验如表6-10所示。

表6-9　组统计量

	您目前居住的是自有房还是出租房	N	均值	标准差	均值的标准误
每月与住房有关的开销	出租房	200	2 643.39	2 742.795	193.945
	自有房	82	1 314.15	1 224.836	135.260

表6-10　独立样本检验

		方差方程的Leven检验		均值方程的T检验						
		F	Sig.	t	df	Sig.（双侧）	均值差值	标准误差值	差分的95%置信区间	
									下限	上限
每月与住房有关的开销	假设方差相等	7.011	0.009	4.216	280	0.000	1 329.239	315.276	708.627	1 949.851
	假设方差不相等			5.622	278.053	0.000	1 329.239	236.453	863.773	1 794.704

表6-9表明，200名居住在出租房的消费者每月与住房有关的平均开销为2 643.39元，标准差为2 742.795；82名居住在自有房的消费者每月与住房有关的平均开销为1 314.15元，标准差为1 224.836。表6-10表明，方差方程的Leven检验的P值=0.009<0.05，拒绝两样本方差齐性的原假设，则在"假设方差不相等"时，独立样本T检验构造的统计量t值=5.622，P值=0.000<0.05，说明居住在出租房的消费者每月与住房有关的开销金额显著高于居住在自有房的消费者。

3. 配对样本 T 检验

配对样本T检验，主要用于检验相关样本的平均值是否相等。同一组样本前后测量结果的对比分析或配对的对照样本数据的对比分析，涉及的样本都是相关样本。可采用配对样本T检验分析消费者在采用新促销方式前后平均消费金额的差异。

【例6-15】　调查35名用户喝某品牌减肥茶前后的体重数据，数据文件见"减肥茶.sav"。比较用户喝减肥茶前后体重是否有差异，分析该品牌减肥茶的减肥效果。

这里要特别说明，在SPSS中进行配对样本T检验，需要为比较的两组数据单独设置两个变量，如图6-15所示。

在菜单栏中选择【分析】—【比较均值】—【配对样本 T 检验】，在打开的对话框中将"喝茶前体重"和"喝茶后体重"选入"成对变量"框，完成后单击【确定】。上述操作步骤如图6-16、图6-17所示。

图6-15　配对样本T检验数据　　　图6-16　独立样本T检验菜单

图6-17　独立样本T检验设置

成对样本统计量如表6-11所示，成对样本检验如表6-12所示。

表6-11　成对样本统计量

		均值	N	标准差	均值的标准误
对1	喝前体重	89.257 1	35	5.337 67	0.902 23
	喝后体重	70.028 6	35	5.664 57	0.957 49

表6-12　成对样本检验

		成对差分					t	df	Sig.（双侧）
		均值	标准差	均值的标准误	差分的95%置信区间				
					下限	上限			
对1	喝前体重-喝后体重	19.228 57	7.981 91	1.349 19	16.486 69	21.970 45	14.252	34	0.000

表6-11表明，35名用户喝茶前平均体重为89.257 1千克，标准差为5.337 67；喝茶后平均体重为70.028 6千克，标准差为5.664 57。表6-12表明，喝茶前体重与喝茶后体重差值的平均数为19.228 57，配对样本T检验的t值=14.252，P值=0.000<0.05，说明用户喝减肥茶后的体重显著低于喝减肥茶前的体重，进一步说明该减肥茶对用户体重减轻有较好的效果。

6.3.2　方差分析

方差分析也叫作变异数分析，是一种常见的统计数据分析方法。它的用途是分析市场调查和实验数据中不同来源的变异对连续型总变异的影响大小，从而揭示数据中自变量是否对因变量有重要的影响。因素方差分析的基本操作原理：因素就是一个独立的变量，也是方差分析研究的对象。因素中的取值称为水平。在具体应用中，根据研究的因素的个数，方差分析可分为单因素方差分析、多因素方差分析以及协方差分析。

下面主要介绍单因素方差分析的基本原理及应用，如果进行的方差分析研究的是一个因素对调查结果的影响，就称作单因素方差分析。本质上，单因素方差分析主要用于分析一个因素的三个及以上的水平在连续型数值取值平均值上的差异。单因素方差分析的前提与独立样本T检验的一致，需要进行不同组数据方差齐性检验，也就是齐性检验的P值>0.05。如要分析消费者的职业这一因素对其月娱乐消费支出金额的影响，则本质上是在比较不同职业的消费者在月娱乐消费支出平均金额上的差异，可以采用单因素方差分析来解决这一问题。

【例6-16】　调查四种不同广告类型对产品销售额的影响，采用单因素方差分析比较四种广告类型在产品销售额上的均值差异。

在菜单栏中选择【分析】—【比较均值】—【单因素ANOVA】，在打开的对话框中将被影响的因素"销售额"选入"因变量列表"框，将"广告类型"变量选入"因子"框。完成后单击【选项】，在打开的对话框中选中"描述性""方差同质性检验""均值图"，完成后单击【继续】和【确定】。上述操作步骤如图6-18、图6-19所示。

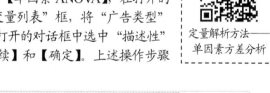

微课堂

定量解析方法——单因素方差分析

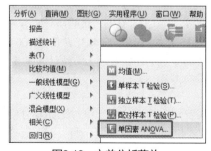

图6-18　方差分析菜单

图6-19　方差分析设置

销售额描述如表6-13所示，销售额方差齐性检验如表6-14所示，ANOVA如表6-15所示，不同广告类型销售额的均值折线图如图6-20所示。

表6-13　销售额描述

广告类型	N	均值	标准差	标准误	均值的95%置信区间		极小值	极大值
					下限	上限		
广告类型一	36	56.555 6	11.618 81	1.936 47	52.624 3	60.486 8	33.00	86.00

续表

广告类型	N	均值	标准差	标准误	均值的95%置信区间		极小值	极大值
					下限	上限		
广告类型二	36	73.222 2	9.733 92	1.622 32	69.928 7	76.515 7	54.00	94.00
广告类型三	36	66.611 1	13.497 68	2.249 61	62.044 2	71.178 1	37.00	87.00
广告类型四	36	70.888 9	12.967 60	2.161 27	66.501 3	75.276 5	33.00	100.00
总数	144	66.819 4	13.527 83	1.127 32	64.591 1	69.047 8	33.00	100.00

表6-14　销售额方差齐性检验

Levene 统计量	df₁	df₂	显著性
0.765	3	140	0.515

表6-15　ANOVA

	平方和	df	均方	F	显著性
组间	5 866.083	3	1 955.361	13.483	0.000
组内	20 303.222	140	145.023		
总数	26 169.305	143			

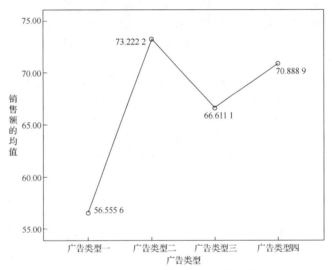

图6-20　不同广告类型销售额的均值折线图

由表6-13可知，四种广告类型的平均销售额分别为56.555 6、73.222 2、66.611 1以及70.888 9，广告类型一和类型三的平均销售额低于广告类型二和广告类型四，广告类型二的平均销售额最高，广告类型一的平均销售额最低。由表6-14可知，方差齐性检验的P值=0.515>0.05，说明四种广告类型在销售额上的方差相等，方差分析结果是有意义和可靠的。由表6-15可知，F值=13.483，P值=0.000<0.05，说明广告类型对销售额的影响有显著的统计学意义，四种广告类型在平均销售额上有统计学差异。

6.3.3　卡方检验

卡方检验用于检验分类型调查资料间的关系，属于列联表分析的进一步工作。比如要分析消费者的性别与消费者购买渠道的选择间是否独立，也就是研究不同性别的消费者在购买渠道选择上有无差异，可采用卡方检验。

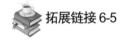 拓展链接6-5

列联表分析

列联表指一个频率（频数）对应两个变量的表，其中一个变量用于对行进行分类，另一个变量用于对列进行分类。列联表分析是指，除了需要对单个变量的数据分布情况进行分析外，还需要掌握多个变量在不同取值情况下的数据分布情况，从而进一步深入分析变量之间的相互影响关系。

　　根据收集的样本数据，生成二维或多维交叉列联表（交叉表）。列联表是两个或两个以上的变量交叉分组后形成的频数分布表，它由表头、行、列、排序、计算和求得的百分比等部分构成。SPSS列联表分析程序能对两个或多个分类变量进行联合描述，可生成二维甚至 n 维的列联表，并计算相应的行、列合计百分比和行、列汇总指标。列联表分析经常用来分析问卷调查的数据，可以较好地反映两个因素之间有无关联性、两个因素与现象之间的相关关系，也就是考查的各属性之间是否独立。列联表实际是数据可视化表的一种。

　　可基于列联表开展卡方检验。卡方检验的核心是：若考查的两个变量间相互独立，则计算交互属性的理论频数，当观察频数与理论频数大于一定程度时，则认为两个变量不相互独立。

　　【例6-17】　根据"网购数据.sav"，分析不同性别的消费者在商品质量存在问题时的态度差异。

　　在菜单栏中选择【分析】—【描述统计】—【交叉表】，在打开的对话框中将"性别"选入"行"变量框，将"Q3_10您在网购的商品质量有问题时会怎么办"选入"列"变量框。单击【统计量】，在打开的对话框中选中"卡方"，单击【继续】按钮；返回【交叉量】对话框，单击【单元格】，在打开的对话框中选中"行"（这里可以根据实际解释，选择行或者列，这里想分析不同性别在态度上的选择差异分布，因此选择行）。完成后单击【继续】【确定】按钮。上述操作步骤如图 6-21～图 6-24 所示。

图6-21　列联表菜单

图6-22　列联表设置

图6-23　卡方检验设置

图6-24　列联表设置

统计结果如表 6-16 所示，卡方检验如表 6-17 所示。

表 6-16　统计结果

			网购的商品质量有问题时会怎么办			合计
			要求退换货	再也不在网络上购物	无所谓	
性别	男	计数	125	4	14	143
		性别 中的 %	87.4%	2.8%	9.8%	100.0%
性别	女	计数	118	6	18	142
		性别 中的 %	83.1%	4.2%	12.7%	100.0%
合计		计数	243	10	32	285
		性别 中的 %	85.3%	3.5%	11.2%	100.0%

微课堂

定量解析方法——
卡方检验

表 6-17　卡方检验

	值	df	渐进 Sig.（双侧）
Pearson 卡方	1.098	2	0.577
似然比	1.102	2	0.576
线性和线性组合	0.883	1	0.347

　　由表 6-16 可知，87.4%的男性和 83.1%的女性面对商品质量问题时会选择"要求退换货"，而"再也不在网络上购物"和"无所谓"的选择比例均较小。

　　由表 6-17 可知，$\chi^2 = 1.098$，P 值=0.577>0.05，说明网购消费者的性别对商品质量问题的态度并无显著影响，也就是说，不同性别消费者在商品质量有问题时，态度上并无统计学差异，无论是男性还是女性，对于网购商品的质量问题态度大部分为"要求退换货"，进一步说明消费者能够维护自己合理的权益。

6.3.4　相关分析

广义的相关分析是指任何变量之间的关系分析，而狭义的相关分析是指变量间线性趋势度量的关系分析，主要有 Pearson 相关性分析、Spearman 和 Kendall 相关分析。Pearson 相关性分析主要用于分析连续变量间线性相关关系，Spearman 和 Kendall 相关分析主要用于分析定序变量间以及定序变量和连续变量间线性关系。下面围绕狭义的相关分析，简单对 Pearson 相关性分析原理和应用进行说明。

相关分析主要用来分析具有密切关系又不能用函数关系精确表达的变量之间的关系，它主要表述两类随机变量间线性相关的密切程度。例如，购买者的消费额和自身的收入密切相关，但是购买者的收入并不能完全决定他们的消费额，因为影响消费的因素还有很多，包括消费观念、生活习惯、季节等。对于这种不能用线性关系或其他函数关系式来精确描述的变量间的关系，可以采用相关分析。若要分析消费者的性别与消费者购买渠道的选择间是否独立，也就是研究不同性别的消费者在购买渠道选择上有无差异，则需要用卡方检验，检验分类型调查资料间的关系。

Pearson 相关系数 ρ 是在直线相关条件下，说明两个现象相关关系密切程度的指标。假设 (x_i, y_i)，$i = 1, 2 \cdots n$ 是来自两组样本的 n 组数据，Pearson 相关系数 ρ 的计算公式为：

$$\rho = \frac{1}{n-1} \sum_{i=1}^{n} \left(\frac{y_i - \overline{y}}{s_y} \right) \left(\frac{x_i - \overline{x}}{s_x} \right)$$

Pearson 相关系数的数值范围为 $[-1, 1]$，如果 $|\rho| \approx 0$，表明两个变量没有线性相关关系；如果 $|\rho| \approx 1$，则表示两个变量完全直线相关。线性相关的方向通过相关系数的符号来表示，若计算的相关系数 $\rho > 0$，表示正相关；$\rho < 0$，表示负相关。在进行相关分析时，通常以画散点图作为初步探索变量间相关关系的第一步。

【例6-18】　根据"大学生月消费与家庭收入数据.sav"，分析大学生月消费与家庭收入之间的关系。

结合项目五中介绍的散点图绘制方法，在 SPSS 中先绘制大学生月消费与家庭收入之间的散点图，接下来计算二者的 Pearson 相关系数。在菜单栏中选择【分析】—【相关】—【双变量】，在打开的对话框中将"每月生活费"和"家庭收入"选入"变量"框，选中"Pearson"，完成后单击【确定】。上述操作步骤如图 6-25、图 6-26 所示。分析结果如表 6-18 所示。

图6-25　相关分析菜单

图6-26　相关分析设置

表6-18　相关分析结果

		每月生活费	家庭收入
每月生活费	Pearson 相关性	1	0.944**
	显著性（双侧）	—	0.000
	N	50	50
家庭收入	Pearson 相关性	0.944**	1
	显著性（双侧）	0.000	—
	N	50	50

注：** 表示在 0.01 水平（双侧）上显著相关

大学生月消费与家庭收入间关系散点图如图 6-27 所示。

图 6-27 呈现了一定正向的线性趋势，计算的 Pearson 相关系数为 0.944，系数显著性检验的 P 值 = 0.000 < 0.05，说明大学生月消费与家庭收入之间呈现显著的正相关关系。家庭收入越高，大学生的月消费金额也越高；家庭收入越低，大学生的月消费金额也越低。

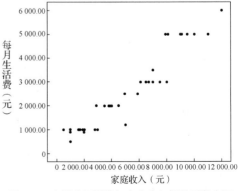

图6-27　大学生月消费与家庭收入间关系散点图

6.3.5　回归分析

回归分析是指通过提供变量间数学表达式来定量

描述变量间相关关系的一种统计分析方法。也就是说，它和相关分析一样都是研究变量间关系的方法，但两者的应用范围不同。在回归分析中，因变量被放在了被解释的主要地位；而相关分析关注的是因变量和自变量之间的密切程度，两者地位平等。

如果在回归分析中，只包括一个自变量和一个因变量，且两者关系可用一条直线近似表示，这种回归分析称为一元线性回归分析或简单线性回归分析；如两者关系不能用一条直线近似表示，则这种回归分析称为非线性回归分析；如果回归分析中包括两个或两个以上的自变量，那么就称为多元回归分析。如果两个变量之间的 Pearson 相关系数绝对值较大，从散点图看出变量间线性关系显著，那么下一步就是应用线性回归分析来找出变量之间的线性关系。

在市场调查数据分析中，回归分析能够解决诸如汽车销售量受哪些因素的影响、降价能否增加销量、降价能在多大程度上增加销量等这些在数据上可归纳为若干变量之间是否存在相互依存或相互依存程度有多大的问题。

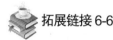 **拓展链接 6-6**

多元线性回归分析

一般情况下，相关分析要先于回归分析进行，确定变量间的关系是线性的还是非线性的，然后应用对应的回归分析方法。在应用回归分析之前，散点图分析是常用的探索变量之间相关性的方法。

若通过散点图或 Pearson 相关系数，确定了多个自变量与因变量之间的关系为线性关系，则接下来就需要建立多元线性回归模型：

$$Y = \beta_0 + \beta_1 X_1 + \beta_2 X_2 + \ldots + \beta_p X_p + \varepsilon$$

其中：Y 为因变量；$X_1 \sim X_p$ 为自变量；β_0 为截距项；$\beta_1 \sim \beta_p$ 为回归系数；ε 为随机误差项，表示不能由自变量解释因变量变差的其他因素。对线性回归模型的参数的估计一般采用最小二乘法，其原理是最小化误差。

对于多元线性回归模型的评估主要围绕模型的拟合优度 R^2、模型显著性 F 检验以及回归系数显著性 T 检验三个方面展开。模型的拟合优度 R^2 取值范围为[0,1]，表示自变量对因变量解释的比例，取值越接近 1，代表自变量对因变量解释程度越大，模型拟合优度越高。模型显著性 F 检验，原假设 H_0 是回归系数 $\beta_1 \sim \beta_p$ 全为 0，因此希望检验的 P 值<0.05，拒绝回归系数全为 0 的原假设，保证建立的回归模型中至少有一个自变量对因变量是有解释效果的。回归系数显著性 T 检验则在模型显著性 F 检验的基础上，进一步验证哪些回归系数为 0，哪些不为 0，也希望 P 值均小于 0.05，能够都拒绝单个所有回归系数为 0 的原假设，这样研究的自变量就都是显著影响因变量的因素。

要特别说明的是，拟合的回归方程中对自变量 X_i 估计的回归系数 $\widehat{\beta_i}$ 的解释。回归系数 $\widehat{\beta_i}$ 表示其他变量不变的情况下，自变量 X_i 每增加 1 个单位，因变量 Y 平均增加 $\widehat{\beta_i}$ 个单位。

【例 6-19】 根据例 6-18 中 Pearson 相关分析，得到大学生月消费与家庭收入间存在显著的正相关关系，为进一步量化分析家庭收入对大学生月消费影响的数量关系，以家庭收入为自变量，以大学生月消费金额为因变量，进行一元线性回归分析。

首先建立线性回归模型。

$$大学生月消费 = \beta_0 + \beta_1 \times 家庭收入 + \varepsilon$$

在菜单栏中选择【分析】—【回归】—【线性】，在打开的对话框中将"每月生活费"选入"因变量"框，将"家庭收入"选入"自变量"框，单击【确定】，完成线性回归分析。上述操作步骤如图 6-28～图 6-29 所示。

微课堂

定量解析方法——相关分析和回归分析

图6-28　线性回归分析菜单　　　　图6-29　线性回归分析设置

有关结果如表6-19～表6-21所示。

表6-19　模型汇总

模型	R	R^2	调整 R^2	标准估计的误差
1	0.944[a]	0.891	0.889	523.384 9

a. 预测变量：（常量），家庭收入。

表6-20　Anova[b]

模型		平方和	df	均方	F	Sig.
1	回归	1.074E8	1	1.074E8	392.110	0.000[a]
	残差	13 148 724.048	48	273 931.751		
	总计	1.206E8	49			

a. 预测变量：（常量），家庭收入。
b. 因变量：每月生活费。

表6-21　系数[a]

模型		非标准化系数		标准系数	t	Sig.
		B	标准误差	试用版		
1	（常量）	−25.290	156.270		−0.162	0.872
	家庭收入	0.050	0.003	0.944	19.802	0.000

a. 因变量：每月生活费。

表6-19说明模型的拟合优度 R^2=0.891，较大，自变量"家庭收入"能解释因变量"每月生活费"的变差为89.1%。表6-20说明模型显著性检验的 F 值=392.110，P 值=0.000<0.05，说明建立的线性回归模型是显著有效的。表6-21说明"家庭收入"的回归系数显著性检验通过（ t 值=19.802，P 值=0.000<0.05），因此，拟合的线性回归方程为：

课堂活动20

讨论定量解析分析法的应用

$$大学生月消费=-25.290+0.050\times 家庭收入$$

说明家庭收入每增加1元，大学生月消费金额平均增加0.050元。

 同步实务

探究社交媒体广告对消费者购买奢侈品意愿的影响。针对获取的原始调查数据，整理得到"社交媒体广告对消费者购买奢侈品意愿.sav"数据，包含消费者的绩效预期得分、信息量得分、享乐动机得分、互动性得分和购买意愿得分。请分析消费者的绩效预期、信息量、享乐动机、互动性对购买奢侈品意愿的影响。

业务分析：参考回归分析的相关知识点进行分析。

业务程序：第一，打开并熟悉相关数据文件；第二，根据研究问题，选择自变量和因变量；第三，利用SPSS开展多元线性回归分析；第四，整理和分析回归结果，并总结具体的实践意义。

业务说明：该业务主要考查多元线性回归分析。

 **职业道德与营销伦理**

数据量化研究中的审慎表述

利用定量分析方法分析调查数据时，大部分非统计分析相关专业的学生认为对统计分析结果进行解读是一件非常艰难的事情，在现实中也确实如此。大部分初学者都是带着自己的研究问题找到合适的分析模板，套进去直接使用，但效果往往不尽如人意。例如，令人纠结的是在回归分析中，拟合优度 $R^2=0.70$，这个值是非常好还是一般呢？在计量经济领域中对于回归分析中的 $R^2=0.3$ 也同样使用了该回归分析的结果，那么对于 0.7 的拟合优度，应该如何解释才比较合理？

一名解析分析初学者认为，相对于 $R^2=0.3$，0.7 的 R^2 取值应该是很大了，在分析时他说："建立的回归模型的拟合优度值 $R^2=0.7$，拟合优度很高。"另一名初学者认为，R^2 取值范围为[-1,1]，0.7 距离 1 还较远，但是又比 0.3 大得多，因此他这样解释："建立的回归模型的拟合优度值 $R^2=0.7$，模型的拟合优度较高。"

问题： 你认为哪位初学者的说法比较合理？

分析提示： 在定量解析分析中，首先，很多结果都是通过分析从研究总体中获取的部分样本数据得到的，因此在对结果进行解释时，最好都要加上与"根据研究数据可得"相似的说法。其次，无论是进行描述性量化研究，还是进行解析分析量化研究，在表述结果的过程中都要保持客观，不能代入个人主观情绪和态度。无论分析结果是怎样的，分析者都要采用"较好""较差"的表述形式，或者直接用数据或图表说话。

 重点实务与操作

□重点实务

1. 调查资料定性分析方法
2. 调查资料集中趋势和离散趋势统计量指标
3. 调查资料解析方法的应用场景
4. 对定量解析分析结果的理解

□重点操作

1. 集中趋势和离散趋势指标的计算
2. 定量解析分析方法的运用
3. SPSS 定量研究结果的分析和解读

课堂训练

▲单项业务

业务1：调查资料的定性分析

新鲜又好喝的现制奶茶类饮品备受青年人的喜爱。在我国，奶茶饮品市场已逐渐趋于多元化，市场竞争相当激烈。蜜雪冰城在激烈的市场竞争环境中迅速发展，并获得了较高的知名度，请对蜜雪冰城的品牌营销开展定性分析。

业务2：调查资料的定量描述分析

针对业务1中蜜雪冰城品牌营销定性分析结果，制定并开展关于"蜜雪冰城消费市场及品牌知名度"的问卷调查。对回收的调查数据进行定量描述分析，掌握蜜雪冰城消费者主要属性特征以及品牌口碑现状和存在的问题。

业务3：调查资料的定量解析分析

对通过问卷调查收集的数据，提出相关的研究问题，开展定量解析分析，进一步分析影响蜜雪冰城品牌口碑的因素。如研究年龄对蜜雪冰城品牌口碑的影响，可以分析出不同年龄段消费者中蜜雪冰城品牌口碑的变化，帮助品牌根据不同年龄段定制更加个性化的产品。

▲综合业务

围绕"蜜雪冰城的品牌知名度影响因素"这一研究方向，开展市场调查的定性分析，并结合定性分析结果开展合理的问卷调查。对于调查数据进行初步的定量描述分析和定量解析分析。最后整理研究结果，形成一份蜜雪冰城品牌知名度影响因素的市场调查报告，为该品牌进一步制定营销策略提供分析资料。

□**项目案例**

▲**案例分析**

大学生绿色包装食品消费行为调查数据的分析

对大学生绿色包装食品的消费行为进行调查分析，问卷调查主要围绕大学生个人基本信息：性别、年级。月消费信息：月消费水平。绿色消费信息：绿色消费行为、个体责任感、感知行为有效性、绿色购买态度、主观规范、感知行为控制、行为意向和价格。其中绿色消费信息均采用五级态度量表。

问题：

（1）根据上述大学生绿色包装食品消费行为调查数据，可以提出哪些研究问题？

（2）针对提出的研究问题进行调查数据的分析？

分析要求：

（1）学生分析案例提出的问题，拟出《案例分析提纲》；

（2）小组讨论，形成小组《案例分析报告》；

（3）班级交流，教师对各小组《案例分析报告》进行点评；

（4）在班级展出附有"教师点评"的各小组《案例分析报告》，供学生比较研究。

▲**决策设计**

为旅行社制定消费者黄金出行方案

从某旅游平台获取了云南旅游数据，该数据包含云南旅游的出行线路的景点名称、价格、出游人数、点评数、评分、服务保障、供应商、目的地和特色。

设计要求：

（1）假设你是旅行社的产品部经理，请你根据数据分析的结果，为旅行社提供黄金出行方案进行决策设计。

（2）小组讨论，形成小组《决策设计方案》；

（3）班级交流，教师对各小组《决策设计方案》进行点评；

（4）在班级展出附有"教师点评"的各小组《决策设计方案》，供学生比较研究。

市调大赛指导模块

常用数据分析
统计方法及图形

挖掘市场调查资料

 预习思考

1. 数据挖掘常用的分析模型及数据挖掘的流程。
2. 每一种模型适合解决什么样的调查问题。
3. 选择常用的数据挖掘方法，了解其基本原理、应用条件和结果呈现方式，并填写表7-1。

表7-1 数据挖掘方法预习

数据挖掘方法	基本原理简介	应用条件	结果呈现方式

任务7.1 文本挖掘

 任务描述

本任务要求学生能够通过案例分析了解文本挖掘的应用场景和范围，掌握文本挖掘的原理和基本知识，并且能够基于网络在线平台——微词云，熟练进行文本挖掘，从而为调查结论和决策提供技术参考。

任务导入

特斯拉 Model 3 口碑分析

要了解特斯拉 Model 3 的产品表现，主要探索以下三个方面。

1. 了解消费者的购车目的，分析消费者的主要使用场景。
2. 了解消费者的购买决策因素，如科技感、牌照、信仰。
3. 了解消费者的体验评价：从空间、动力、操控等八个维度分析消费者评价，挖掘产品缺点，结合竞品的优劣势，探索后续机会点。

首先通过"汽车×家"社区获取大量特斯拉 Model 3 的消费者评价数据，同时还包括奥迪 A4L、奔驰 C 级、宝马 3 系、比亚迪-汉、小鹏汽车 P7 这 5 款竞品的消费者评价数据。

汽车厂商都非常关注消费者购车的主要目的是什么。挑选的 5 款竞品包括新能源车——"比亚迪-汉""小鹏汽车 P7"，燃油车——"奥迪 A4L""宝马 3 系""奔驰 C 级"。调查者对 6 款车型的消费者评价中的"购车目的"进行统计分析，确定各个车型的购买目的，同时验证各产品定位与消费者认知是否一致，以及确认是否需要调整宣传推广策略。调查者采用了"汽车×家"提供的 13 种购车使用场景，分别是改装玩车、购物、接送小孩、拉货、跑长途、赛车、商务差旅、上下班、做网约车、约会、越野、自驾游、组车队。调查者对6款车型的使用场景进行分析，发现新能源车相比燃油车更多用于上下班、接送小孩、购物，这是因为新能源车在城市区域内用车成本较低。三款燃油车相比新能源车更广泛用于长距离的场景，如跑长途、商务差旅、拉货。对于约会这种场景，传统燃油车好像比新能源车更有排面。特斯拉Model 3的调查数据说明，消费者似乎除了将其用于上下班，没有明显的使用场景倾向，其只是作为燃油车的补充。相比同样是新能源车的比亚迪-汉，其购车目的与传统燃油车基本一致，属于燃油车的替代选择。

　　清楚消费者购车的主要使用场景后，汽车厂商可以在后续的营销推广中主动设计场景，激发消费者购车的需求。此外，研究哪些关键因素可促使消费者下单购买，也是重要的售前工作。调查者通过对评价中"为什么选择这款车"进行文本关键词提取、文本多标签分类，再通过定性与定量方法分析消费者购买决策因素，最终发现6款车型的购车主要影响因素中，排名前三的分别为外观、性价比、动力控制。调查者对8个影响因素进行对比分析，发现特斯拉Model 3消费者的购买决策因素相对均衡，没有一项因素是消费者一致认同的。

　　相比于传统燃油车，特斯拉Model 3的动力控制是影响消费者购买的关键因素，推背感与辅助驾驶给用户带来独特的用车体验，这点是同价位燃油车所不具备的。同时，地区性的牌照限制、车辆购置税补贴方案、用车成本这三个因素也是大多数消费者购买新能源车而非燃油车的根本因素。几乎没有消费者因为空间体验而购买特斯拉Model 3，或许这也是特斯拉Model Y推出的主要原因。下面将从空间、动力、操控、能耗、舒适性、外观、内饰、性价比8个维度，探索产品缺点，为后续迭代提供建议。

　　传统调查通常会针对产品或服务设计量表进行满意度测评。然而消费者有时候很难去量化自己的满意程度，此时调查者可借助文本挖掘技术，基于消费者评价的关键情感词汇与语气副词的情感得分，进行满意度评价。

　　通过处理空间、动力、操控、能耗、舒适性、外观、内饰、性价比8个维度的评价文本，分别计算各个维度的情感得分。从特斯拉Model 3竞品各维度情感得分可以发现，消费者对特斯拉Model 3的动力与操控评价远高于其余5款车型，但对空间、舒适性、内饰的评价较低。从有关特斯拉Model 3空间、舒适性、内饰负面评价的文本中可发现，消费者的吐槽主要涉及三个方面：①后排空间过于拥挤，储物空间设计不合理；②隔音效果差，避震效果不佳；③新车味道大，地图的导航体验不佳。

　　在各款竞品中，内饰与外观得分最高的是奔驰C级，特斯拉Model 3和奔驰C级都有大量的注重外观的年轻女性消费者。在内饰方面，特斯拉Model 3显得相对朴素，营造高端炫酷的氛围或许能够获得不少女性的青睐。空间与舒适性得分最高的是比亚迪-汉，由于特斯拉Model 3消费者基本都将车用来上下班，前排的空间体验提升比后排更重要，同时隔音问题需要得到重视。

　　从上述的特斯拉Model 3评价文本挖掘分析来看，可以得出以下三点结论。

　　结论一：特斯拉Model 3在消费者心中的使用场景过于单一，除了上下班之外并无其他使用场景。为了拓展消费市场，需要加强用车场景的营销。

　　结论二：特斯拉Model 3相比于传统燃油车的核心优势在于牌照补贴政策所降低的用车成本，相比于国内新能源车有先发的品牌优势。随着传统燃油车也转战新能源市场，国内新能源车在技术与品牌方面逐渐完善，新能源车赛道的下半场不出意外将是关于消费者用车体验的竞赛。

　　结论三：在特斯拉Model 3产品体验方面，空间、舒适性、内饰一直被消费者吐槽。扩大前排的驾驶空间是关键，胎噪与风噪是当下最主要的问题，消费者对内饰有自己的偏好，建议选配。综合来看，这些体验问题相对来说是比较容易改善的。

　　通过对特斯拉Model 3及竞品汽车的用户口碑评价文本数据，对比分析了车主的购车目的、主要使用场景、购买决策因素以及车主客户体验评价。那么我们在市场调查的相关问题中，如何正确有效地开展文本挖掘呢？

任务实施流程

开展文本挖掘，首先需要了解目前要解决的市场问题，针对该问题提出研究问题，收集对应的文本数据。其次对文本数据进行清洗处理，主要为分词处理并剔除不能反映态度和观点的无意义的词汇，接着可以用直观的可视化图形展示分词结果。最后整理文本所反映的被调查者的情感、观点和意见，并形成分析报告。本任务主要从以下几个方面展开学习，如图 7-1 所示。

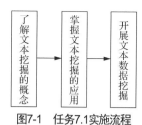

图7-1 任务7.1实施流程

基本知识与技能

7.1.1 文本挖掘的概念

文本挖掘也叫文本信息的知识发现，即从大量的文本数据中，提取有价值和有意义的关键信息。早在 1998 年，国家重点基础研究发展规划首批实施项目中就明确指出，文本挖掘是图像、语言、自然语言理解与知识挖掘中的重要内容。数据挖掘本身就是当前社会发展的重要技术领域，而文本挖掘是数据挖掘技术的重要部分。文本挖掘的对象是文本，如购物平台上关于产品的评论、知乎或微博上关于某个社会事件的讨论、影视剧的评论，以及问卷调查中，通过设置开放式问题获取被调查者观点和看法的文本，等等。

文本挖掘中，TF-IDF 是一种用于信息检索与数据挖掘的加权技术，也是用以评估某个词或短语对于一个文件集或一个语料库中的其中一份文件的重要程度的统计方法。TF 是词频，IDF 是逆文本频率指数。一个词或短语的重要性与它在文件中出现的次数成正比，但同时与它在语料库中出现的频率成反比。TF-IDF 的主要思想是，如果某个词或短语在一篇文章中出现的频率高，并且在其他文章中很少出现，则认为此词或者短语具有很好的类别区分能力，适合用来分类，也说明该词或短语反映了整个文本的主要内容或思想。

除了根据 TF-IDF 值来选择文本的关键词以外，还可以通过对关键词绘制词云图来直观展示文本挖掘的结果。词云图是将词汇出现的频数作为词汇大小的权重绘制的图形，通过字体的大小来突出显示关键词出现的频率。利用自然语言处理和文本挖掘技术，也可以进一步开展文本评论数据的情感分析，对带有情感色彩的主观性文本进行分析、处理，提取文本数据反映的主要情感和态度。

拓展链接 7-1

数据挖掘

在数字化时代，数据成为宝贵的资源，日常生活中使用的社交软件，证券、期货等的交易，公共场所设置的各类采集数据的传感器，都产生了大量数据信息。数据是事实或观察的结果，是对客观事物的逻辑归纳，是用于表示客观事物未经加工的素材。数据可以是连续的，如声音、图像，称为模拟数据；也可以是离散的，如符号、文字，称为数字数据。数据挖掘概念的产生基于数据量的激增。随着条形码、可穿戴设备以及各类传感器等数据采集技术的发展和运用，以及互联网的发展，移动数据流量大幅增长。《数据时代 2025》指出，2025 年全球数据量将达 163ZB（1ZB=1 024EB= 1 024^{2}PB=1 024^{3}TB=1 024^{4}GB）。

数据挖掘是一种决策支持过程，它基于人工智能、机器学习、模式识别、统计学、数据库、可视化等技术，高度自动化地从海量的有噪声的凌乱数据中，提取和归纳隐含和潜在的、对决策有用的信息和模式，帮助决策者调整市场策略，减少风险，做出正确的决策。数据挖掘可用于结构化、半结构化和非结构化数据的处理，如音视频、图像、文本以及一般结构的数值数据等。

数据挖掘技术在市场调查和分析领域应用广泛。例如，在消费市场领域，可以利用消费者个人信息和历史购买信息，进行消费者特征画像以及预测消费者购买行为；在金融市场领域，可以基于客户个人信息和历史信贷信息，进行信贷客户特征画像以及评估其信用风险；在医疗卫生领域，可以基于病人个人信息、病理特征和消费信息，预测病人病理周期和医疗费用，帮助减轻病人家属压力，避免医疗资源浪费。

数据挖掘不仅是简单地获取一份数据并据以建立模型，一个典型的数据挖掘过程不仅周期长而且需要多个部门的协调合作。因此，类似项目管理工作，对数据挖掘必须要有一定的方法论来持续跟踪和监控数据挖掘的完成情况。跨行业数据挖掘标准流程（CRISP-DM）指出，数据挖掘可以分为六个步骤（见图7-2）：业务理解、数据理解、数据准备、建立模型、方案评估和方案实施。数据挖掘是一个循环过程，在每一阶段如果出现问题，则需要返回到前面的阶段重新准备。

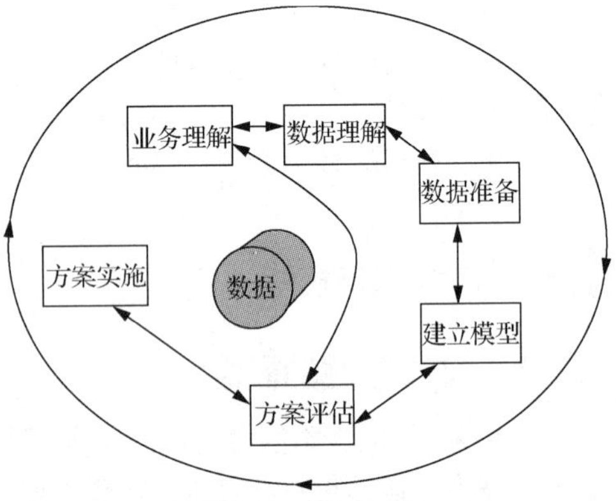

图7-2　CRISP-DM

7.1.2　文本挖掘的应用

文本挖掘作为市场调查、客户体验管理的一种补充手段，可以帮助企业完成诸如"消费者情绪识别""售前支持""购买信号""发掘意见领袖"等方面的数据挖掘。在市场调查方面，文本挖掘主要有以下三个方面的应用。

1．网购平台中消费者对商品的评价

网购平台早已成为消费者重要的消费渠道，网络购物的交易规模也呈现连续增长的趋势。京东、淘宝、苏宁易购、唯品会、小红书、拼多多等都是典型的大型网购平台，这些网购平台上包含了海量的消费者评价文本数据，如图7-3、图7-4所示。

图7-3　京东品牌商品评价数

图7-4　京东品牌商品评价文本

消费者对商品的评价是影响消费者购买的重要因素。我们可以通过提取商品评价文本，分析影响消费者购买的该商品的商品特征，以及消费者对该商品的情感。

2．企业网络舆情监测与分析

网络舆情是指在互联网上流行的对社会问题的不同看法，是社会舆论的一种表现形式，是通过互联网传播的公众对现实生活中某些热点、焦点问题所持的有较强影响力、倾向性的言论和观点。网络舆论则是各种流行网络舆情的多元化集合，网络舆情中重要的一部分内容就是网民的讨论和评论的文本数据。网络舆情以网络为载体，以事件为核心，是广大网民情感、态度、意见、观点的表达、传播与互动的集合。当前网络舆情依托于微博、微信、知乎、小红书、抖音、快手等新媒体平台。网络舆情监测与分析是企业网络舆情管理的重要部分，可以帮助企业及时掌握全网信息，第一时间获取网络上出现的与企业相关的舆情信息；帮助企业预防潜在的网络舆情风险，防止公关危机；帮助企业及时了解外部市场环境，把握市场商机，分析行业趋势，了解竞争对手，提升企业的竞争力。

例如，2018年3月创立的雪糕品牌钟薛高，销量一路攀升，作为典型的快消品，却没有使用传统广告宣传，主要依靠社交方式进行品牌传播，并迅速走红。但2022年夏季钟薛高品牌频频曝出负面舆情：雪糕刺客、天价雪糕、高温不化……如图7-5和图7-6所示。

图7-5　微博雪糕刺客话题　　　　　　　　图7-6　微博钟薛高雪糕品牌话题

新浪微博上关于"避免雪糕刺客只需明码标价"的话题阅读量高达 2.3 亿人次，讨论量 2.1 万人次；某个关于钟薛高品牌的负面话题点赞量约为 50 万个，评论量上万条。若雪糕品牌及时开展评论的文本数据分析，进行网络舆情监测与分析，及时发现品牌问题和消费者态度，则能及时避免异常舆论。

3. 调查问卷开放式问题的分析

市场调查中获取数据的常用手段之一就是问卷调查。调查者通过问卷调查可以获得一手数据，且问卷调查获取的数据较为真实和精准，也比较具有针对性。同时在全量数据获取较为困难的情况下，随机抽样调查仍然是目前市场分析专家们认为的能高效洞察市场的方式。问卷中常见的开放式问题如下。

【看法或意见】您对运动休闲类健身食品有什么意见或看法？

问卷调查中常以开放式问题的形式询问被调查者的态度、观点、看法或意见等，这样便于被调查者发挥。利用开放式问题获取的数据即文本数据，分析挖掘该文本数据，能够搜集到更多被调查者的想法和真实感受。

课堂活动 21

美团评论文本分析_页面_1

微课堂

微词云——文本挖掘

任务 7.2　K-Means 聚类挖掘

任务描述

本任务要求学生能够通过案例分析掌握常用的聚类挖掘方法——K-Means，了解 K-Means 的原理和基本知识，并且能够基于 SPSS Modeler 熟练地进行 K-Means 聚类挖掘。

任务导入

K-Means 聚类挖掘在网络游戏客户价值划分中的应用

网络游戏是随着互联网发展而产生的一种新兴游戏方式。其魅力在于能够通过网络连接全球各地的游戏玩家，并在全球掀起了一轮新的游戏技术革命。例如，腾讯游戏代理运营的英雄联盟，联动各赛区发展职业联赛、打造电竞体系，每年举办"英雄联盟季中冠军赛""英雄联盟全球总决赛""英雄联盟全明星赛"三大世界级赛事，推动了全球电子竞技的发展，形成了独有的电子竞技文化。

腾讯游戏之所以能成功，离不开其出色的市场营销策略和模式。其中较为重要的是腾讯游戏充分利用了用户群体基础，在 9.3 亿注册用户中，有 4.1 亿活跃用户，其中仅有 5990 万是互联网付费用户，意味着腾讯游戏依赖其 14%的活跃用户实现盈利。细分用户市场，制定有针对性的策略营销，是腾讯游戏成功的关键。

但是除了腾讯游戏这样拥有庞大用户信息数据和专门的游戏运营分析部门的公司以外，绝大多数中小型游戏公司在市场营销上并无明确的市场定位，也没有积累大量的用户数据，当开发的新游戏投入市场后，只能随波逐流。

对用户进行价值分析，首先就是对用户进行有效的分类。那么如何做到在庞大的用户群体中，细分用户群体？利用游戏玩家的个人基本信息数据，如性别、年龄、职业、学历等，以及游戏行为数据，如付费金额、登录次数、登录时长等，使用 K-Means 聚类挖掘方法，得到三类用户。通过对各类用户的描述分析可知：第一类用户人数最多，占总玩家人数的 63%，其特征表现为平均年龄 20.5 岁，中学及以下学历水平的男性居多，付费金额较小，登录次数和时长均较多；第二类用户人数占比为 21.2%，其特征表现为平均年龄 28.6 岁，大学及以上学历水平的男性居多，付费金额较大，登录次数和时长均一般；第三类用户人数占比为 15.8%，其特征表现为平均年龄 15.4 岁，中学及以下学历水平的男性居多，付费金额较小，登录次数和时长均一般。

基于 K-Means 聚类挖掘方法，我们完成了对游戏用户数据的分析，将游戏用户分为了三个类别，接下来就可以根据不同类别的用户特征，结合企业运营的核心，针对不同类别的用户制定更加合适的开发策略。那么我们在市场调查的问题中，针对调查研究问题，如何正确有效地开展 K-Means 聚类挖掘分析呢？

任务实施流程

开展 K-Means 聚类挖掘，本任务主要从以下几个方面展开学习，如图 7-7 所示。

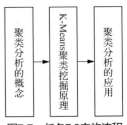

图7-7　任务7.2实施流程

基本知识与技能

7.2.1　聚类分析的概念

"物以类聚，人以群分"，对事物进行分类，是人们认识事物的出发点，也是人们认识世界的一种重要方法。因此分类学已成为人们认识世界的一门基础科学。分析产品营销数据时，若发现某产品销量较低，是否马上降低产品价格？历史上的一些分类方法是人们依靠经验做出的定性分类，致使许多分类带有主观性和任意性，不能很好地揭示客观事物的本质差别与联系；特别是对于多因素、多指标的分类问题，定性分类的准确性不好把握。为了克服定性分类存在的不足，人们把数学方法引入分类，形成了数值分类学。后来随着统计学的发展，人们从数值分类学中逐渐分离出了聚类分析方法。随着计算机技术的不断发展，利用数学方法研究分类问题不仅非常必要而且完全可能，因此近年来聚类分析的理论和应用得到了迅速的发展。

在现实生活中，很多研究针对市场调查问题所搜集的数据并没有明确的分类。例如，对客户进行分类时，搜集了 1 000 名客户信息，如何在没有指定类别的情况下完成客户分类，这就需要采用聚类分析方法。聚类分析是一种常用的数据分类方法。聚类分析根据研究对象的某些属性把研究对象进行分组，使得同组的对象尽可能地相似，不同组的对象尽可能地不一样。聚类分析事先没有确定的类数，也没有确定的类，因此聚类分析方法被称为"无监督"的分析方法，即没有因变量（没有事先给定组别）。根据研究对象不同，聚类分析可以分为对变量进行聚类的 R 型聚类方法以及对样本进行聚类的 Q 型聚类方法。市场调查中常对调查对象进行分类，也就是 Q 型聚类。根据聚类方法不同，聚类分析还可以分为系统聚类（层次聚类）、K-Means 聚类（快速聚类）以及两步聚类。

K-Means 聚类挖掘中需要用到 SPSS Modeler 数据挖掘工具，该工具与 SPSS 同为 IBM 旗下产品，因此两个工具的界面风格比较相似，并且易于操作。SPSS Modeler 以分析节点和数据模型流的方式建立模型，能够快速简单地通过选择节点、设置节点属性进行数据挖掘。

图 7-8 所示为 SPSS Modeler 操作界面，中间白色区域为数据模型流创建区域，下方为节点选项卡，包含常用的数据读入的【源】选项卡、对样本和变量进行处理的【记录选项】选项卡和【字段选项】选项卡、绘图的【图形】选项卡以及建立模型的【建模】选项卡等。【建模】选项卡几乎涵盖了常用的数据挖掘算法模型，如决策树、神经网络、Logistic 回归、时间序列、K-Means 聚类、Apriori 算法等。

SPSS Modeler
使用基础

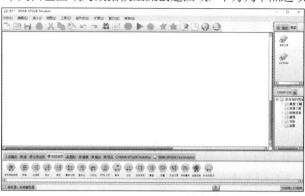

图7-8　SPSS Modeler操作界面

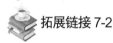 拓展链接 7-2

数据挖掘常用算法模型

目前国内外有关的研究和科学文献中对算法分类并没有明确定义，机器学习领域主要有监督学习和无监督学习两类不同的学习方法。

监督学习有输出的特征变量，是通过已有的一部分输入数据与输出数据之间的对应关系，生成一个函数，将输入的数据映射到合适的输出。监督学习根据输出是连续型还是离散型，分为分类问题和回归问题。例如，线性回归、判别分析、CART 决策树、人工神经网络回归等都是常见的解决回归问题的方法；C4.5 决策树、Logistic 回归、人工神经网络等都是常见的解决分类问题的方法。

无监督学习没有输出的特征变量，直接对输入数据集进行建模，如 K-Means 聚类、文本数据挖掘、Apriori 关联分析。

7.2.2　K-Means 聚类挖掘原理

聚类挖掘的核心思想是把具有相似特征的样本划分为一类，不相似的样本划分为其他类。那么关键的问题就是如何刻画样本间的相似性。"近朱者赤，近墨者黑"的道理告诉我们，聚在一起的样本离得近，不在一起的样本离得远，因此可以用距离来衡量样本间的相似性。

K-Means 聚类也叫 K 均值聚类，是聚类分析中常用的一种快速聚类方法。K-Means 聚类在样本空间中找到具有代表性的中心作为初始聚类中心，通过计算样本到聚类中心的距离，将每个样本分配到离其最近的聚类中心类别中。

K-Means 聚类的步骤如下。

（1）指定类别数 k。K-Means 聚类必须在开始聚类前指定聚类的类别数。假设要将客户细分为 3 类，那么 $k=3$。

（2）给出初始聚类中心。这一步很关键，创建合理的聚类中心能快速实现类别的划分，提高聚类的效率，加快聚类完成的速度。一般可以根据系统聚类的结果给出初始聚类中心，SPSS Modeler 可随机生成聚类中心。

（3）计算每一个样本到各个聚类中心的距离，根据距离最近原则，将每个样本分配到离其最近的聚类中心代表的类别中，形成 k 个类别。K-Means 聚类选择解释性较强的欧式距离来衡量样本间距离的计算公式。

（4）重新计算更新 k 个类别的聚类中心。K-Means 聚类采用各类中样本的均值向量作为聚类中心的计算公式。

（5）重复（3）和（4）两个步骤，直至 k 个聚类中心不变或者达到规定的更新迭代次数为止，K-Means 聚类挖掘结束。

不同于有监督的学习方法，聚类挖掘似乎并没有一个用于衡量聚类结果正确与否的指标，皮特（Peter J.Rousseeuw）提出了一种衡量聚类结果的方法——轮廓系数。轮廓系数是根据计算的同类样本距离和异类样本距离，按照同类样本距离近、异类样本距离远的原则构造的一个指标。轮廓系数取值范围为[-1,1]，取值越接近 1，模型分类结果越好。一般认为轮廓系数大于 0.5 时，聚类模型的分群效果较好；当轮廓系数小于 0.2 时，则认为模型的分群效果较差。

7.2.3　聚类分析的应用

聚类分析在实践中可以多角度应用于市场分析，可以帮助企业完成客户细分、实验市场选择、抽样方案设计、销售片区确定、市场机会研究等信息的挖掘，为市场营销战略和策略的制定提供科学合理的参考。聚类分析在市场调查中主要有以下三种应用场景。

1. 市场客户细分

市场客户细分是指营销者通过市场调查，依据消费者需求、消费者购买行为、消费者购买偏好、消费者购买习惯等方面的相似性和差异性，把某一产品市场的消费者分为若干消费群体的市场分类过程。划分好的每一个消费群即一个细分的消费市场，每一个细分的消费市场都拥有相似消费需求倾向的客户群体。通过聚类挖掘进行市场客户细分，即细分客户群体，能够挖掘购买者和潜在购买者。不同的客户群体有不同的消费特点，通过研究这些特点，分析产品在不同客户群体当前需求的满足程度，企业可以制定不同的营销组合，分析调整市场营销策略，根据客户群体画像定向开发新产品，获取最大的消费者剩余，进而巩固原有市场以及占领新市场。

2. 实验市场选择

实验调查法是市场调查中一种有效的一手资料收集方法，主要用于市场测试。市场饱和度测试、产品的价格实验和新产品上市实验是实验调查法常用的领域。市场饱和度用于衡量市场的潜在购买力，是市场营销战略和策略决策的重要参考指标。企业通常将消费者购买产品或服务的各种决定因素（如价格等）降到最低限度来测试市场饱和度，但由于利益和风险，企业不可能在覆盖的所有市场中实施，只能选择合适的实验市场和对照市场加以测试，得到近似的市场饱和度。产品的价格实验，是指企业将新定价的产品投放至市场以测试客户的态度和反应，了解客户对新价格的接受程度。企业为了生存和发展，往往要不断开发新产品，并使之向明星产品和金牛产品顺利过渡。然而新产品投放至市场后的失败率很高，为了降低新产品的失败率，在产品大规模上市前，运用实验调查法对新产品的各方面（外观设计、性能、广告和推广营销组合等）进行实验是非常有必要的。这就是新产品上市实验。具体开展实验时，要根据商店的规模、类型、设备状况、所处的地段、管理水平等指标，通过聚类挖掘，将待选的实验市场（商场、居民区、城市等）分成同质的几类，在同一类内选择实验单位和非实验单位，保证两个单位间具有一定的可比性。

3. 销售片区确定

销售片区的确定和片区经理的任命在企业的市场营销中发挥着重要的作用。只有合理地将企业所拥有的子市场归成几个大的片区，才能有效地制定符合片区特点的市场营销战略和策略，并任命合适的片区经理。假设某公司在全国有 20 个子市场，每个市场在人口数量、人均可支配收入、地区零售总额、某种商品的销售量等特征变量上有不同的指标值。以上变量都是决定市场需求量的主要因素。该公司可以通过聚类挖掘，把这些变量作为聚类挖掘的输入特征变量，结合决策者的主观愿望和相关数据挖掘工具提供的客观标准，针对不同的片区制定合理的战略和策略，并任命合适的片区经理。

课堂活动 22

通信行业客户聚类分析

微课堂

K-Means 聚类分析

 分类问题的数据挖掘

 任务描述

本任务要求学生能够通过案例分析了解 Logistic 回归、决策树、随机森林以及人工神经网络这几种分类方法的基本原理和相关知识，掌握这些分类方法在市场调查中的应用场景和范围，并且能够基于 SPSS Modeler 为实际的调查数据建立分类模型，为相关决策提供模型和数据支撑。

任务导入

客户违约风险分析

互联网金融（ITFIN）是指传统金融机构与互联网企业利用互联网技术和信息通信技术实现资金融通、支付、投资和信息中介服务的新型金融业务模式。随着互联网金融在国内的迅速发展和成熟，众筹、第三方支付、数字货币、信息化金融机构等新型金融模式出现了。传统金融行业之一的银行业也不断寻求新发展模式，提出"金融科技"等相关发展战略和计划，加大对以往忽略的大量中小微企业和个人的金融需求的重视程度，也更加重视贷款风险管理，判别出违约客户对风险管理异常重要。

银行风控部门将客户基本信息和贷款信息数据作为输入特征变量，以历史违约情况作为输出特征变量，基于一些典型的分类方法，如 Logistic 回归、决策树、随机森林以及人工神经网络等，建立银行客户风险评估模型，得出违约客户特征，判别违约客户并进一步分析影响客户违约的风险因素。

时间短、额度小、频率高是中小微企业贷款的特点，银行利用数据挖掘模型进行信贷风险监管和预测，这也有助于解决中小微企业贷款难等问题。那么如何通过算法模型来解决市场调查中遇到的分类问题呢？

任务实施流程

基于 Logistic 回归、决策树、随机森林以及人工神经网络这几种典型的分类算法模型，构建识别银行客户违约情况的分类模型。本任务主要从以下几个方面展开学习，如图7-9所示。

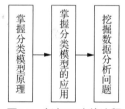

图7-9 任务7.3实施流程

基本知识与技能

7.3.1 Logistic 回归模型原理

Logistic 回归模型是一种广义的线性回归模型，虽然其名称中有"回归"二字，但在数据挖掘领域中常用于解决分类问题，也可用于预测关心事件发生的概率，是一种常用的经典的数据挖掘分类算法。相比于传统的线性回归模型，Logistic 回归模型要求输出的因变量为类别型变量。以二元 Logistic 回归模型为例，分析的因变量取值为二分类变量，如客户是否违约、病人是否患癌、消费者是否购买等问题的研究均可以利用二元 Logistic 回归模型进行分析。那么问题是，如何利用一般线性回归的思想来构建二元 Logistic 回归模型？该问题的核心是解决因变量的取值问题，Logistic 回归利用 Logit 变换将因变量 Y 的取值范围由二分类的 0（是）和 1（否）转化为 $(-\infty, +\infty)$，进一步利用线性回归模型的思想来构建二元 Logistic 回归模型。

Logistic 回归模型中输入的自变量 X 的变化与因变量取值的概率变化往往是非线性的关系，如年收入的增长与购买小汽车（$Y=1$）的概率是曲线关系。在收入较低时消费者购买小汽车的概率较低，随着收入的增加，消费者购买小汽车的概率增大，但到了一定阶段，随着收入的增加，消费者购买小汽车的概率则会趋于不变。

在实际分析过程中，我们往往关心自变量给优势 Ω（Odds）带来的变化。优势 Ω 是关心事件发生与不发生概率 P 的比值，其计算公式为：

$$\Omega = \frac{P(Y=1)}{1-P(Y=1)}$$

进一步利用优势比 OR（Odds Ratio）可以进行不同组别间相对风险的近似对比分析。例如，低学历水平 A 组客户违约的概率为 0.25，高学历水平 B 组客户违约的概率为 0.1，则两组的优势比为：

$$OR_{A vs.B} = \frac{0.25}{1-0.25} / \frac{0.1}{1-0.1} = 3$$

结果显示：低学历水平 A 组的违约风险是高学历水平 B 组的 3 倍，低学历水平客户违约的风险高于高学历水平客户违约的风险。多元 Logistic 回归方程：

$$\Omega = \exp\left(\beta_0 + \sum_{i=1}^{P}\beta_i x_i\right)$$

特别说明：如何对 Logistic 回归模型中的某一自变量的回归系数 β_i 进行解释？β_i 表示对应的自变量 x_i 每增加 1 个单位获得的优势是原来的 $\exp(\beta_i)$ 倍。

7.3.2　决策树和随机森林模型原理

1. 决策树模型

决策树是一种很好的归纳分类算法，既可以处理类别型输出变量，也可以处理连续型输出变量，是一种根据训练数据集，通过一系列的测试问题输出分类结果的过程。决策树表达形式直观通俗，具有较强的解释意义。

一般一棵决策树由一个根节点、若干中间节点和叶节点组成。上层节点也叫父节点，下层节点也叫子节点。根节点和中间节点都是用于判断的测试节点，叶节点就是最终判断决策的输出节点。决策树的层数也叫决策树的深度，也就是根节点到叶节点的最长长度。

（1）从 ID3 算法到 C4.5 算法。

决策树的生成实际就是从大量样本数据中归纳出输入变量 x 与输出变量 y 之间的逻辑关系。决策树算法是基于若干测试条件进行属性划分的方法。因此在决策树生长的过程中有两个重要的问题：如何选择划分的属性特征，何时选择结束划分。

原始数据经过测试节点被划分为两个或两个以上的子集后，划分的子集能够尽可能"纯"，也就是划分后的子集都尽可能归属于同一个类别，这是选择划分属性特征的重要因素。度量"纯"度就是计算选择最优特征的过程。

信息熵（Ent）用于衡量划分的子集的纯度，信息熵越小，划分的子集的纯度就越高。信息增益（Gain）用于度量父节点与子节点的纯度差异，信息增益越大，差异越大，说明测试特征越明显。值得注意的是，当选择的特征本身取值较多时，划分结果纯度天然会高，信息增益天然会大。因为类别多的输入变量具有天然的分类优势。信息增益率（GainsR）则避免了信息增益会随着特征本身取值的增加而增加的缺点，信息增益率的值越大，说明测试特征越好，划分的子集的纯度越高。

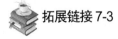 **拓展链接 7-3**

决策树算法的发展及熵的概念

决策树算法的历史可追溯至 ID3 算法，澳大利亚计算机科学家罗斯·昆兰最早提出 ID3 算法，随后其他科学家相继提出了 ID4 和 ID5 算法。昆兰后又提出 ID4.5 算法，根据 ID4.5 算法又推出其商业化版本 C5.0 算法。

"熵"的概念最早出现在热力学中，用以表示体系的混乱程度，该体系下分子运动越复杂，该体系的熵越大。1948 年，信息论之父劳德·艾尔伍德·香农提出了信息熵的概念，解决了对系统信息的量化度量问题。ID3 算法利用信息熵这一指标来衡量集合的纯度：信息熵越小，划分的子集的纯度就越高；信息熵越大，划分的子集的纯度越低。

（2）CART 算法。

CART 算法也叫分类回归树，是决策树算法的一种，主要用于解决回归问题。CART 算法与 ID3 算法的区别在于 CART 算法不仅能够处理分类型变量，也能处理连续型变量，而 ID3 算法只能处理分类变量，只能建立分类树。在纯度的计算公式上，CART 算法采用了基尼（Gini）系数（分类树）和方差（回归树）。但 CART 算法只能建立二叉树，而 ID3 算法能够建立多叉树。

CART 算法分类树中纯度计算采用 Gini 系数。与信息熵类似，Gini 系数越小，划分后样本的纯度越高。同信息增益一样，对特征的筛选方法也是在给定的测试特征中选择使得划分后 Gini 系数减小最大的特征。CART 算法回归树针对数值型变量，采用方差衡量数据集纯度，方差越小，划分后样本的纯度越高。同样地，在属性条件中选择一个使得划分数据集后方差减小最大的特征。

（3）决策树的剪枝。

对原始样本经过多个特征决策，会形成一棵非常明确而详尽的树。显然可以通过不断往决策树中添加条件获得一棵决策成功率为 100%的树，但这会导致模型过拟合问题，也就是模型泛化能力较差。这样的决策树，完美地学习了样本输入特征和输出变量间的规律，对新样本的预测准确率较低。为了解决决策树过拟合这一问题，就要控制决策树的生长，可以通过决策树的剪枝策略（预剪枝和后剪枝）来控制决策树的生长。

预剪枝策略是指在决策树生长的过程中，通过指定决策树节点样本数下限值和控制决策树的深度来控制决策树的生长。后剪枝策略是指在决策树充分生长后，根据预测误差对子节点进行修剪。基于误差估计和误差—代价复杂度是常用的两种后剪枝策略。

2．随机森林模型

随机森林是专门为决策树而设计的集成学习算法。所谓集成学习，就是利用多个算法模型（基分类器）进行组合建模的一种技术。随机森林基于数据建立多个基分类器，然后对基分类器输出的结果，利用投票（分类型）或取平均值（连续型）进行集成输出，从而获得更加稳健的输出结果。集成学习中的随机森林如图 7-10 所示。

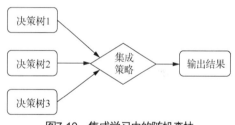

图7-10　集成学习中的随机森林

随机森林是多棵决策树集合而成的"森林"。随机森林中每一棵基分类器决策树是从原始样本数据中进行多次抽样，并且在生成决策树的过程中随机选择变量构造得到的。选择的变量的个数 d 一般取 $d = \log_2^p + 1$。SPSS Modeler 中，随机森林的基分类器是 CART 算法。

7.3.3　人工神经网络模型原理

人工神经网络（ANN）也称为神经网络，起源于生物神经元的研究，研究对象是人脑。人脑具有高度复杂的非线性并行处理系统，具有联想推理和判断决策的能力，约有 10^{11} 个相互连接的生物神经元。婴儿出生后大脑不断发育，外界刺激信号会不断调整或加强神经元之间的连接及强度，最终形成成熟稳定的连接结构。人脑神经元如图 7-11 所示。

人工神经网络是一种模拟人脑思维的计算

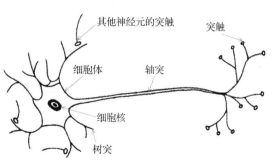

图7-11　人脑神经元

机建模方式。随着计算机的发展，人们希望通过计算机实现对人脑系统的模拟，模仿生物神经元之间相互传递信号的方式，从而达到学习经验的目的。人工神经网络通过类似于生物神经元的处理单元，以及处理单元之间的有机连接，解决现实世界的模式识别、联想记忆、优化计算等问题。人工神经网络通过抽取样本数据中蕴含的规律，并体现在恰当的网络结构和处理单元间的连接权值中，实现分类预测和回归分析。

人工神经网络模型的处理单元也就是模拟神经元，也称为节点；边是节点之间的连接，反映了各节点之间的关联性；边权值体现节点间关联性的强弱。完整的处理单元由加法器和激活函数组成。加法器的作用是对输入信息进行线性组合，激活函数的作用主要是将加法器的结果映射到一定取值范围内。

处理单元接收的输入特征用 X 表示，输出特征用 Y 表示，人工神经网络单个处理单元的信息处理流程如图7-12所示。

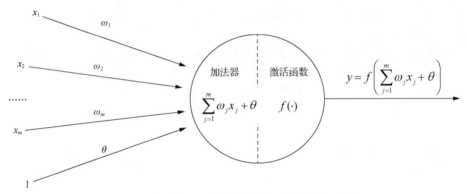

图7-12　人工神经网络单个处理单元的信息处理流程

人工神经网络一般包含输入层、隐藏层和输出层，如图7-13、图7-14所示。其中，隐藏层的层数可以是0层或多层。随着处理单元个数和层数增加，计算工作量将剧增。神经网络的处理难度取决于网络结构的复杂程度。

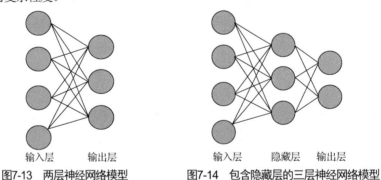

图7-13　两层神经网络模型　　图7-14　包含隐藏层的三层神经网络模型

输入层的神经元作为第一层，包含的输入节点用于接收输入变量值，个数取决于输入变量的个数。隐藏层节点实现非线性样本的线性变换。输出节点给出分类和回归预测结果，节点个数依问题而定。隐藏层和输出层的神经元将接收的上层节点的输出信息作为自身的输入信息。当输入信息满足某种条件后，其将会被激活从而向其他神经元输出。

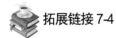 拓展链接7-4

人工神经网络的发展

1958年，心理学家弗兰克·罗森布拉特提出了具有单层神经网络的感知机模型，这是首个可以自动学习权重的神经网络，应用于完成简单的图像识别。1986年，大卫·鲁姆哈特David Rumelhart等人提出用反向传播算法对多层神经网络进行训练，大幅提升了神经网络的学习能力。但由于早期并无大型训练数据集且神经网络模型的训练时间过长，人工神经网络发展应用不如当时新兴的支持向量机（SVM）算法。2006年，杰弗里·辛顿等人提出了逐层预训练的方法，解决了第二层网络的更新问题，让更深层神经网络可以得到有效的训练，并首次提出了深度学习（Deep Learning）的概念。之后随着计算机硬件的快速发展和数据集的不断完善，深度神经网络在图像识别、汽车智能驾驶等领域得到了广泛应用，也发展成了目前主流的人工智能算法。

7.3.4 分类模型的应用

分类模型应用于解决市场输出变量为分类型的问题，可以帮助企业研究消费者行为、监测和识别客户风险、判断市场机会等。分类模型在市场调查中的主要应用为：市场消费者行为研究。

消费者行为研究主要是指对消费者购买行为进行调查和分析，对消费者的消费能力、消费水平和消费结构进行预测分析，揭示不同消费群体的消费特点和需求差异，判断消费者的购买习惯、消费倾向、消费偏好等有何变化。消费者行为研究围绕消费者开展"6W+2H"研究。"6W+2H"即研究消费者购买什么（What）、为什么要购买（Why）、购买者是谁（Who）、在何时购买（When）、在何处购买（Where）、采取何种途径（Which）、购买多少（How much）、如何购买（How）。

例如，企业欲开发一款休闲健身类运动型饮料，邀请具有代表性的消费者围绕包装、口味、颜色、功能、购买意愿等方面进行综合评价。该企业根据调查的消费者的人口学信息以及评价信息，可以建立分类模型，预测消费者购买行为，分析影响消费者购买行为的因素，并进一步进行消费者的人物特征画像，针对不同的消费群体采取不同的营销策略。

课堂活动23

银行客户违约风险因素挖掘

微课堂

分类模型

任务7.4　回归问题的数据挖掘

 任务描述

本任务要求学生能够通过案例分析了解线性回归的基本原理和相关知识，掌握线性回归、CART决策树、人工神经网络在市场调查中的应用，并且能够基于SPSS Modeler为实际的调查数据建立回归模型，为相关决策提供模型和数据支撑。

任务导入

移动通信客户价值分析

随着科学技术的发展和时代的进步，以移动、联通、电信为首的三大通信巨头竞争激烈。在市场日趋饱和的情况下，拉拢竞争对手客户成为常见的竞争手段之一，结果就是客户离网率高。二八定律表明，20%有价值的客户往往贡献了80%的企业利润，因此，对20%有价值的客户的度量和测算在通信行业竞争激烈的环境下极为关键。

客户忠诚度又称为客户黏度，是指客户对某一特定产品或服务产生了好感，形成了依附性偏好，进而重复购买的一种趋势。通信公司推出旨在提高客户忠诚度的校园网计划，如何测算20%有价值的客户呢？

在分析该问题时，应思考在校园网计划中如何测量客户的价值，以及影响客户价值的关键性因素有哪些。这里不直接测量客户的价值，而是采用间接测量的方式。将校园网计划中某推荐者所有推荐客户加入校园网前后的利润变化率作为衡量该推荐者客户的价值。利润变化率越大，说明推荐者客户价值越高；利润变化率越小，则价值越低。另外，采用大网占比、小网占比和通话总量作为影响客户价值的因素。大网占比是指客户所有通话时长中，发生在运营商网络内的通话时长占比，反映客户社会关系网络被运营商所覆盖的程度。小网占比是指客户发生在校园网（更小网络）内与发生在大网（运营商网络）内的通话时长之比，衡量客户发生在大网内的通话时长有多少发生在校园网内。将通话总量、大网占比、小网占比作为影响客户价值的因素，建立回归模型，分析通话总量、大网占比、小网占比对客户价值影响的方向和数量关系，为进一步完善校园网计划，提升客户忠诚度提供了数据模型和支持。

利用回归模型分析输入特征与连续型输出特征间的因果关系，如何在市场调查问题中有效地应用回归模型解决回归问题？

任务实施流程

回归问题的数据挖掘流程与分类问题的数据挖掘流程基本一致，主要的不同是，回归问题的数据挖掘是构建回归模型。下面应用线性回归、CART 决策树和人工神经网络模型解决输出特征变量是连续型的问题。本任务主要从以下几个方面展开学习，如图 7-15 所示。

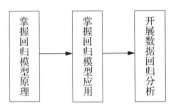

图7-15　任务7.4 实施流程

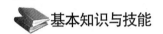基本知识与技能

7.4.1　线性回归原理

若量化研究存在线性关系的连续型变量间的数量关系，一般可以建立线性回归模型，进行线性回归分析。线性回归分析是指用变量间数学表达式定量描述变量间相关关系的一种统计分析方法。如果两个变量间的 Pearson 相关系数绝对值较大，那么下一步就是应用线性回归分析的方法来找出变量之间的线性关系。

在线性回归分析中，自变量 X 是影响变量，也称为解释变量、预测变量，是可以观测和控制的；因变量 Y 是被影响变量，也称为被解释变量，是随机变量。线性回归模型的一般表达形式如下。

$$Y = \beta_0 + \beta_1 X_1 + \beta_2 X_2 + \cdots + \beta_p X_p + \varepsilon$$

其中：p 是自变量的个数；β_0 是截距项；$\beta_1 \sim \beta_p$ 是回归系数；ε 是随机误差项，是指不能由回归自变量解释的其他因素。对于回归系数的估计，一般采用最小二乘法（OLS）。

拟合的回归方程的有效性一般从模型拟合优度 R^2、回归方程的显著性检验（F 检验）以及回归系数的显著性检验（T 检验）三个方面来判断。R^2 取值为[0,1]，越接近 1，说明模型拟合优度越高，自变量能够解释因变量的变差越大；回归方程的显著性检验的 F 值较大且 P 值<0.05，则认为建立的线性回归模型是显著有效的；回归系数的显著性检验的 t 值较大且 P 值<0.05，则认为自变量与因变量的线性关系是显著的，也就是回归系数是显著的。拟合的回归方程表达形式如下：

$$\widehat{Y} = \widehat{\beta}_0 + \widehat{\beta}_1 X_1 + \widehat{\beta}_2 X_2 + \cdots + \widehat{\beta}_p X_p$$

要特别注意对拟合的回归系数 $\widehat{\beta}_i$ 的解释，一定是在控制其他变量不变的情况下，分析的变量每增加 1 个单位，因变量平均变动 $\widehat{\beta}_i$ 个单位。

7.4.2　CART 决策树及神经网络原理

在前面的分类问题数据挖掘中，已经介绍过决策树和人工神经网络的基本原理，这里不再做过多阐述，具体内容请参考任务 7.3。要特别说明的是，这里的两种算法主要应用于解决市场调查中涉及分析的输出特征是连续型变量的问题，对于输入的自变量是类别型数据还是连续型数据则没有要求。

7.4.3　回归模型的应用

　　回归模型应用于解决市场调查中研究的输出变量为连续型的问题。本质上回归模型与分类模型解决的市场调查分析问题都是一致的，只是一个解决影响变量为类别型，一个解决影响变量类别为连续型。

　　无论是分类模型还是回归模型，主要都是分析调查项目之间的关联性和因果关系，量化研究影响消费者行为和情感态度的主要因素。

课堂活动 24

移动网络客户价值
因素挖掘

微课堂

回归模型

 职业道德与营销伦理

为了"漂亮"的结果而调整数据

　　某零售企业开展年终产品相关工作汇报，领导安排数据分析员就产品相关数据开展产品线分析，为年终产品线建设汇报提供数据支持。数据分析员根据实际产品营销数据开展数据分析。分析结果表明每个品牌下一级品类较少，每个品类下产品品种也不够丰富。例如，分析出的服装类"夹克"品种只有 10 种，在当下服装市场，10 种夹克对部分消费者而言等于没有选择。但领导认为这是企业年终的汇报，不能有"不好看"的结果，希望数据分析员能够适当地调整一下结果，让企业的产品线相关业务显得更"漂亮"一些。最后，数据分析员调整了部分数据，使领导顺利完成了年终汇报，也使企业产品业务得到了上级部门的肯定。

　　问题： 该事例对你有何启示？

　　分析说明： 为了"漂亮"的业务成果而提供虚假的数据分析结果，数据分析员和领导的行为违背了相关职业道德和法律法规。数据分析员作为直接接触数据、分析数据并为领导决策提供数据支持的关键人员，应该遵循相关职业道德和法律法规。任何形式的修改数据都是不被允许的。

 重点实务与操作

□ **重点实务**

1. 训练数据分析的思维
2. 掌握数据挖掘的流程
3. 掌握各种数据挖掘方法的应用

□ **重点操作**

1. 明确各种数据挖掘方法在市场调查中的应用
2. 解读数据挖掘的结果
3. 辅助营销决策

课堂训练

▲ **单项业务**

业务 1：收集与市场研究问题相关的变量数据

　　直播"带货"行业火热，这归功于电商行业的兴起和发展，不少人都想通过直播"带货"获取高额回报。某教育集团正面临转型，主要进军的领域就是直播"带货"。这是一项重大且冒险的转型，该企业应该收集哪些变量数据来支持这一重大决策呢？

　　业务 2：确定市场问题数据挖掘方法

　　随着游戏市场的竞争愈发激烈，某游戏公司发现存在较大比例的客户仅登录过一次游戏，并且部分客户在线时间较短。也就是说，游戏公司客户流失严重。因此，公司收集了大量游戏玩家的基本信息和游戏产品使用信息，想要利用数据挖掘方法，挖掘影响客户流失与否（二分类问题）的因素。确定应该采用哪种数据挖掘方法，并说明原因。

▲综合业务

新能源汽车是在传统能源资源日益紧张、生态环保要求不断提高的背景下，得到世界汽车行业共同关注的领域。与传统汽车相比，新能源汽车虽然起步晚，但是其内在类别划分相对成熟，呈现了多元化的特征。新能源汽车主要包括纯电动汽车、混合动力电动汽车、燃料电池电动汽车、燃气汽车和生物燃料汽车。

请通过查询汽车销售平台上关于新能源汽车的类别、品牌、续航里程、级别、价格和销量数据，采用数据挖掘模型算法，挖掘分析影响新能源汽车销量的重要因素，为新能源汽车的销售提供决策建议。

▲案例分析

四川蜀绣商品销售评论文本数据挖掘

蜀绣又名"川绣"，是四川的非物质文化遗产代表，与苏绣、湘绣、粤绣齐名，为中国四大名绣之一，是在丝绸或其他织物上采用蚕丝线绣出花纹图案的中国传统工艺。作为中国刺绣传承时间最长的绣种之一，蜀绣以其明丽清秀的色彩和精湛细腻的针法形成了自身的独特韵味，丰富程度居四大名绣之首。

为了了解蜀绣市场消费者关注点以及影响消费者购买蜀绣的因素，开展对线上销售平台消费者评论文本的数据挖掘分析。

问题：

（1）根据上述四川蜀绣销售评论的文本数据，如何开展文本数据挖掘？

（2）针对文本数据挖掘结果，对蜀绣市场消费者关注点以及影响消费者购买蜀绣的因素进行说明。

分析要求：

（1）学生分析案例提出的问题，拟出《案例分析提纲》；

（2）小组讨论，形成小组《案例分析报告》；

（3）班级交流，教师对各小组《案例分析报告》进行点评；

（4）在班级展出附有"教师点评"的各小组《案例分析报告》，供学生比较研究。

▲决策设计

为商品销售推荐目标消费群体

根据调查，获取了消费者是否购买的数据。该数据包含：消费者是否购买该商品、购买该商品的消费者年龄、性别以及收入水平。其中年龄为数值型变量，是否购买、性别以及收入水平为分类型变量。

设计要求：

（1）假设你是该商品的销售经理，请你通过数据挖掘分析，推荐该商品的目标消费群体。

（2）小组讨论，形成小组《决策设计方案》；

（3）班级交流，教师对各小组《决策设计方案》进行点评；

（4）在班级展出附有"教师点评"的各小组《决策设计方案》，供学生比较研究。

⫼⫼ 市调大赛指导模块

常用数据挖掘
算法及典型案例

项目八

预测市场发展趋势

预习思考

1. 各种预测方法的操作步骤、计算方法，以及常见的机器学习预测法。
2. 假如要预测 2×22 年你所在学院的录取人数，可以使用哪些预测法？请说明理由。

 经验判断预测法

任务描述

本任务要求学生能够运用集合意见法、专家会议法、德尔菲法完成相应的预测任务，并将预测结果提供给决策者，以供决策者参考。

任务导入

经验判断预测法在销售预测中的应用

在商业化程度日益加深的现代社会，企业间的竞争越来越激烈，市场营销已成为企业经营与管理的重要环节。销售预测，即对预测期产品销售量、销售额所进行的预计和测算，是企业经营的起点和基础。

由于采用的手段和分析方法不同，销售预测可分为定性预测和定量预测。定性预测也称经验判断，以市场调查为基础，凭借经验和价值判断进行预测，简单易行，适用于基层企业。定量预测则是用各种变量构建的模型来表示需求和各种变量之间的关系。

一般来说，量化程度较高的预测方法适用于短期预测；而长期预测往往采用定性预测，较少采用量化手段。一个长期经营规划的好坏取决于对企业产品需求的预测，有些企业根据市场需求状况在应用定性预测法进行销售预测实践中效果很好，为企业经营决策和产销活动提供了可靠的依据。

任务实施流程

经验判断预测法需要预测人员根据已有的历史资料和现实资料，凭借自己的直觉、主观经验、知识和综合判断能力，对某种预测对象未来发展趋势做出判断。本任务主要学习以下三个方法，如图 8-1 所示。

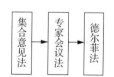

图8-1 任务8.1实施流程

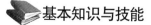 基本知识与技能

经验判断预测法是预测市场发展趋势时常用的一种方法。该方法主要依赖于预测人员丰富的经验、知识以及综合分析能力，对预测对象的未来发展做出性质和程度上的估计和推测。

经验判断预测法的具体操作形式有集合意见法、专家会议法、德尔菲法等。

8.1.1　集合意见法

集合意见法，是指企业内部经营管理人员、业务人员凭自己的经验，对市场未来需求趋势提出个人的预测意见，再集合大家的意见做出市场预测的方法。

集合意见法是短期或近期的市场预测中常用的方法。企业内部经营管理人员和业务人员在日常工作中，积累了丰富的经验，掌握着大量的实际资料，非常熟悉市场需求的变化情况，企业对他们的意见进行充分调查并加以集中，有利于对市场的未来情况做出预测。

集合意见法的主要操作步骤如下。

第一步，预测组织者根据企业经营管理的要求，向参加预测的有关人员提出预测项目和预测期限的要求，并尽可能提供有关背景资料。

第二步，预测。有关人员根据预测要求及掌握的背景资料，凭个人经验和分析判断能力，提出各自的预测方案。在此过程中，预测人员应进行必要的定性分析和定量分析。

定性分析主要分析历史生产销售资料、目前市场状态、产品适销对路的情况、产品流通渠道的情况及变化、消费心理变化、顾客流动态势等。

定量分析主要确定未来市场需求的几种可能状态（如市场销路好或市场销路差的状态）、各种可能状态出现的主观概率，以及每种可能状态下的具体销售值。

第三步，预测组织者计算有关人员预测方案的方案期望值。方案期望值等于各种可能状态主观概率与状态值乘积之和。

第四步，将参与预测的有关人员分类，如分为厂长（经理）类、管理职能部门类、业务人员类等，计算各类综合期望值。综合方法一般是采用平均数、加权平均数或中位数统计法。

第五步，确定最后的预测值。预测组织者将各类人员的综合期望值通过加权平均法等计算出最后的预测值。

【例8-1】　某机械厂为了预测明年的产品销售额，要求经理和业务部、计划部、财务部及营销人员做出年度销售预测。

运用集合意见法预测的具体步骤如下。

第一步：各位经理、部门负责人和营销人员分别提出各自的预测方案意见，如表8-1、表8-2、表8-3所示。

表8-1　经理预测方案　　　　　　　　　　　　　　　　　金额单位：万元

经理	销售估计值						期望值	权数
	销售好	概率	销售一般	概率	销售差	概率		
甲	500	0.3	420	0.5	380	0.2	436	0.6
乙	550	0.4	480	0.4	360	0.2	484	0.4

表8-2　部门负责人预测方案　　　　　　　　　　　　　　金额单位：万元

部门负责人	销售估计值						期望值	权数
	销售好	概率	销售一般	概率	销售差	概率		
业务部	600	0.5	400	0.2	360	0.3	488	0.3
计划部	540	0.4	480	0.3	340	0.3	462	0.3
财务部	580	0.3	440	0.3	320	0.4	434	0.4

表8-3　营销人员预测方案　　　　　　　　　　　　　　　金额单位：万元

营销人员	销售估计值						期望值	权数
	销售好	概率	销售一般	概率	销售差	概率		
甲	480	0.3	400	0.5	300	0.2	404	0.4
乙	520	0.3	440	0.4	360	0.3	440	0.3
丙	540	0.2	420	0.5	380	0.3	432	0.3

由表 8-1 至表 8-3 可知，未来的市场销售前景有三种可能性：销售好、销售一般、销售差，每一种可能性发生的机会，称为概率。如销售好的概率为 0.3，即"销售好"发生的可能性有 30%。销售好、销售一般、销售差三种可能性的概率之和等于 1。

对于权数，不同人员由于在企业中的地位不同，权威性不同，其预测意见的影响力也不同。如经理甲是经理，经理乙是副经理，显然经理甲的权威性大于经理乙的权威性。因此，经理甲的权数应大于经理乙的权数。在表 8-1 中，经理甲的权数为 0.6，经理乙的权数为 0.4，也可以是 0.7 和 0.3，具体数字由预测人员主观确定。其他人员的权数确定原理也一样，权威性大的人员，其权数也就大。

第二步：计算各预测人员的方案期望值。

方案期望值等于各种可能状态的销售值与对应的概率乘积。

如经理甲的方案期望值：

500×0.3 + 420×0.5 + 380×0.2=436（万元）

业务部负责人的方案期望值：

600×0.5 + 400×0.2 + 360×0.3=488（万元）

营销人员甲的方案期望值：

480×0.3 + 400×0.5 + 300×0.2=404（万元）

其他人员的方案期望值都依此计算，并填入表中。

第三步：计算各类人员的综合预测值。

分别求出经理类、部门负责人类、营销人员类的综合预测值。

综合预测值公式为：$\bar{x} = \dfrac{\sum \bar{x_i} W_i}{\sum W_i}$

$\bar{x}$ 为某类人员综合预测值；

$\bar{x_i}$ 为某类各人员的方案期望值；

W_i 为某类人员的方案期望值权数。

经理类综合预测值=$\dfrac{436×0.6 + 484×0.4}{0.6 + 0.4}$= 455.2（万元）

部门负责人类综合预测值=$\dfrac{488×0.3 + 462×0.3 + 434×0.4}{0.3 + 0.3 + 0.4}$= 458.6（万元）

营销人员类综合预测值=$\dfrac{404×0.4 + 440×0.3 + 432×0.3}{0.4 + 0.3 + 0.3}$= 423.2（万元）

第四步：确定最后预测值。

对三类人员的综合预测值采用加权平均法再加以综合。由于三类人员综合预测值的重要程度不同，所以应当给予三类人员综合预测值不同的权数。现假定：经理类权数为 4，部门负责人类权数为 3，营销人员类权数为 2。权数可以是小数，也可以是正整数。

最后预测值=$\dfrac{455.2×4 + 458.6×3 + 423.2×2}{4+3+2}$= 449.2（万元）

从预测的结果来看，综合预测值低于经理和部门负责人的预测值，高于营销人员的预测值，这说明集合意见法与个人的主观判断有关，上边三类人员的预测也是分别从各自的角度进行的，难免出现过于保守或过于乐观的情况。这就要求在最终确定预测值之前，要对综合预测值进行必要的调整，可以召开会议，互相交流看法，互相补充，从而克服主观上的局限性，在充分讨论和综合各方意见的基础上，由预测组织者确定最终的预测值。

8.1.2　专家会议法

专家会议法，是邀请有关方面的专家，通过会议的形式，对市场未来需求趋势或企业某个产品的发展前景做出判断，并在专家分析判断的基础上，综合专家的意见，进行市场分析预测的方法。

专家会议法分析市场发展趋势的操作如下。

1. 选择专家

专家会议法预测是否准确，在很大程度上取决于选择的专家。选择专家应依据以下内容。

一是专家要有丰富的经验和广博的知识。专家一般应具有较高学历，有丰富的与预测课题相关的工作经验，判断能力、语言表达能力较强。

二是专家要有代表性。要有各个方面的专家，如市场营销专家、管理专家、财务专家、生产技术专家等，不能局限于一个方面的专家。

三是专家要有一定的市场调查和市场预测方面的知识和经验。

2. 召集专家会议

第一步，做好会议的准备工作。会议的准备工作包括确定会议的主题，确定合适的主持人，选好召开会议的场所和时间，确定会议的次数，准备会议的记录分析工具。

主持人对会议的成功与否起着非常重要的作用，要求其具有丰富的调查经验，掌握与讨论内容相关的知识，并能引导会议的方向。

第二步，邀请专家参加会议。出席会议的专家人数不宜太多，一般8～12人为宜，要尽量包括各个方面的专家。

第三步，控制好会议的进程。会议主持人提出预测题目，要求大家充分发表意见，提出各种各样的方案。主持人不要谈自己的设想、看法或方案，以免影响与会专家的思路；对专家所提出的各种方案和意见，不应持否定态度。

需要强调的是，会议上不要批评别人的方案，要鼓励大家打开思路，畅所欲言，方案多多益善。同时，要做好会议的记录工作。可以由主持人边提问边记录，也可以由助手记录，还可以通过录音、录像的方法记录。

第四步，在会议结束后，主持人应对各种方案进行比较、评价、归类，确定最后的预测方案。

另外，为了使专家会议法更有成效，会前应进行一定的调查研究，获得相关的资料，如市场动态资料，不同厂家所生产的同类产品的质量、性能、成本、价格对比资料，以及同类产品的历史销售资料等。同时，会前还需要做一些组织准备工作。组织准备工作包括确定如何选择专家、如何让专家充分发表意见等。在专家会议上，会议主持人应让与会者畅所欲言，各抒己见，自由讨论；召集会议的预测人员不发表可能影响会议倾向性的观点，只广泛听取意见。在充分讨论的基础上，综合各专家的意见，就可最终形成有关市场未来发展趋势或某一产品未来需求前景的预测结果。

3. 选择专家会议的形式

专家会议根据会议的程序和专家交换意见的要求分为下列三种具体的形式。

（1）非交锋式会议。在这种会议上，参与的专家都可以独立地、自由地发表意见，可以不带发言稿，以便充分发挥，调动创造性思维；不争论、不批评他人意见。非交锋式会议法也称头脑风暴法。

（2）交锋式会议。在交锋式会议上，与会专家可以围绕预测的问题，各抒己见、直接争论，经过会议达成共识，得出一个较为一致的预测结论。

（3）混合式会议，是交锋式会议与非交锋式会议的结合。在第一阶段实施头脑风暴法，在第二阶段对前一阶段提出的各种想法进行质疑，在质疑中争论、批评，也可以提出新的设想，不断地交换意见，互相启发，最后取得一致的预测结果。混合式会议法又称质疑头脑风暴法。

 拓展链接8-1

专家会议法的优缺点

专家会议法的优点是：它将一些专家集合成一个小组，由主持人对他们同时进行访谈，这会比个人访谈产生更多、更全面的信息和观点；与会专家能自由发表意见，能互相启发、借鉴，有利于集思广益，有利于预测意见得到修改、补充和完善；专家会议法节省时间，节省费用，应用灵活方便。

专家会议法也存在缺点：与会专家的意见易被个别权威专家的意见所左右；由于与会专家的个性和心理状态，与会专家有时不愿发表与众不同的意见，或出于自尊心不愿当场修改已发表过的意见。因此，最后的综合意见可能并不能完全反映与会专家的全部正确意见。但是，在难以进行量的分析的情况下，专家会议法仍不失为一种很有价值的预测方法。

8.1.3 德尔菲法

德尔菲法，是采用背对背的通信方式征询专家小组成员的预测意见，经过几轮征询，使专家小组的预测意见趋于集中，最后得出符合市场未来发展趋势的预测结论的方法。德尔菲法是为了克服专家会议法的缺点而产生的一种专家预测方法。在预测过程中，专家互不相知、互不往来，这就克服了在专家会议法中经常发生的专家不能充分发表意见、权威人物的意见左右其他人的意见等弊病，使各位专家能真正充分地发表自己的预测意见。

1. 德尔菲法适用条件

德尔菲法在以下情况下可发挥作用。

（1）缺乏足够的资料。

企业在市场预测中，由于没有历史资料或历史资料不完备，难以进行量化分析时，适合采用德尔菲法。

（2）做长远规划或大趋势预测。

若做长远规划和大趋势预测，因为时间久远，不可控制的变量太多，进行具体的量化分析非常困难，也不准确，这时采用德尔菲法是一个不错的选择。

（3）影响预测事件的因素太多。

预测事件的变化总是会受到很多因素的影响，假如影响某事物的因素过多，就比较适合采用德尔菲法。

（4）主观因素对预测事件影响比较大。

当预测事件的变化主要不是受技术、收入等客观因素的影响，而是受政策、法规等主观因素影响时，宜采用德尔菲法。

2. 德尔菲法的操作步骤

德尔菲法的一般操作步骤如下。

（1）确定预测题目，选定专家小组。

确定预测题目即明确预测的目的和对象，选定专家小组则是决定向谁做有关的调查。这两点是有机地联系在一起的，即被选定的专家，必须是对确定的预测对象有充分了解的人，既包括理论方面的专家，也包括具有丰富实际工作经验的专家，这样组成的专家小组，才能提出可信的预测值。专家人数一般为10~20人。

（2）制定征询表，准备有关材料。

预测组织者要将调查项目，按次序排列绘制成征询表，向有关专家发送，同时还应将填写要求、说明一并设计好，使各专家能够按统一的要求做出预测。

制定征询表时应当注意以下几个要点：征询的问题要简单明确，易于回答；问题数量不宜过多；问题要尽量接近专家熟悉的领域，以便充分利用专家的经验；征询表中还要提供较详细的背景材料，供专家参考。

（3）采用匿名方式进行多轮征询。

第一轮：预测组织者将预测课题、征询表和背景材料，邮寄给每位专家，要求专家一一作答，提出初步预测结果。

第二轮：预测组织者将第一轮汇总整理的意见、预测组的要求和补充的背景材料，反馈给各位专家，进行第二轮征询。

专家在接到第二轮资料后，可以了解其他专家的意见，并由此做出新的预测。专家既可以修改自己原有的意见，也可以仍然坚持第一轮的意见，并将第二轮预测意见按期寄给预测组织者。

第三轮：预测组织者将第二轮汇总整理的意见、补充材料和预测组的要求，反馈给各位专家，进行第三轮征询。要求每位专家根据收到的资料，再发表第三轮的预测意见。专家将第三轮意见（修改的或不修改的）再次按期寄回。这样，经过几次反馈后，各位专家对预测问题的意见会逐步趋于一致。

（4）运用数学统计分析方法对专家最后一轮预测意见加以处理，得出最后的预测结论。用德尔菲法征询专家意见一般要求征询三轮以上，只有经过多轮征询，专家的看法才能更加成熟、全面，并使预测意见趋于集中。用数学统计分析方法处理专家的预测数据，一般采用平均数法和中位数法，得出最终预测值。

① 平均数法，就是用专家所有预测值的平均数作为综合的预测值。

公式是：$Y = \dfrac{\sum X_i}{n}$

X_i 为各位专家的预测值；n 为专家人数。

② 中位数法，是用所有预测值的中位数作为最终的预测值。

具体做法：将最后一轮专家的预测值从小到大排列，舍去重复的数值，如果 n 是奇数，那么处于第 $\dfrac{n+1}{2}$ 位的数据就是中位数，如果 n 是偶数，那么处于第 $\dfrac{n-2}{2}$ 位和第 $\dfrac{n}{2}$ 位的两个数据的平均数就是中位数。

【例8-2】　某企业市场环境发生了变化，对产品明年的销售量难以确定，因而聘请10位专家，用德尔菲法进行预测。具体数据如表8-4所示。

表8-4　专家预测意见统计　　　　　　　　　　　　　　　　　　　　　　　单位：万台

征询意见轮次	专家1	专家2	专家3	专家4	专家5	专家6	专家7	专家8	专家9	专家10
第一轮	70	80	75	52	75	45	50	60	54	63
第二轮	70	75	73	55	65	47	54	65	60	63
第三轮	70	73	70	62	72	55	58	60	63	65

从表8-4中不难看出，在发表第二轮预测意见时，大部分专家都修改了自己的第一轮预测意见，只有专家1和专家10坚持自己第一轮的预测意见。发表第三轮预测意见时，大部分专家修改了自己第二轮的预测意见。经过三轮征询，专家预测值的差距缩小：第一轮征询中，专家的最大预测值80万台与最小预测值45万台相差35万台；第二轮征询中，专家最大预测值75万台与最小预测值47万台相差28万台；第三轮征询中，专家最大预测值73万台与最小预测值55万台仅相差18万台。

若用平均数法确定最终预测值：

$$Y = \frac{\sum X_i}{n} = \frac{70+73+70+62+72+55+58+60+63+65}{10} = \frac{648}{10} = 64.8 \text{（万台）}$$

即预测产品明年销售量为64.8万台。

若用中位数法确定最终预测值，首先，将表8-4中的专家第三轮预测值，从小到大排列：

55，58，60，62，63，65，70，72，73（有两个70，舍去1个）。

其次，确定中位数所在的位置：$\dfrac{n+1}{2} = \dfrac{9+1}{2} = 5$。

那么，第5个数为中位数。

即预测产品明年的销售量为63万台。

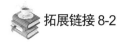 拓展链接 8-2

德尔菲法的特点

德尔菲法最早出现于 20 世纪 50 年代末，是当时美国为了预测"在其遭受原子弹轰炸后，可能出现的结果"而发明的一种方法。1964 年美国兰德（RAND）公司的赫尔默和戈登发表了"长远预测研究报告"，首次将德尔菲法用于技术预测，之后便迅速地应用于其他领域。此外，德尔菲法还用来进行评价、决策和规划工作。《未来》杂志报道，从 20 世纪 60 年代末到 70 年代中，专家会议法和德尔菲法在各类预测方法中所占比重由 20.8% 增加到 24.2%。20 世纪 80 年代以后，我国不少单位也采用德尔菲法进行预测、决策分析和编制规划工作。

德尔菲法本质上是一种反馈匿名函询法。其做法是，在对所要预测的问题征得专家的意见之后，进行整理、归纳、统计，再匿名反馈给各专家，再次征求意见，再集中，再反馈，直至得到稳定的意见。它区别于其他专家预测方法的明显特点是：匿名性、反馈性、统计性。

1. 匿名性。匿名性是德尔菲法极其重要的特点，从事预测的专家不知道有哪些人参加了预测，他们是在完全匿名的情况下交流思想的。在整个预测过程中，参加的专家并不直接见面，彼此间不发生横向联系，组织者采取邮件方式，背靠背地分头征求意见。这种匿名形式可以营造平等、自由的气氛，鼓励专家独立思考，消除顾虑和心理干扰，使个人意见得以充分发表。后来改进的德尔菲法允许专家开会进行专题讨论。

2. 反馈性。小组成员的交流是通过回答组织者的问题实现的，一般需要经过 3～4 轮的信息反馈才能完成预测。通过反馈，专家在背靠背的情况下，了解全体意见的倾向，以及持不同意见者的想法。应用德尔菲法，有利于互相启发，集思广益，充分发挥专家的智慧，提高预测的准确性和可靠性。

课堂活动 25
讨论三种经验判断预测法优缺点及适用情况

3. 统计性。对专家经过多轮征询意见后，使意见渐趋一致，再用统计方法加以集中整理，使每种观点都包括在统计中，避免了专家会议法只反映多数人观点的缺点，可以得出定量化的综合预测结果。

 同步实务

某手机企业想预测明年的新款手机销量，假设你是该企业的市场部人员，请选择合适的经验判断预测法进行预测。

业务分析：参考集合意见法进行预测。

业务程序：第一，确定参与预测的部门人员；第二，计算各部门不同人员的预测期望值；第三，计算各部门预测期望值；第四，计算最终期望值。

业务说明：该业务主要考查对集合意见法的运用。

任务 8.2 时间序列预测法

 任务描述

本任务要求学生能够运用简单平均法、移动平均法、指数平滑法、趋势外推法、季节指数法完成相应的预测任务，并将预测结果提供给决策者，以供决策者参考。

任务导入

市场预测在商业计划书中的重要性

企业要开发一种新产品或扩展新的市场时，要进行市场预测。如果预测的结果并不乐观，或者

预测的可信度让人怀疑，那么合作者就要承担很大的风险，这对多数投资者或者投资机构来说都是不可接受的。在新项目启动之前，企业应做好市场预测，降低合作风险。市场预测从以下几个方面考虑。

市场是否存在对这种产品的需求？

需求程度是否可以给企业带来所期望的利益？

新的市场规模有多大？

需求的未来发展趋势如何？

影响需求的因素有哪些？

市场预测还包括对市场竞争的情况，即企业所面对的竞争格局进行分析，主要内容如下。

市场中主要的竞争者有哪些？

是否存在有利于发展本企业产品的市场空白？

本企业预计的市场占有率是多少？

本企业进入市场会引起竞争者怎样的反应，这些反应对企业有什么影响？

商业计划书很重要的一项作用就是向投资者证明该项目的价值，而对于该项目市场前景的预测就是对项目价值高低最好的证明。

任务实施流程

时间序列预测法是将历史资料和数据，按时间顺序排列成一个系列，根据时间序列所反映的经济现象的发展过程、方向和趋势，运用一定的数学方法使其向外延伸，预测经济现象未来可能达到的水平的方法。本任务主要学习以下五个方法，如图8-2所示。

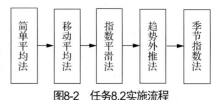

图8-2　任务8.2实施流程

基本知识与技能

通常情况下，事物的发展变化随着时间的推移呈现一定的趋势，这种趋势还可能进一步延续。在调查中，我们根据调查对象的时间序列数据，通过分析或建立数学模型，并进行延伸，就可以预测市场未来的发展趋势。

时间序列预测法的具体操作形式有简单平均法、移动平均法、指数平滑法、趋势外推法、季节指数法等。

8.2.1　简单平均法

简单平均法就是将一定观察期内预测目标值的算术平均数，作为下一期预测值的一种简便的预测方法，具体又分为简单算术平均法、加权算术平均法和几何平均法，下面介绍前两种。

1. 简单算术平均法

简单算术平均法就是将观察期内预测目标时间序列值求和，取其平均值，并将其作为下期预测值的预测方法。用公式表示为：

$$X = \frac{\sum X_i}{n}$$

X：观察期内预测目标的算术平均值，即下期的预测值。

X_i：观测目标在观察期内的实际值。

n：数据个数。

【例8-3】　某电动自行车厂2×22年1—12月电动自行车销售量分别为60万辆，50.4万辆，55万辆，49.6万辆，75万辆，76.9万辆，72万辆，68万辆，54.5万辆，44万辆，43.8万辆，47

万辆。利用简单算术平均法，预测 2×23 年 1 月电动自行车的销售量（分按全年、下半年、第四季度三种情况预测）。

（1）根据全年的销售量进行预测：

$$X = \frac{\sum X_i}{n} = \frac{60 + 50.4 + 55 + 49.6 + 75 + 76.9 + 72 + 68 + 54.5 + 44 + 43.8 + 47}{12} = 58 \ （万辆）$$

（2）根据下半年的销售量进行预测：

$$X = \frac{\sum X_i}{n} = \frac{72 + 68 + 54.5 + 44 + 43.8 + 47}{6} = 54.9 \ （万辆）$$

（3）根据第四季度的销售量进行预测：

$$X = \frac{\sum X_i}{n} = \frac{44 + 43.8 + 47}{3} = 44.9 \ （万辆）$$

由此可以看出，由于观察期长短不同，得到的预测值也随之不同。故观察期的长短选择对预测结果很重要。一般当数据的变化倾向较小时，观察期可以短些；当时间序列的变化倾向较大时，观察期应长些。

简单算术平均法使用简便，花费较少，适用于短期预测或对预测结果的精度要求不高的情况。

2. 加权算术平均法

加权算术平均法是为观察期内的每一个数据确定一个权数，并在此基础上，计算其加权平均数，并将其作为下一期的预测值的预测方法。

加权算术平均法用公式表示为：

$$X = \frac{\sum X_i W_i}{\sum W_i}$$

X：预测目标在观察期内的加权算术平均数，即下期预测值。

X_i：在观察期内的各个数据。

W_i：与 X_i 相对应的权数。

使用加权算术平均法预测的关键就是确定权数。一般离预测值越近的数据对预测值影响越大，应确定较大的权数；离预测值较远的数据，应确定较小的权数。

【例8-4】 采取加权算术平均法，根据例8-3所给数据，利用 2×22 年下半年销售数据预测 2×23 年 1 月的销售量。

解：设 2×23 年 1 月的销售量为 X，则

$$X = \frac{\sum X_i W_i}{\sum W_i} = \frac{1 \times 72 + 2 \times 68 + 3 \times 54.5 + 4 \times 44 + 5 \times 43.8 + 6 \times 47}{1 + 2 + 3 + 4 + 5 + 6} = 49.9 \ （万辆）$$

通过分析，可以预测 2×23 年 1 月电动自行车的销售量为 49.9 万辆。

8.2.2 移动平均法

移动平均法是将观察期内的数据由远及近按一定跨越期进行平均的一种预测方法，随着观察期的逐期推移，观察期内的数据也随之移动，每移动一期，就去掉最前面一期数据，而新增原来观察期之后的数据，保证跨越期不变，然后逐个求出其算术平均数并将离预测期最近的那一个平均数作为预测值。

常用的移动平均法有一次移动平均法和二次移动平均法。一次移动平均法又可分为简单移动平均法和加权移动平均法两种。下面仅对一次移动平均法做简单介绍。

1. 简单移动平均法

简单移动平均法指按一定的跨越期，移动计算观察期数据的算术平均数，形成一组新的数据的预测方法。

简单移动平均法的基本公式表示为：

$$M_t = \frac{X_{t-1} + X_{t-2} + \cdots + X_{t-n}}{n}$$

M_t：第 $t-1$ 期到第 $t-n$ 期的平均数。

X_{t-1}，X_{t-2}，$\cdots$，X_{t-n}：第 $t-1$ 期到 $t-n$ 期的实际值。

n：跨越期。

【例8-5】　表8-5为某城市 2×22 年各月汽油的消耗量，并分别对跨越期为 3 个月和 5 个月的情况进行的预测。

表8-5　某城市 2×22 年各月汽油的消耗量及其平均值　　　　　　单位：万升

月份	实际使用量 X_t	3 个月移动平均值 M_t（n=3）	5 个月移动平均值 M_t（n=5）
1	120.0		
2	132.0		
3	142.0		
4	138.0	131.3	
5	146.0	137.3	
6	152.0	142.0	135.6
7	146.0	145.3	142.0
8	155.0	148.0	144.8
9	143.0	151.0	147.4
10	156.0	148.0	148.4
11	148.0	151.3	150.4
12	150.0	149.0	149.6

2. 加权移动平均法

加权移动平均法是对跨越期内不同重要程度的数据乘以不同的权数，将这些乘积之和除以各权数之和，求得加权平均数，并以此来预测下一期数据的预测方法。用公式表示为

$$M_{t+1} = \frac{W_1 X_t + W_2 X_{t-1} + \cdots + W_n X_{t-n+1}}{W_1 + W_2 + \cdots + W_n}$$

M_{t+1}：时间为 t 的加权移动平均数，即 X_{t+1} 的预测值。

X_t，X_{t-1}，$\cdots$，X_{t-n+1}：观察期内时间序列的各个数据，即预测目标在观察期内的实际值。

W_1，W_2，$\cdots$，W_n：与观察期内时间序列各个数据相对应的权数。

【例8-6】　利用例 8-5 数据，令跨越期为 3，权数分别为 0.5、0.3、0.2，运用加权移动平均法预测该城市 2×23 年 1 月对汽油的需求量。

利用公式 $M_{t+1} = \frac{W_1 X_t + W_2 X_{t-1} + \cdots + W_n X_{t-n+1}}{W_1 + W_2 + \cdots + W_n}$，计算结果如表 8-6 所示。

表8-6　依据例 8-5 计算数据

月份	实际使用量 X_t/万升	加权平均值 M_t（n=3）	预测值
1	120.0		
2	132.0		
3	142.0		
4	138.0	$142.0×0.5+132.0×0.3+120.0×0.2=134.6$	134.6
5	146.0	$138.0×0.5+142.0×0.3+132.0×0.2=138.0$	138.0
6	152.0	$146.0×0.5+138.0×0.3+142.0×0.2=142.8$	142.8
7	146.0	$152.0×0.5+146.0×0.3+138.0×0.2=147.4$	147.4
8	155.0	$146.0×0.5+152.0×0.3+146.0×0.2=147.8$	147.8
9	143.0	$155.0×0.5+146.0×0.3+152.0×0.2=151.7$	151.7
10	156.0	$143.0×0.5+155.0×0.3+146.0×0.2=147.2$	147.2
11	148.0	$156.0×0.5+143.0×0.3+155.0×0.2=151.9$	151.9
12	150.0	$148.0×0.5+156.0×0.3+143.0×0.2=149.4$	149.4

8.2.3 指数平滑法

指数平滑法是用预测目标历史数据的加权平均数作为预测值的一种预测方法，是加权平均法的一种特殊情形。用公式表示为：

$$S_{t+1} = \alpha X_t + (1-\alpha)S_t$$

S_{t+1}：$t+1$ 期预测目标时间序列的预测值。

X_t：t 期的实际值。

S_t：t 期的预测值，即 t 期的平滑值。

α：平滑系数（$0 < \alpha < 1$）。

公式表明，$t+1$ 期的预测值是 t 期实际值和预测值的加权平均数，t 期实际值的权数为 α，t 期预测值的权数为 $1-\alpha$，权数之和为 1。

【例8-7】 某电动自行车企业 2×14—2×22 年销售额如表 8-7 所示，利用指数平滑法预测 2×23 年的销售额。

表 8-7 某电动自行车企业 2×14—2×22 年销售额　　　　　　　　单位：万元

年份	销售额	平滑系数 α=0.1	平滑系数 α=0.6	平滑系数 α=0.9
2×14	4 000	4 566.67	4 566.67	4 566.67
2×15	4 700	4 510.00	4 226.67	4 056.67
2×16	5 000	4 529.0	4 510.67	4 635.67
2×17	4 900	4 576.10	4 804.27	4 963.57
2×18	5 200	4 608.49	4 861.71	4 906.36
2×19	6 600	4 667.64	5 064.68	5 170.64
2×20	6 200	4 860.88	5 985.87	6 457.06
2×21	5 800	4 994.79	6 114.35	6 225.71
2×22	6 000	5 075.31	5 925.74	5 842.57
2×23	—	5 167.78	5 970.30	5 984.26

预测步骤如下。

第一步，确定初始值 S_1，这是利用指数平滑法的重要一步。由指数平滑法公式可知，要计算 S_{t+1} 就需要知道 S_t，计算 S_t 就要知道 S_{t-1}，以此类推，要知道 S_2 就要知道 S_1，而 S_1 是没有办法计算出来的，只能估算。一般情况下，时间序列的数据越多，初始值距离预测期就越远，权数就越小，对预测值的影响也就越小。初始值可以用实际值来代替，即 $S_1 = X_1$，然后按照上述递推规律，求出 S_{t+1}；若时间序列数据少，初始值对预测值的影响大，以前几个数据作为初始值。如本例可以将 S_1 确定为前三期数据的平均值，即：

$$S_1 = \frac{X_1 + X_2 + X_3}{3} = \frac{4\,000 + 4\,700 + 5\,000}{3} = 4\,566.67 \text{（万元）}$$

第二步，选择平滑系数 α。指数平滑法中平滑系数体现了对时间序列各数据的修匀能力，α 值大小与预测结果有着直接关系。通常 α 值可以依据时间数列的波动进行选择：如果时间序列有较大的随机波动或大幅的升降，应选择较小的平滑系数，以清除这种不规则波动对预测值的影响；如果时间序列有较小的随机变动或数据以固定比率上升、下降，应选择较大的平滑系数；如果时间序列变动呈水平趋势，预测值与 α 值的关系不大，可以选择居中的 α 值。

本题中，分别取 $\alpha = 0.1$，$\alpha = 0.6$，$\alpha = 0.9$，通过计算，可以比较它们对时间数列的修匀程度。

当 $\alpha = 0.1$ 时，　$S_1 = \dfrac{4\,000 + 4\,700 + 5\,000}{3} = 4\,566.67$（万元）

$$S_2 = 0.1 \times 4\,000 + (1 - 0.1) \times S_1 = 4\,510.00 \text{（万元）}$$

……

2×23 年销售额预测值 $= 5\,167.78$（万元）

当 $\alpha = 0.6$ 时，$S_1 = \dfrac{4\,000 + 4\,700 + 5\,000}{3} = 4\,566.67$（万元）

$$S_2 = 0.6 \times 4\,000 + (1 - 0.6) \times S_1 = 4\,226.67 \text{（万元）}$$

……

2×23 年销售额预测值 $= 5\,970.30$（万元）

当 $\alpha = 0.9$ 时，$S_1 = \dfrac{4\,000 + 4\,700 + 5\,000}{3} = 4\,566.67$（万元）

$$S_2 = 0.9 \times 4\,000 + (1 - 0.9) \times S_1 = 4\,056.67 \text{（万元）}$$

……

2×23 年销售额预测值 $= 5\,984.26$（万元）

第三步，确定预测值。根据本例中 α 对时间序列的修匀程度，当 $\alpha = 0.6$ 时，指数平滑值基本反映了时间序列各数据的情况，修匀程度小，因此确定 $\alpha = 0.6$ 时的平滑值为预测值。另外，在使用指数平滑法进行预测时，若对预测精度的要求比较高，还需要对不同平滑系数下取得的平滑值进行误差分析。

8.2.4　趋势外推法

趋势外推法，又称数学模型法，就是建立一定的数学模型，对时间序列给出恰当的趋势线，将其外推或延伸，用来预测未来可能达到的水平的预测方法。趋势外推法又分为直线趋势外推法和曲线趋势外推法。

1. 直线趋势外推法

直线趋势外推法就是假定预测目标随时间变化近似为一条直线，通过拟合直线方程描述直线的上升或下降趋势来确定预测值的预测方法。设直线方程为：

微课堂

直线趋势外推法

$$y_t = a + bt$$

y_t：预测值。

t：时间序列编号。

a、b：常数。

通过数学计算，确定 a、b 的值，求出直线方程。首先根据最小二乘法可推导出两个标准方程：$\sum y_i = na + b\sum t_i$ 和 $\sum t_i = a\sum t_i + b\sum t_i^2$。

解得 $a = \dfrac{1}{n}\left(\sum y_i - b\sum t_i\right)$

$$b = \dfrac{n\sum t_i y_i - \left(\sum t_i\right)\left(\sum y_i\right)}{n\sum t_i^2 - \left(\sum t_i\right)^2}$$

【例 8-8】　表 8-8 所示是一家手机公司 2016—2022 年的总收入情况，试用趋势外推法预测 2×23 年该公司的总收入。

借助 SPSS，按以下步骤求出 a 和 b。

第一步，绘制简单散点图，以观察判别。选择【图形】—【旧对话框】—【散点/点状】，选择【简单分布】进行定义，选择"年份"至【X 轴】，选择"总收入"至【Y 轴】，具体操作步骤如图 8-3 所示。

单击【确定】得到散点图，如图 8-4 所示。

表 8-8　手机公司 2016—2022 年的总收入

年份	总收入（y_i）/千万元
2016	2 428
2017	2 951
2018	3 533
2019	3 618
2020	3 616
2021	4 264
2022	4 738

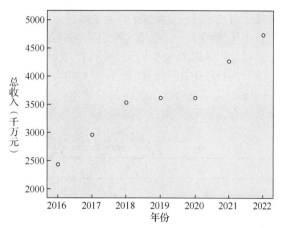

图8-3 简单散点图设置

图8-4 简单散点图

观察上图可知，自 2016 年以来，手机公司收入呈直线性增加，因此公司可利用直线趋势外推法进行预测。

第二步，线性回归分析，构建直线回归方程。选择【分析】—【回归】—【线性】。将"总收入"选入"因变量"框，将"年份"选入"自变量"框，具体操作如图 8-5 所示。

单击【确定】，即可得到结果，如图 8-6 所示。

图8-5 线性回归操作

系数[a]

模型			非标准化系数		标准系教	t	Sig.
			B	标准 误差	试用版		
1	a	（常量）	−691 448.179	79521.469		−8.695	0.000
	b	年份	344.250	39.387	0.969	8.740	0.000

a.因变量：总收入。

图8-6 线性回归分析结果

第三步，根据结果保留两位小数，从而得出最终的回归方程为：

$$y_t = -691\,448.18 + 344.25t$$

第四步，代入年份 2023 计算，得出预测值：$y_{2023} = -691\,448.18 + 344.25 \times 2\,023 = 4\,969.57$（千万元）。

2. 曲线趋势外推法

在很多情况下，变量间的关系由于受众多因素的影响，其变动趋势并非总呈现一条简单的直线，往往会呈现不同形态的曲线变动趋势。

曲线趋势外推法和直线趋势外推法一样，是指根据时间序列数据资料的散点图的趋势，选择恰当的曲线方程，利用最小二乘法或拟合法（三点法、三和法）等来确定待定的参数，建立曲线预测模型，并用它进行预测的方法。

常见的曲线趋势外推法有二次曲线法、三次曲线法和生长曲线法。

8.2.5 季节指数法

在市场活动中，某些经济变量随季节的不同而呈现周期性变化，在一定的时间间隔内出现相似的周期曲线。有些经济变量反映的季节变动较强，而另一些经济变量反映的季节变动相对较弱。因此，在进行市场预测时，应考虑经济变量的季节性变化。季节指数法就是描述时间序列的季节性变动规律，并以此为依据预测未来市场商品的供应量、需求量及价格变动趋势的方法。

利用季节指数法的关键是计算时间序列的季节指数，下面介绍常用的按月（季）平均法。

【例 8-9】　某家电企业 2020—2022 年电风扇的销售量资料如表 8-9 所示。已知 2023 年 1 月的销售量为 3 万台，试预测 2023 年其他月的销售量。

表 8-9　某家电企业 2020—2022 年电风扇的销售量 单位：万台

年份	1	2	3	4	5	6	7	8	9	10	11	12	年平均
2020	5	4	10	22	40	108	94	85	62	20	5	6	38.4
2021	4	5	11	23	51	110	96	80	57	15	4	4	38.3
2022	4	3	6	18	32	100	92	81	58	13	3	2	34.3
月平均	4	4	9	21	41	106	94	82	59	16	4	4	37
季节指数/%	10.8	10.8	24.3	56.8	110.8	286.6	254.2	221.7	159.5	43.2	10.8	10.8	

具体预测如下。

计算历年同月的平均值：1 月的平均值 $=\dfrac{5+4+3}{3}=4$（万台）

计算全年月平均值：$\dfrac{4+4+9+\cdots+4}{12}=37$（万台）

计算各月季节指数：季节指数 $=\dfrac{各年同月平均数}{全年月总平均数}\times100\%$

1 月季节指数 $=\dfrac{4}{37}\times100\%=10.8\%$

调整各月季节指数。

$$调整各月系数 = \dfrac{理论季节指数之和}{实际季节指数之和}\times各月实际季节指数$$

$$1 月调整后的季节指数 = \dfrac{1\,200}{1\,199.5}\times10.8\%=10.8\%$$

$$2 月调整后的季节指数 = \dfrac{1\,200}{1\,199.5}\times10.8\%=10.8\%$$

计算预测值。

$$某月预测值 = \dfrac{预测月的季节指数}{实际月的季节指数}\times上月实际数$$

$$2023 年 2 月的预测值 = 3\times\dfrac{10.8\%}{10.8\%}=3（万元）$$

$$2023 年 3 月的预测值 = 3\times\dfrac{24.3\%}{10.8\%}\approx7（万台）$$

以此类推，可以求出 2023 年各月的预测值。

 同步实务

某冰淇淋企业已知 2023 年 1 月的销量，想预测其他月的销量。假设你是该企业的市场部人员，请选择合适的时间序列预测法，并进行预测。

业务分析： 参考季节指数法进行预测。

业务程序： 第一，整理过去三年各月的销量；第二，计算各月季节指数；

课堂活动 26

讨论五种时间序列
预测法优缺点及
适用情况

第三，根据 2023 年 1 月销量计算其他各月预测值。

业务说明： 该业务主要考查对季节指数法的运用。

 任务 8.3 机器学习预测法

任务描述

本任务要求学生能够运用线性回归、Logistic 回归、决策树、随机森林和人工神经网络等机器学习算法完成相应的预测任务，并将预测结果提供给决策者，以供决策者参考。

任务导入

机器学习算法在产品销量预测中的应用

某电商平台主营海外代购业务，由于海外代购物流时间长、发货时间慢等，该电商平台商品存在大量库存积压的情况。该电商平台结合大数据分析技术，想通过机器学习相关模型对销售量进行预测，进而达到合理安排进货、提高发货速度、减少产品库存、节约相关成本、提升效益的目的。

该平台开始收集数据，收集了商品信息、商品质量、营销推广、季节特征、价格变化、消费者行为等六个方面的若干相关指标数据。该平台利用这些指标数据，构建机器学习算法模型，预测某类销量排行榜上的某一单品未来 7 天的销售情况。为什么是 7 天呢？那是因为机器学习算法不是万能的，短时的预测精度要更高一些。

该平台构建了常见的机器学习算法模型，对单品销量进行了预测。是不是预测误差越小的模型预测效果越好呢？答案是"不是"，评估算法模型的预测效果，除了要看预测误差，还需要考虑与实际业务对接、模型可解释性、产业链整体能力等方面的因素。该平台发现，人工神经网络模型的预测误差最小，其次是随机森林、线性回归和决策树。最终，该平台结合业务需要，选择了预测误差较小且可解释性较强的随机森林模型开展海外单品的销量预测。

通过机器学习算法，平台对未来一周的销量进行较为准确的预测，从而为产品的进货、发货、优化库存提供了参考，达到节约相关成本、提高经济效益的目的。

任务实施流程

机器学习预测法是综合历史数据和其他外部因素来构建模型，学习其变化"模式"，并利用该"模式"对未来事物进行预测的方法。本任务主要学习以下五个方法，如图 8-7 所示。

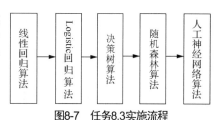

图8-7 任务8.3实施流程

基本知识与技能

项目七中已经介绍了线性回归、决策树、随机森林以及人工神经网络模型的相关方法原理以及应用说明，下面不重复介绍。下面主要应用线性回归、Logistic 回归、决策树、随机森林以及人工神经网络这五种常用的机器学习算法开展市场相关研究问题的预测。

微课堂

机器学习预测法
——线性回归

8.3.1 线性回归算法预测

【例 8-10】 某地区房屋相关指标信息包含房屋的建造年代、占地面积、室内面积、户外面积以及价格。在 SPSS Modeler 中，利用线性回归模型，预测 ID 为 1136、1137、1138 三处房产的价格。

首先建立多元线性回归模型。

$$价格 = \beta_0 + \beta_1 \times 建造年代 + \beta_2 \times 占地面积 + \beta_3 \times 室内面积 + \beta_4 \times 户外面积 + \varepsilon$$

在 SPSS Modeler 中构建的回归模型流如图 8-8 所示。

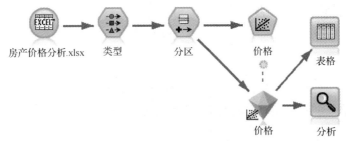

图8-8　线性回归模型流

查看模型结果节点，得到线性回归模型相关结果，如表 8-10 至表 8-12 所示。

表 8-10　Model Summary

Model	R	R Square	Adjusted R Square	Std. Error of the Estimate
1	0.894[a]	0.798	0.797	35 447.550 500

a. Predictors: (Constant)，户外面积，建造年代，室内面积，占地面积。

表 8-11　ANOVA

Model		Sum of Squares	df	Mean Square	F	Sig.
1	Regression	4 512 014 112 000	4	1 128 003 528 000	897.714	0.000[b]
	Residual	1 139 671 655 000	907	1 256 528 837		
	Total	5 651 685 767 000	911			

b. Predictors: (Constant)，户外面积，建造年代，室内面积，占地面积。

表 8-12　Coefficients

Model		Unstandardized Coefficients		Standardized Coefficients	t	Sig.
		B	Std. Error	Beta		
1	（Constant）	−1 706 430.607	95 708.609		−17.829	0.000
	建造年代	883.263	48.465	0.279	18.225	0.000
	占地面积	274.290	11.123	0.526	24.660	0.000
	室内面积	195.499	10.486	0.378	18.644	0.000
	户外面积	155.974	28.911	0.089	5.395	0.000

表 8-10 说明模型的拟合优度 R^2=0.798，Adjusted R^2=0.797，均较大，自变量解释因变量的变差较大，为 79.8%。表 8-11 说明模型显著性检验的 F 值=897.714，P 值=0.000<0.05，说明建立的线性回归模型是显著有效的。表 8-12 说明回归系数显著性检验均通过（P 值<0.05）。因此拟合的线性回归方程为：

$$价格 = -1\,706\,430.607 + 883.263 \times 建造年代 + 274.290 \times 占地面积 + 195.499 \times 室内面积 +$$
$$155.974 \times 户外面积$$

接下来就可以手动带入 ID 为 1136、1137、1138 三个房产的信息，预测其价格，如表 8-13 所示。

表 8-13　待预测房产信息

ID	建造年代	占地面积	室内面积	户外面积
1136	1967	145	280	15
1137	1982	101	208	18
1138	1967	138	328	77

ID 为 1136 的房产价格预测为：

$$价格 = -1\,706\,430.607 + 883.263 \times 1967 + 274.290 \times 145 +$$
$$195.499 \times 280 + 155.974 \times 15 = 127\,799.094（元）$$

同理，代入 ID 为 1137 和 1138 的房产数据，计算的预测价格为 115 371.273 元和 144 933.404 元。

利用分析工具，我们不用手动计算，连接【输出】选项卡中的【表】节点后，可查看预测结果，如图 8-9 所示。

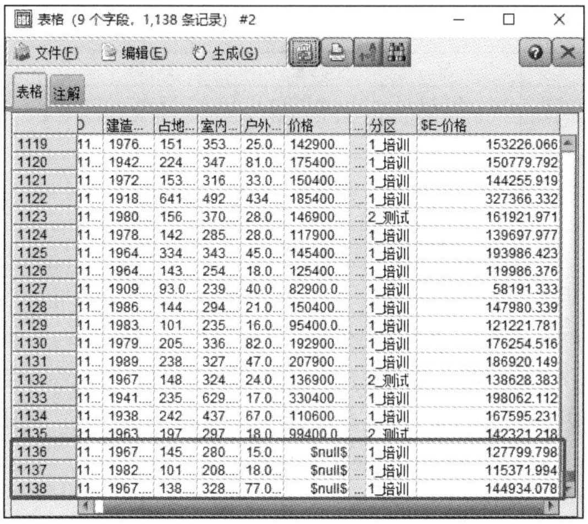

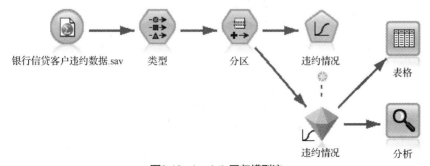

图8-9　线性回归模型预测值

这里模型输出的预测结果与实际计算结果有较小的差别，这是因为手动计算时保留的小数位与系统不一致，但这并不影响整体的预测结果。要注意的是，利用线性回归模型进行预测时，只能预测连续型数值变量，如这里的房产价格。

8.3.2　Logistic 回归算法预测

【例 8-11】　银行客户信贷违约相关指标信息包含：年龄、学历水平、居住时间、任职年限、家庭收入、信用卡债务、其他债务以及总债务与收入比。在 SPSS Modeler 中，利用 Logistic 回归模型预测 ID 为 698、699、700 的三个客户的信贷违约情况。

首先建立 Logistic 回归模型。

$$logitP = \beta_0 + \beta_1 \times 年龄 + \beta_2 \times 学历水平 + \beta_3 \times 居住时间 + \beta_4 \times 任职年限 +$$
$$\beta_5 \times 家庭收入 + \beta_6 \times 信用卡债务 + \beta_7 \times 其他债务 + \beta_8 \times 总债务与收入比$$

在 Modeler 中构建 Logistic 回归模型流，如图 8-10 所示。

银行信贷客户违约数据.sav　类型　分区　违约情况　表格　违约情况　分析

图8-10　Logistic回归模型流

基于历史数据构建 Logistic 回归模型，如表 8-14 至表 8-16 所示。

表 8-14　Dependent Variable Encoding

Original Value	Internal Value
未违约	0
违约	1

表 8-15　Model Summary

Step	-2 Log likelihood	Cox & Snell R Square	Nagelkerke R Square
4	434.276[a]	0.317	0.460

a. Estimation terminated at iteration number 6 because parameter estimates changed by less than 0.001.

表 8-16　Variables in the Equation

		B	S.E.	Wald	df	Sig.	Exp(B)
Step 4[d]	居住时间	−0.088	0.022	15.461	1	0.000	0.916
	任职年限	−0.255	0.032	63.613	1	0.000	0.775
	信用卡债务	0.611	0.099	38.452	1	0.000	1.842
	总债务与收入比	0.087	0.021	17.136	1	0.000	1.091
	Constant	−0.645	0.292	4.877	1	0.027	0.525

d. Variable(s) entered on step 4：居住时间。

　　构建的 Logistic 回归模型输出因变量"违约"编码为 1，"不违约"编码为 0。模型的拟合优度 −2 Log likelihood=434.276，较小，Nagelkerke R Square=0.460，较大，说明模型拟合情况较好。Logistic 回归模型预测的准确率如图 8-11 所示，训练集预测准确率为 80.76%，测试集预测准确率为 81.88%，模型整体预测准确率较高。拟合的 Logistic 回归方程为：

$$\log itP = -0.645 - 0.088 \times 居住时间 - 0.255 \times 任职年限 +$$
$$0.611 \times 信用卡债务 + 0.087 \times 总债务与收入比$$

$$P = \frac{\exp(-0.645 - 0.088 \times 居住时间 - 0.255 \times 任职年限 + 0.611 \times 信用卡债务 + 0.087 \times 总债务与收入比)}{1 + \exp(-0.645 - 0.088 \times 居住时间 - 0.255 \times 任职年限 + 0.611 \times 信用卡债务 + 0.087 \times 总债务与收入比)}$$

　　接下来就可以手动将 ID 为 698、699、700 的三个违约情况未知的客户信息（见表 8-17）代入拟合的 Logistic 回归方程，预测其违约的概率。

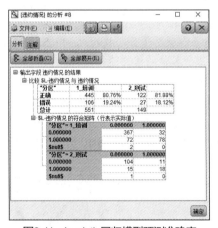

图8-11　Logistic回归模型预测准确率

表 8-17　待预测客户信息

ID	年龄（岁）	学历水平	居住时间（年）	任职年限（年）	家庭收入（万元）	信用卡债务（万元）	其他债务（万元）	总债务与收入比
698	33	1	3	15	32	0.491	1.941	7.6
699	45	1	22	19	77	2.303	4.165	8.4
700	37	1	14	12	44	2.995	3.473	14.7

　　ID 为 698 的客户违约的概率如下。

$$P=\frac{\exp(-0.645-0.088\times 3-0.255\times 15+0.611\times 0.491+0.087\times 7.6)}{1+\exp(-0.645-0.088\times 3-0.255\times 15+0.611\times 0.491+0.087\times 7.6)}=0.023$$

ID 为 698 的客户违约的概率为 0.023<0.5，则预测该客户为不违约的客户。同理，可计算 ID 为 699 和 700 的客户违约的概率分别为 0.005 和 0.138，均小于 0.5，则预测这两个客户仍为不违约的客户。

利用分析工具，不用手动计算，连接【输出】选项卡中的【表】节点后，可查看预测结果，如图 8-12 所示。

表格（15 个字段，700 条记录）

		总债务与收入比	违约情况	分区	$L-违约情况	$LP-违
681	17	25.400	1	1_培训	1.000	
682	57	9.700	1	1_培训	0.000	
683	26	11.500	0	1_培训	0.000	
684	67	6.300	0	2_测试	0.000	
685	25	10.500	0	1_培训	0.000	
686	77	16.100	1	1_培训	0.000	
687	27	7.900	0	1_培训	0.000	
688	97	10.300	1	1_培训	0.000	
689	78	10.800	0	1_培训	0.000	
690	99	10.700	0	1_培训	0.000	
691	43	7.300	0	1_培训	0.000	
692	08	7.200	0	1_培训	0.000	
693	49	28.900	1	1_培训	1.000	
694	21	4.700	0	1_培训	0.000	
695	70	12.100	0	1_培训	1.000	
696	80	4.600	1	1_培训	0.000	
697	46	11.500	0	1_培训	0.000	
698	41	7.600	$null$	1_培训	0.000	
699	65	8.400	$null$	1_培训	0.000	
700	73	14.700	$null$	2_测试	0.000	

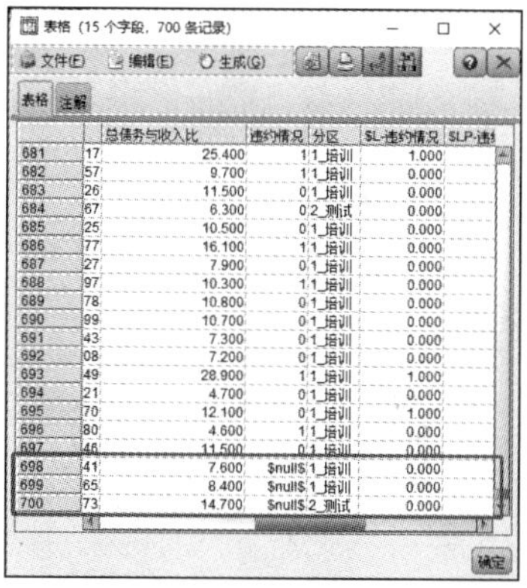

图8-12 Logistic回归模型预测值

Logistic 回归算法只能应用于分类变量的预测，与回归分析相似的是适用于小样本分析，且二者均具有较强的解释性和实际意义，在实际中应用较为广泛。

8.3.3 决策树算法预测

【例 8-12】 利用收集的银行客户信贷违约指标信息，在 SPSS Modeler 中利用 C5.0 决策树模型预测 ID 为 698、699、700 的三个客户的信贷违约情况。构建的决策树模型流如图 8-13 所示。

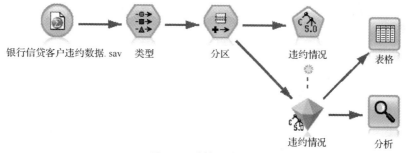

图8-13 决策树模型流

基于历史数据构建的决策树模型如图 8-14 所示。

决策树模型【分析】结果如图 8-15 所示，由此可知，建立的决策树模型训练集和测试集预测的准确率分别为 87.11%和 75.17%，均较高。

接下来就可以手动将 ID 为 698、699、700 的三个违约情况未知的客户信息（见表 8-17）代入决策树模型，预测其违约情况。

ID 为 698 的客户违约情况预测如下。

该客户总债务与收入比=7.6<14.7，任职年限=15 年>4 年，根据节点 23 的结果，利用投票原则（少数服从多数），预测该客户为不违约客户。同理，代入 ID 为 699 和 700 的客户数据，预测他们均为不违约客户。利用分析工具，不用手动计算，连接【输出】选项卡中的【表】节点后，可查看预测结果，如图 8-16 所示。

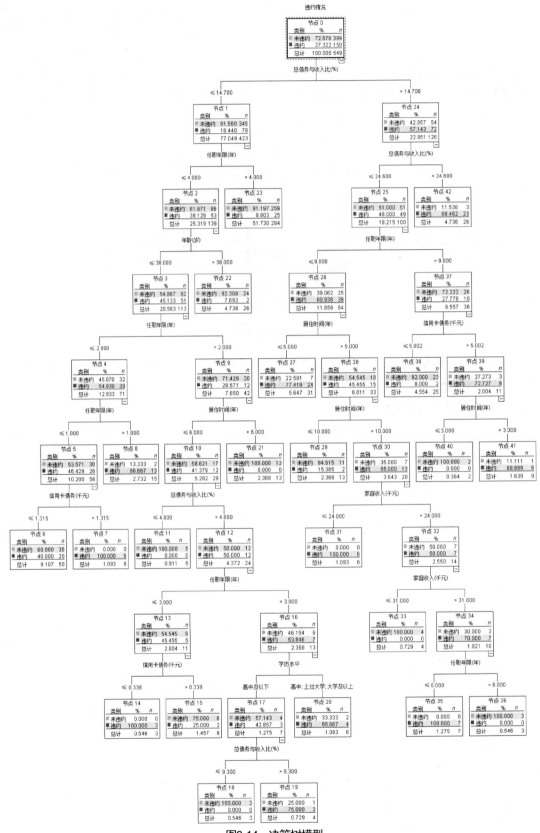

图8-14 决策树模型

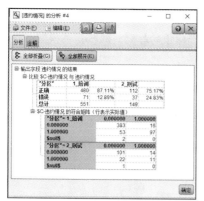

图8-15 决策树模型预测准确率

图8-16 决策树模型预测值

要注意的是，利用决策树模型进行预测时，C5.0 决策树只能预测类别型变量，如客户违约情况；若要对连续型数据进行预测，则必须选择 CART 回归决策树。

8.3.4 随机森林算法预测

【例8-13】 利用银行客户信贷违约相关指标数据，在 SPSS Modeler 中，利用随机森林模型，预测 ID 为 698、699、700 的三个客户的信贷违约情况。

在 SPSS Modeler 中构建基分类器为 100 棵决策树的随机森林模型流，如图 8-17 所示。

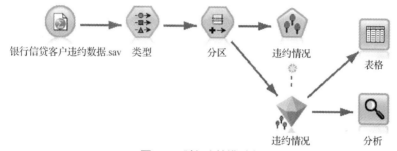

图8-17 随机森林模型流

基于历史数据构建的随机森林模型的预测准确率结果如图 8-18 所示，模型训练集预测的准确率为 94.56%，测试集预测的准确率为 74.5%。利用分析工具，连接【输出】选项卡中的【表】节点后，可查看 ID 为 698 和 699 的客户均预测为不违约客户，而 ID 为 700 的客户预测为违约客户，预测结果如图 8-19 所示。

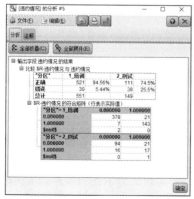

图8-18 随机森林模型预测准确率

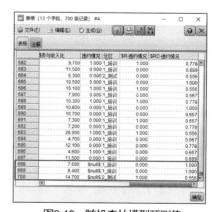

图8-19 随机森林模型预测值

在 SPSS Modeler 中，随机森林模型是以 CART 决策树作为基分类器构建的集成学习算法，对分类结果的预测遵循投票原则，对连续数值的预测遵循平均值的原则。随机森林模型一般适用于预测大样本数据，有较好的拟合能力，但泛化能力较差，容易出现过拟合问题。

8.3.5　人工神经网络算法预测

【例8-14】　仍然利用银行客户信贷违约相关指标数据，在 SPSS Modeler 中，利用人工神经网络模型，预测 ID 为 698、699、700 的三个客户的信贷违约情况。

在 SPSS Modeler 中构建的人工神经网络模型流如图 8-20 所示。

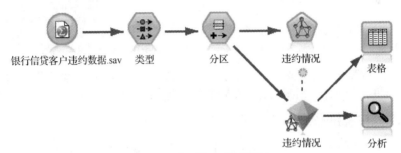

图8-20　人工神经网络模型流

基于历史数据构建的人工神经网络模型如图 8-21 所示。

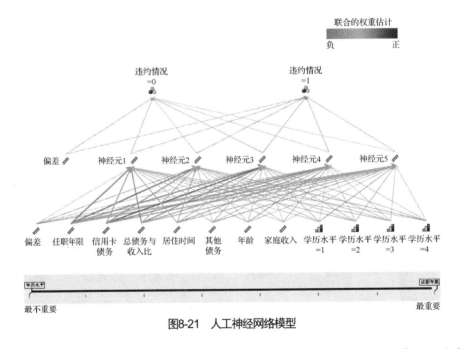

图8-21　人工神经网络模型

模型预测的准确率如图 8-22 所示，训练集预测的准确率为 81.49%，测试集预测的准确率为 81.88%，整体预测准确率与集成学习随机森林算法预测结果比较而言（模型训练集预测的准确率为 94.56%，测试集预测准确率为 74.5%），人工神经网络模型的训练集预测准确率较低，但测试集预测准确率较随机森林模型高，说明随机森林模型的泛化能力较差。连接【输出】选项卡中的【表】节点后，可得知 ID 为 698、699、700 的三个客户均预测为不违约客户，预测结果如图 8-23 所示。

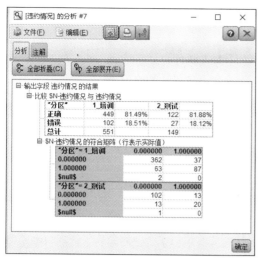

图8-22 人工神经网络模型预测准确率   图8-23 人工神经网络模型预测值

人工神经网络模型与决策树模型、随机森林模型均适用于预测大样本数据，有较好的拟合能力，但泛化能力较差，容易出现过拟合问题。

 同步实务

某通信企业已有历史客户基本信息以及通信信息，如居住地、年龄、婚姻状况、收入、受教育水平、性别、家庭人数、开通月数、无线服务、基本费用、无线费用等，想要对其他新客户进行流失情况的预测。假设你是该通信企业的市场部人员，请选择合适的机器学习预测法，开展客户流失与否的预测。

课堂活动27
讨论五种机器学习预测法优缺点及适用情况

微课堂
机器学习预测法——Logistic 回归、决策树、随机森林和人工神经网络

业务分析： 参考 Logistic 回归算法、C5.0 决策树算法、随机森林算法和人工神经网络算法进行预测。

业务程序： 第一，搜集整理相关数据；第二，基于多种合适的算法构建预测模型；第三，利用多个模型开展客户流失与否预测；第四，比较多种模型结果。

业务说明： 该业务主要考查对机器学习预测法的运用。

 职业道德与营销伦理

电动汽车市场需求预测

某汽车经销商委托某高校市场调查研究中心预测 C 市对家用电动轿车的需求，希望分析家庭收入、家庭人口、家庭住址、住房面积、家庭成员所从事职业等因素对家用轿车需求量的影响，并要求定量分析，建立统计模型，且该模型能够用于统计预测。该中心研究人员多次与经销商沟通，设计出调查问卷，并得到经销商的确认，在确定调查方案时，研究人员为了省时省事初步提出以下调查设想，充分利用学校学生众多的优势，展开调查。具体做法是：根据学校学籍登记表得到学生学号，从中随机抽取一定量的学生，针对这些被抽中的学生的家庭，进行问卷调查。

问题： 以上调查设想存在什么问题？

分析提示： 本次预测研究对象总体为 C 市的全部家庭户，而抽样单位与研究的样本单位不一致，抽样单位是学号，而需要的样本单位是家庭。在进行市场预测时，不能为了省时省事采用不合适的调查方式，否则会导致预测的结果存在严重偏差。

重点实务与操作

□重点实务
1. 预测法的选择
2. 经验判断预测法
3. 时间序列预测法
4. 机器学习预测法

□重点操作
1. 集合意见法的应用
2. 移动平均法的应用
3. 季节指数法的应用
4. 趋势外推法的应用

课堂训练

▲单项业务

业务1：选择市场预测方法

某商场欲对明年的营业额进行预测，请你为其选择合适的预测方法。你会从哪些方面来考虑选择恰当的预测方法？请写出具体理由。

业务2：预测某一行业市场规模

请收集某一行业市场规模的数据资料，选择某一预测方法，预测下一年的市场规模。

▲综合业务

某银行想预测满足哪些条件的潜在客户可能会申请该行的信用卡，请设计采用机器学习预测法的步骤。

▲案例分析

销量预测为什么不准

某市某童装工厂近几年来生产量和销售量稳定增长。谁料该工厂负责生产制造的李厂长这几天却在为产品推销问题大伤脑筋。原来，2020 年年初，该厂设计了一批童装新品种，有男童的香槟衫、迎春衫，女童的飞燕衫、如意衫等。借鉴成人服装的镶、拼、滚、切等工艺，新产品在色彩和式样上活泼、雅致、漂亮。由于工艺比原来复杂，成本较高，价格比普通童装高出了80%以上，如一件香槟衫的售价在 360 元左右。为了摸清这批新产品的市场吸引力如何，在春节前夕，工厂与某电商平台联合举办了"新款童装迎春直播"活动，市场反响很好，产品浏览量高，消费者踊跃购买，产品受到一片好评。许多线上、线下商家主动上门订货。连续几天到直播间观察消费者反应的李厂长看在眼里，喜在心上，不由想到："现在的家长为了把孩子打扮得漂漂亮亮，都很舍得花钱，只要产品好，价格高些也没问题。"他决心趁热打铁，尽快组织批量生产，及时抢占市场。

为了确定计划生产量，以便安排以后月份的生产，李厂长根据去年以来的月销售统计数，运用加权移动平均法，计算出以后月份预测数，考虑到这次直播间的热销场面，他决定按生产能力的 70%安排新品种，30%安排老品种。2 月生产的产品很快就被订购完了。然而，已到 4 月初了，3 月生产的产品还没有落实销路。李厂长询问了几家老客商，得知他们有难处。这些客商原以为新品种童装十分好销售，谁知 2 月订购的那批货，卖了一个多月还未卖出三分之一，他们现在既没有能力也不愿意继续订购这类童装了。对市场上出现的需求变化，李厂长感到十分纳闷。他弄不明白，这些新品种已经试销，加上自己亲自参加市场调查和预测，为什么会事与愿违呢？

问题：

（1）该童装公司产品滞销的问题出在哪里？

（2）为什么市场的实际发展状况与李厂长的预测大相径庭呢？

分析要求：

（1）学生分析问题，拟出《案例分析提纲》。

（2）小组讨论，形成小组《案例分析报告》。

（3）班级交流，教师对各小组《案例分析报告》进行点评。

（4）在班级展出附有"教师点评"的各小组《案例分析报告》，供学生比较研究。

▲决策设计

元宇宙将走向何方？

元宇宙 Metaverse 由 Meta（超越）+Universe（宇宙）两部分组成，即通过技术能力在现实世界基础上搭建一个平行且持久存在的虚拟世界，现实中的人以数字化身的形式进入虚拟时空中生活，同时在虚拟世界中还拥有完整运行的社会和经济系统。通俗解释，元宇宙就是一个虚拟的现实世界，在这个虚拟世界里，每个人都可以有一个虚拟分身，更重要的是，人们可以在这个世界里生活和社交，甚至让虚拟世界和现实世界打通。

《中国元宇宙发展报告（2022）》显示，我国元宇宙上下游产业产值超过 4 000 亿元，并且预测未来五年，国内元宇宙市场规模至少突破 2 000 亿元大关。随着国内多地密集出台涉及元宇宙产业的相关政策，元宇宙产业将进一步发展。

设计要求：

（1）假设你是一位中小型游戏开发企业的市场部负责人，请你就企业未来的游戏开发方向进行决策。

（2）小组讨论，形成小组《决策设计方案》；

（3）班级交流，教师对各小组《决策设计方案》进行点评；

（4）在班级展出附有"教师点评"的各小组《决策设计方案》，供学生比较研究。

市调大赛指导模块

市调大赛使用
市场预测方法的
说明

完成市场调查报告

 预习思考

1. 市场调查报告的撰写步骤、市场调查报告的格式、市场调查报告的编写技巧；市场调查报告易出现的问题；市场调查报告的修改与提交。

2. 根据项目一中任务 1.4 的[职业技能训练]选择的调研项目，选择在校学生进行调查，需要选择哪些学生作为样本？调查内容是什么？调查结果如何？

 撰写市场调查报告的准备工作

📖 **任务描述**

本任务要求学生能够熟悉撰写市场调查报告的准备工作，能根据市场调查目的收集写作材料，并根据报告类型和阅读对象构思市场调查报告内容。

任务导入

企业需要市场调查报告

市场调查报告是市场调查所有活动的综合体现，能否撰写出一份高质量的市场调查报告，是决定调查成败的重要环节。撰写市场调查报告的意义主要体现为以下三点。

（1）市场调查报告是市场调查工作的最终成果。从制订调查方案、收集资料、加工整理和分析研究，到撰写并提交市场调查报告，是一个完整的工作程序。所以，市场调查报告是市场调查成果的集中体现。

（2）市场调查报告是对市场状况的客观反映。市场调查报告比调查资料更便于阅读和理解，起到透过现象看本质的作用，使决策者对市场有更清晰的认识，便于更好地指导实践活动。市场调查报告便于商品生产者、经营者掌握市场行情，确定市场经营目标、工作计划。

（3）市场调查报告是为各部门管理者、为社会、为企业服务的一种重要形式。一份高质量的市场调查报告，能为企业的市场活动提供有效的指导，同时对各部门管理者了解情况、分析问题、做出决策、编制计划以及控制、协调、监督等各方面都起到积极的作用。

市场调查报告是整个调查任务活动的成果体现，实践证明，无论调查设计多么科学，调查问卷多么周密，样本多么具有代表性，数据收集、质量控制多么严格，数据整理和分析多么恰当，调查过程和调查结果与调查的要求多么一致，如果调查者不能把诸多的调查资料组织成一份高质量的市场调查报告，就不能与决策者或用户进行有效的信息沟通，决策者或用户就不能有效地采取行动。

为了撰写一份高质量的市场调查报告，在撰写之前，做充分的准备工作是非常必要的。

任务实施流程

市场调查报告准备是在明晰调查目的的基础上，认真准备相关的写作材料，在确定报告类型及阅读对象后，构思报告的框架。本任务主要从以下几个方面展开学习，如图9-1所示。

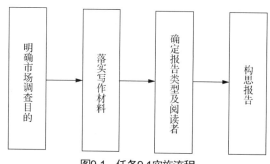

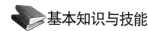基本知识与技能

图9-1　任务9.1实施流程

9.1.1　明确市场调查目的

明确市场调查目的是撰写市场调查报告的基本准备工作。众所周知，每一个市场调查报告都有明确的撰写目的和针对性，即反映情况、指出原因、提出建议，从而为社会或企业的决策部门做出或调整某项决策服务。而撰写市场调查报告的目的和市场调查的目的具有一致性。

【例9-1】　某企业要通过一项市场调查来了解相关产品的市场供求现状及趋势，以为制定产品策略提供参考依据。因此，撰写该项市场调查报告时应立足于反映相关产品的市场供求状况，发掘形成这种状况的原因，探寻产品市场发展趋势，提出企业所应采取的对策建议等。

在撰写市场调查报告前，明确市场调查目的是极为必要的。只有这样，市场调查报告才能紧扣主题，揭示真正符合需求的内容。

除了明确市场调查目的外，一份完整的市场调查报告还必须交代该项市场调查所采用的方法，如资料的收集、统计整理和分析是怎样进行的等；还必须陈述该项市场调查具体的实施情况，如有效样本数量及分布、操作进程等。因此，在撰写市场调查报告前，掌握市场调查的方法及实施情况也是不可少的。

9.1.2　落实写作材料

落实写作材料是撰写市场调查报告的重点准备工作。一份市场调查报告的决策参考价值，很大程度上取决于撰写人员在写作时拥有材料的数量及质量。

撰写市场调查报告不仅要整理与调查有关的一手资料和二手资料，还要对所取得的各种相关资料加以初步的鉴定、筛选、整理及必要的补充，从质量上把好关，争取使材料具有客观性、针对性、全面性和时效性。

撰写市场调查报告，要认真研究数据的统计分析结果，可以先将全部结果整理成各种便于阅读比较的表格和图形。在整理这些数据的过程中，对调查报告中应重点论述的问题自然会逐步形成思路。对难以解释的数据，要结合其他方面的知识进行研究，必要时可找专家咨询或召开小范围的调查座谈会。

值得指出的是，落实写作材料时，需注意以下两个方面。

1. 切忌忽视对反面材料的收集

在各类调查尤其是产业调查、销售渠道调查及消费者调查中，应对反面材料的收集予以足够重视，不注意听取反面意见而导致决策失误的例子有很多。

【例9-2】　国内某一企业的市场调查部门，在进行消费者调查时，对消费者发表的反面意见，因担心不符合本企业领导的预期，可能得罪本企业的销售部门、广告部门而不去认真听取与反映，结果使本企业在产品更新、营销策略、广告策略改进等方面无所作为，导致本企业产品市场萎缩。

据此可以这样说，对于客观存在的反面意见，如果不注意听取，这种市场调查所取得的材料，不仅是不全面的，而且是虚假的，其危害程度比没有进行调查还要严重。

2．切忌只重视经营活动的微观材料，忽视经济背景的宏观材料

市场调查一般是围绕一类或一种产品，或某一市场营销活动进行的微观调查。市场调查通过微观调查得出的结论，尤其是对产品市场或对营销活动的预测性意见，如果不根据经济背景的宏观材料进行检验或校正，往往会出现偏差。

9.1.3　确定报告类型及阅读者

市场调查报告有多种类型，如一般性报告、专题性报告、研究性报告、说明性报告等。一般性报告就是根据一般调查所写的报告，其要求内容简单明了，对调查方法、资料整理分析过程、资料目录等做简单说明，结论和建议可适当多一些。专题性报告是根据特定调查写的报告，其要求内容详细明确，中心突出，对调查任务中所提出的问题做出回答。研究性报告是用事实说明问题，材料力求具体典型、翔实可靠，理论过程严密完整。说明性报告是用调查的事实来说明在调查过程中所形成的观点，主要特点是较为详尽地陈述事实。一般情况下，我们撰写的是一般性报告和说明性报告。

市场调查报告还必须明确阅读者。报告的阅读者不同，他们的要求和所关心的问题的侧重点也不同。例如，市场调查报告的阅读者是公司的总经理，那么他主要关心的是调查的结论和建议部分，而不是大量的数字分析等。但如果阅读者是市场研究人员，则他所关注的是这些结论是怎么得来的，是否科学、合理，尤其是调查所采用的方式、方法，数据的来源等。因此在撰写报告前，相关人员要根据具体的阅读者决定报告的风格和内容。

9.1.4　构思报告

撰写市场调查报告前必须有一个构思的过程，也就是根据所收集的资料，初步认识调查对象，经过判断处理，提炼报告主题。在此基础上，确立观点，列出论点和论据，考虑报告的结构和内容，拟定提纲。

1．根据所收集的资料，初步认识调查对象

这是指根据调查所获得的客观数据及其他的相关资料，初步认识调查对象。在此基础上，对调查对象多角度、多层次地深入研究，从而把握调查对象的一般规律。

2．提炼报告主题

这是指在认识调查对象的前提下确立主题，即报告的主基调。主题的提炼是构思阶段异常重要的一环，其准确与否直接关系到最终报告的质量。因此，提炼的主题应力求准确、深刻和富有创造性。

3．确立观点，列出论点和论据

这是指在主题确立后，对收集到的大量资料，经过分析研究，逐渐消化、吸收，形成概念，再通过判断、推理，把感性认识上升到理性认识，然后列出论点、论据，得出结论。

4．考虑报告的结构与内容

在以上环节完成之后，报告框架就成形了。在此基础上，相关人员考虑报告正文的大致结构与内容。一般来说，应考虑的基本内容包括调查项目所要解决的问题，调查采用的方法与技术，调查所获得的主要数据及这些数据说明的问题，解决问题的建议及理由。通常而言，报告一般分为3个层次，即基本情况介绍、综合分析、结论与建议。

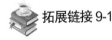 **拓展链接 9-1**

市场调查报告的特点

针对性和目的性。市场调查报告的针对性是指报告选题的针对性，而目的性是指报告阅读者具有的明确的目的性。一方面，调查者紧扣调查目的，要针对实际问题开展调查活动，只有针对性强的选题，才能做到目的明确、有的放矢，让人对调查目的一目了然。另一方面，不同的报告使用者关心的方面不同，也会使市场调查报告的内容有所区别。例如，报告的阅读者是企业的高级管理者,那么,他关心的是调查的结论和建议部分,因为这将为他的下一步决策提供重要的参考,而不是大量资料的统计、整理、分析过程;如果报告的阅读者是产品经理、营销经理,他们可能会仔细阅读报告的主体部分;如果报告的阅读者是研究市场的专业人员,可能出于谨慎的考虑,他们需要验证这些结论的科学性、合理性,所以,他们更关注调查方式、方法及数据的来源等方面。

求实性和科学性。一方面,市场调查报告以调查事实为依据,用大量的数据和事实材料说明具体问题,如实反映客观事物及其之间的内在联系,具有求实性的特点;另一方面,市场调查报告不单报告市场的客观情况,还要对实时情况做分析研究,寻找市场发展变化的规律。市场调查报告作为企业决策的重要依据,要求报告的编写者除了掌握科学收集、整理资料的方法外,还应该会利用科学的分析方法,得出科学的结论。

创新性和时效性。市场调查报告反映的是市场现象中的主要矛盾和市场活动中的新问题,这就要求调查者要善于观察新事物,用全新的视角去发现问题、看待问题,用有效的方法来解决问题。这里的创新,强调的是提出一些新的建议,即以前所没有的创意而不是老生常谈。

同时,市场问题的解决在很大程度上取决于企业经营者及时掌握市场变化的信息,采取有效的应变对策。要使企业经营者做到这一点,调查者必须及时且迅速地将调查中获得的有价值的信息提供给企业经营者。所以,市场调查报告的时效性很强。

课堂活动 28

制作调查报告撰写
思维导图

职业技能训练

训练主题: 撰写市场调查报告的准备。

训练要求: 要求学生熟练掌握准备市场调查报告所需的工作项目,并能根据每个项目要求学习各工作步骤的实施重点与技巧。

训练内容: 选择一名学生完成的一个调查任务,深入分析,广泛收集材料,构思市场调查报告的框架。

主要准备:

(1)知识准备,掌握撰写市场调查报告所涉及的相关知识。

(2)组织准备,教师提前布置训练任务,并进行分组,推选或指定组长,组长负责本小组的训练安排。

操作步骤:

第一步:梳理市场调查报告的基本知识。

第二步:选择一个自己完成得较好的调查项目。

第三步:落实该项目的写作材料,构思调查报告。

第四步:分工收集材料,要确保写作材料的全面性。

第五步:撰写《××市场调查报告》提纲。

成果形式:《××市场调查报告》提纲。

任务9.2 撰写市场调查报告

 任务描述

本任务要求学生能够根据撰写市场调查报告的要求及相关内容,掌握撰写市场调查报告的方法,并熟练运用撰写市场调查报告的技巧,遵循科学合理的程序,撰写出高质量的市场调查报告。

任务导入

成都某公司商品住宅投资调查分析

2020 年初夏，成都一家合资公司准备在下半年投资商品住宅建设项目，而且希望在 2021 年上半年基本售完，收回投资，并取得一定的投资利润。该公司委托某市场调查公司进行消费者（含居民个人、企业）调查。该市场调查公司在调查中发现，居民个人的购房意向强烈，但多数人希望分期（五年、九年、十五年）付款；不少大、中型企业为了解决职工住房困难问题或为了扩大生产规模动迁居民，都有购房计划；一些房地产公司也准备成批购房。据此，得出投资商品住宅可行，一年内收回投资并能取得一定的投资利润的结论。为了对委托方负责，该市场调查公司又进行补充调查。在补充调查中发现，许多要购房的企业，其资金并没有落实，而且生产上还要靠贷款；那些要批量购房的房地产公司，想靠贷款来炒卖商品住宅。同时，该市场调查公司又全面、深入地研究宏观材料，了解到许多有识之士提出要压缩基本建设规模，压缩贷款总量，调查贷款方向等。结合宏观材料，该市场调查公司提出了相应的结论和建议。委托方首次阅读调查报告后认为，该报告的结论与建议同实际情况不大相符。但一个多月后商品住宅市场的变化趋势，证明了该调查结论和建议的正确性。委托方避免了因头脑发热而可能出现的失误。

分析结论如下。

被委托的市场调查公司之所以能使委托方避免失误，是因为收集的资料全面，结论准确。

（1）消费者微观资料调查。

市场调查公司除收集到居民个人和企业有购房计划外，还进行了补充调查，发现有购房需求的企业要靠贷款。

（2）深入收集宏观资料。

市场调查公司通过宏观资料的收集，得出政策方向是压缩基本建设规模、压缩贷款总量、调查贷款方向等。

因此，要编写一份结论和建议都正确的调查报告，必须全面收集宏观、微观资料，才能为委托方提供正确的决策参考。

任务实施流程

在撰写市场调查报告时，首先要明确报告的内容，再弄清楚撰写程序，把报告的撰写技巧运用于报告的撰写中。本任务主要从以下几个方面展开学习，如图9-2 所示。

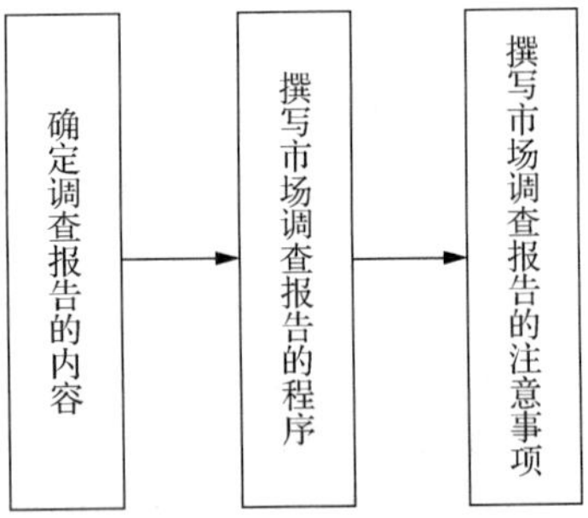

📖 基本知识与技能

如果市场调查报告写得不好，好的调查材料也会黯然失色。所以为了使调查取得成功，相关人员一定要掌握市场调查报告的内容及撰写市场调查报告的程序和注意事项。

图9-2　任务9.2实施流程

9.2.1　确定市场调查报告的内容

市场调查报告的内容没有统一的规范，不同的人对此有不同的设计。以下部分是市场调查报告不可缺少的组成部分。无论如何撰写，市场调查报告都应当包括这些部分。

1. 介绍部分

介绍部分主要向读者说明市场调查报告的主要内容，对于不需要深入研究市场调查报告的人员来说，看介绍部分即可了解调查的概况。同时介绍部分也提供了深入阅读全文的检索方法和主要提示。市场调查报告的介绍部分应包括五个项目：封面、目录、摘要、调查概况和主要结论。

2. 正文

正文是市场调查报告的核心部分，一般由开头、主体和结束语三部分组成。

3. 附件

附件是指市场调查报告正文无法包含或没有提及，但与正文有关且必须附加说明的部分。它是对正文报告的补充或更详尽的说明。

9.2.2　撰写市场调查报告的程序

1. 设计封面

封面包括报告的题目、报告的使用者、报告的编写者及提交报告的日期等内容。一种习惯做法是，报告题目的下方注明报告人或调查单位、通信地址、电话号码、电子邮箱地址、报告提交日期、报告主送单位，如图9-3所示。

图9-3　市场调查报告封面示例

2. 设计标题

好的标题有画龙点睛之效。好的标题必须准确揭示报告的主题思想，做到题文相符，让报告的使用者通过题目就能知道报告想要表达的内容。标题要简单明了，高度概括调查内容，具有很强的吸引力。

报告标题应与调查内容相关，不必生造一些标新立异的标题。例如，一项关于中学生计算机使用情况的调查，标题就可以叫作"××市中学生家庭的计算机使用情况调查报告"。如果报告分为若干部分，则每一部分可以单独设一个小标题。例如，"报告一：家庭计算机拥有情况""报告二：日常接触计算机的情况"。一般标题采用下列三种写法。

（1）直叙式标题：用调查对象和调查的主题作标题。

【例9-3】　直叙式标题如"TCL液晶电视市场占有率调查""中国联通市场竞争态势调查"等。这类标题简明扼要，比较直观，但略显呆板。

（2）表明观点式标题：直接阐明作者观点、看法或对事物做出判断、评价。

【例9-4】　表明观点式标题如"高档羊绒大衣在北京市场畅销""必须提升销售人员素质——A公司销售人员情况调查"等。

这种标题既表明了报告编写者的态度，揭示了主题，又有一定吸引力，但这种标题通常要加副标题才能将调查对象和内容表达清楚。

（3）提问式标题：报告的标题是一个设问句或反问句，而报告的内容就是关于这个问题的回答。

【例9-5】　提问式标题如"消费者愿意到网上购物吗？""为什么A公司在广东市场的分销渠道不畅通？""B公司的促销活动为什么没有达到预期的效果？"

这类标题比较尖锐，具有较大吸引力，一般用于揭露问题的调查报告。

3. 撰写提交信

如果调查项目是由客户委托的，则报告的目录前面往往附有提交信，即一封致客户的提交信。一般来说，提交信中可大概阐述调查人员承担并实施的调查项目的过程和体会，虽然不提及调查结果，但可确认委托方未来需要采取的行动。

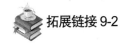 拓展链接9-2

提交信示例

尊敬的王主任：

　　您好！

　　按照您在 2021 年 4 月 1 日授权信中的要求，我们已完成了对 2021 年 4 月××产品市场销售情况的调查分析工作，现提交标题为《××公司××产品目标市场销售情况调查》的报告。调查人员对目标市场 1 000 位符合条件要求，且对产品感兴趣的消费者开展了现场访问和问卷调查，并在报告中进行了详细的描述。本次调查遵循了市场调查活动的有关规定，符合贵公司的要求条件，其结果是可靠且有效的。

　　希望您对本次调查的结论和建议能感到满意，并希望该结果能对贵公司有所帮助。如您有什么问题，请立即与我联系。

　　此致

敬礼！

××调查公司　李经理

2022 年 5 月

4. 制作目录

　　目录是整个报告的检索部分，便于读者了解报告结构，有利于读者阅读某一部分内容。如果可能，目录应当非常详细。国外市场调查报告的惯例是为文字、表格和图形分别编写目录，这样如果读者不需要阅读某些文字，而只需要检索某一张表格，就可以很轻松地找到。这种方法在国内的市场调查报告中也可以应用。市场调查报告目录示例如图9-4所示。

图9-4　市场调查报告目录示例

5. 撰写摘要

　　摘要是为没有大量时间阅读整个报告的使用者（特别是高层管理人员）或者由于读者不具备太多的专业知识，只想尽快得到报告的主要结论而准备的。

　　报告摘要具体包括四个方面的内容。

　（1）调查目的；

　（2）调查对象和调查内容。调查内容包括调查时间、地点、范围、要点及所要解答的问题；

　（3）调查研究的方法；

　（4）调查结论与建议。

一般来讲，对调查报告的摘要书写有以下一些要求：从内容来讲，要做到清楚、简洁和高度概括，其目的是让读者通过阅读摘要，不但能了解本调查项目的全貌，同时对调查结论也有一个概括性的了解；从语言文字来讲，应该通俗、精练，尽量避免使用生僻字或专业术语。因此，摘要一般在撰写完报告正文后写。

6. 编写引言

（1）引言的写作形式。

引言即调查报告的开头。好的开头，能吸引读者。引言的形式有以下几种。

① 开门见山，揭示主题。报告开头交代调查的目的或动机，揭示主题。

【例9-6】 2020年3月，我们对2019级电子商务专业的学生进行有关心理障碍的调查研究，目的是有针对性地对学生进行健康教育，矫正不良心理，使学生健康成长。

② 结论先行，逐步论证。先将调查结论写出来，然后再逐步论证。这种开头形式，观点明确，使人一目了然。

【例9-7】 2021年3月，我们对某校高一年级400名学生心理状况进行调查，调查结果表明，不少学生存在各种心理方面的障碍，大致可以分为以下几类……

③ 交代情况，逐层分析。报告开头可先介绍背景，然后逐层分析，得出结论；也可先交代调查时间、地点、对象、范围等情况，然后分析。这样可使读者有一个感性认识，然后再深入分析研究。

【例9-8】 《放眼未来之路——911名专家眼里的中国教育通信网络》的开头："×××总局与北京×××有限公司于2021年4月、5月在北京、上海、广州进行一次大规模的抽样调查，力图考查我国通信网络的现状，并展望未来之路。这次调查，除了涉及特定专业问题外，还围绕网络化的大趋势设计了许多问题，包括用户目前的网络使用情况、意见、需求等，调查对象是各种单位中通信网络或计算机方面的技术人员……"

④ 提出问题，引出正题。用这种方式提出人们所关注的问题，引导读者进入正题。

（2）引言写作应把握的原则。

引言的写作方式很多，相关人员可根据情况适当选择。但不管怎样，引言应围绕这样几个问题展开：为什么进行调查，怎样进行调查，调查的结论如何。引言的作用是向读者提供市场调查的背景资料及其相关的信息，使读者能够大致了解进行该项市场调查的原因和需要解决的问题，及其必要性和重要性。

7. 撰写正文

正文是报告的核心部分，一般由开头、主体、结束语三部分组成。正文包括整个市场调查的详细内容，包含调查方法、调查程序、调查结果。描述调查方法时要尽量讲清楚使用何种方法，并给出使用此种方法的原因。

在正文中相当一部分内容应是数字、表格，以及对这些内容的解释、分析，要用准确、恰当的语句对分析做出描述，结构要严谨，推理要有一定的逻辑性。

正文部分一般要说明调查者在调查中的不足之处，不能含糊其词，必要情况下，还需将不足之处对调查报告的准确性有多大程度的影响说清楚，提高整个市场调查活动的可信度。

调查报告正文的行文应当严谨、规范，不必追求华丽的辞藻，如果某些词可能引起读者的误解，则应当尽量避免出现，采用更接近人们日常习惯的用语。

（1）开头。

开头部分一般包含与本次调查有关的概念及重要指标的定义（更多细节可列在附录中，对调查数据资料及背景资料和调查使用的方法进行说明）。

（2）主体（论述部分）。

① 论述部分的重点。论述部分是报告的核心部分，其决定着整个报告的质量和作用。论述部分的重点有：通过调查了解到的事实；调查对象的发生、发展和变化过程；调查的结果及存在的问题；

具体的意见和建议。

② 论述部分的写法。由于论述一般涉及的内容很多，文字较长，有时也可以用概括性或提示性的小标题，突出报告的中心思想。

③ 论述部分的主要内容。论述部分大致可分为基本情况和分析两部分内容。基本情况要真实地反映客观事实，对调查资料和背景资料做客观的介绍说明；或者提出问题，其目的是分析问题。分析部分是调查报告的主要部分，对资料进行质和量的分析，说明问题和解决问题。分析一般有三类情况：成因分析、利弊分析、发展规律或趋势分析。

（3）结束语。

结束语一般就是调查的结果，要求简短、切中要害。读者既可以从中大致了解调查的结果，还可从后面的文本中获取更多的信息。

8. 撰写结论与建议

结论与建议是读者最为关注的部分。调查者应根据调查结果得出结论，并结合企业或客户情况提出其所具有的优势与面临的困难，提出解决方法。结论和建议的几种表现形式如下。

（1）概括全文。综合说明调查报告的主要观点，深化报告的主题。

（2）形成结论。在对真实资料进行深入细致的科学分析的基础上，得出报告结论。

（3）提出看法和建议。通过分析，形成对事物的看法，在此基础上，提出建议或可行性方案。

结论和建议的语言要求：简明扼要，使读者明确主题，加深认识，可以参考正文中的信息对建议进行判断、评价。

结论与建议和正文部分的论述要紧密相关，不可以提出无支撑的结论，也不要提没有结论性意见的建议。同时结论与建议要具有可行性和可操作性，且有应用价值。

 拓展链接9-3

关于某慈善组织调查报告的结论与建议举例

结论：

（1）消极印象并不是影响捐赠的主要因素；有积极印象，不一定会采取捐赠行动。

（2）非捐赠者缺少关于组织的足够信息。

（3）非捐赠者对该组织及其下属组织缺乏了解。

（4）被调查者认为该组织在管理上花费过多捐赠资金。

（5）该组织在竞争有限的捐赠资金。

建议：

（1）做进一步的调查，以确定非捐赠者对该组织及其服务宗旨的了解程度。

（2）向潜在捐赠者提供有关该组织的宗旨、合理的管理成本等方面的信息。

（3）增加在工作场所开展宣传活动的次数，运用各种途径增进公众对捐赠方法的了解。

（4）该组织应制定适度竞争的营销策略来应对竞争对手。

9. 撰写补充说明

补充说明是对所使用的市场调查方法及其局限性做的详细的介绍。一方面，在撰写市场调查报告的过程中，为使正文内容紧凑，往往将涉及的调查的具体方法，以及使用这些方法时的处理手段列在一起，形成对正文内容的补充说明；另一方面，由于时间、预算、组织等因素的制约，加上调查样本规模和选择等方面的约束，所有调查项目都有其局限性。因此，在这一部分要谨慎说明项目的局限性，以避免报告使用者过分依赖报告或质疑报告。

10. 组织附件

附件是与调查过程有关的各种资料的总和，这些内容不便在正文中列出，但在阅读正文时或者检验调查结果的有效性时，需要参考这些资料。附件主要内容如下。

（1）项目策划书。

（2）抽样方案，包括样本点的分布和样本量的分配情况等。

（3）调查问卷。

（4）主要质量控制数据。例如，调查中的拒访率、无回答率等，一些有经验的市场调查人员可以根据这些内容判断结果的有效性。

除以上内容外，如果在调查中使用了二手资料，在允许的情况下也应当向客户提供，作为参照。对于具有保密价值的资料，调查公司应当提供多少，可以由双方在合同中予以确认，必要时客户应当为获得这些资料付费并且做出保密的承诺。

9.2.3 撰写市场调查报告的注意事项

即使已经知道撰写市场调查报告的知识与要求，但在实践过程中，还要特别注意以下问题。

1. 正确处理好篇幅与质量的关系

篇幅长并不代表质量好，只有能够让报告使用者满意的报告才是高质量的报告。因此，市场调查报告的价值不是用报告的篇幅来衡量的，而是以简洁的分析和有效的计算来衡量的。

2. 避免解释不充分或不准确

图表和数据无疑是市场调查报告的重要组成部分，撰写者必须对这些图表和数据做充分的解释和分析，如果只将图表和数据展示出来而不解释，必然会引起报告使用者对这些图表和数据的怀疑，进而影响报告本身的可信度。

3. 删除不必要的资料

根据调查目的删除不必要的资料是撰写市场调查报告的重要环节，如果撰写者在报告中采用了大量与目的无关的资料，就很可能造成篇幅冗长。

4. 慎重提出建议

报告的撰写者不是决策者，不可以代替决策者进行决策。如果提出建议，一定要慎重，不能只提出一种建议，应同时分析不同的建议的风险，由决策层定夺。切忌提出不可行的建议。

5. 避免过度使用定量分析

使用定量分析可以提高市场调查报告的质量，但必须适可而止。过度使用定量分析会削弱报告的可读性，容易造成报告使用者阅读疲劳和引发对报告合理化的怀疑。

6. 合理利用版面设计

版面设计涉及字体样式、字体大小、字间距、行间距以及插图和主题颜色等。如果整篇报告的字体、字号完全一样，没有层次，那么这份报告就会显得呆板。随着文字处理的计算机化，合理的版面设计，可以使调查报告重点突出、层次分明、严谨而有说服力。

7. 仔细检查，注重细节

一份报告如果错字、漏字连续出现，报告使用者很难对该报告有好印象。因此，对要打印的报告要反复仔细检查，尽可能避免差错，特别是对于企业名称、专业术语等，更应仔细检查。

另外，如印刷纸张的好坏、打印的质量等也会对报告产生影响，所以也不能掉以轻心。一般情况下，尽量选择质量好的纸张，用激光打印机打印。

课堂活动 29

解析某市场调查报告

 职业技能训练

训练主题： 市场调查报告的撰写。

训练要求： 要求学生了解市场调查报告撰写的步骤和方法，掌握市场调查报告的内容。

训练内容：选择一名学生完成的一个调查任务，深入分析撰写技巧，遵照市场调查报告的撰写程序，撰写市场调查报告。

主要准备：

（1）知识准备，掌握撰写市场调查报告的内容、程序的相关知识。

（2）组织准备，教师提前布置训练任务，并进行分组，推选或指定组长，组长负责本小组的训练安排。

操作步骤：

第一步：梳理市场调查报告的基本知识。

第二步：选择一个自己完成得较好的调查项目。

第三步：讨论分析此市场调查报告的主题。

第四步：确定市场调查报告的结构与内容。

第五步：撰写《××市场调查报告》。

成果形式：《××市场调查报告》。

任务 9.3 完善并交付市场调查报告

 **任务描述**

本任务要求学生能够对撰写完成的市场调查报告初稿的内容、结构、用词等进行多次审核和修改，最终定稿并提交。

任务导入

专注修改

市场调查报告初稿写好后，要认真地进行修改。

报告可从以下方面进行修改。

1. 观点要明晰，材料要恰当。用观点来统率材料，使材料为观点服务，运用材料要能说明问题，做到材料与观点统一。

2. 语句要精练，交代清楚。如果含糊其词、词不达意、似是而非，就要进行语言修改。

3. 主题修改。修改主题，使其符合调查目标。

4. 观点修改。修改报告观点，确认表达无问题。

5. 材料修改。材料是报告的基础，有了精确的观点，还要有适当的材料。

6. 结构修改。修改报告的结构，包括总体结构的校正。

撰写调查报告不是一蹴而就的事情，需要反复打磨修改，力求主题突出、结构清晰、内容精练、表达准确。

任务实施流程

在修改市场调查报告时，首先弄清楚调查报告的主题，明确调查报告的修改标准。本任务主要从以下方面展开学习，如图9-5所示。

 基本知识与技能

精心地准备和认真地编写后，市场调查报告的初稿已经完成，接着应按照修改标准对报告内容、用词等方面进行审验修改，最终定稿。

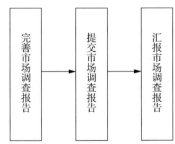

图9-5 任务9.3实施流程

9.3.1　完善市场调查报告

在初稿完成后，调查小组人员可以针对初稿的内容、结构、用词等方面进行多次审核和修改，确认报告观点明确、逻辑合理。在定稿前也可以召开会议，在会上将整个报告或报告的若干部分拿出来与有关方面进行沟通，从而得到有用的信息，提高报告的质量。在完善报告时，尤其注意审核以下内容。

（1）报告的标题是否简洁明了、富有吸引力并且能揭示调查主题。

（2）报告主体各部分内容与主题的相关性如何，有无修改和增减的必要性。

（3）是否处理好了篇幅和质量的关系。

（4）资料的取舍是否合理；报告中是否采用了大量与目标无关的资料，而使报告内容不是很紧凑。

（5）是否对图表资料做了充分的解释和分析。

（6）所推断的结论是否科学，论据是否确凿，审核所提建议是否可行。所提建议不可行，是指在报告中提出的建议对报告使用者来说是根本行不通的。

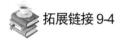

拓展链接 9-4

调查结论对企业营销目标的影响

经调查和分析，企业只需要对一个目标市场增加 15 万元的促销费就可达到企业的营销目标，这个结论作为一项建议被提出，即"企业每一个目标市场增加 15 万元的促销费"；但结果是不可行的，因为它超出了企业的财务承受能力。在遇到这类情况时，如果报告撰写者对企业有比较深入的了解，就会将这个结论与其他方面综合起来考虑，因为要达到企业的营销目标并不完全取决于"企业每一个目标市场增加 15 万元的促销费"，应提出一个既在企业财务承受范围之内又能达到企业营销目标的可行建议。

（7）是否过度使用定量分析。当报告使用者是一位非技术型营销经理时，他有可能会拒绝一篇不易理解的报告。

（8）重点是否突出，报告的顺序安排是否得当。每个问题在全篇报告中占有的篇幅和位置，须与问题本身的重要程度相一致。报告可以采用以下结构：横式结构，即按照调查对象发生、发展的先后顺序或调查对象的演变过程安排材料；纵式结构，即按照材料的性质和逻辑关系归类，从不同的侧面、不同的角度，将材料组成几个问题或几个方面，还可以加上小标题，逐一报告各方面的情况。

（9）语言表述是否严谨、简明和通俗易懂。语言严谨体现为选词造句要精确，分寸感强。在报告中不能使用如"可能""也许""大概"等含糊的词语，而且还要注意在使用表示强度的副词或形容词时，要把握词语的差异程度。例如，注意"有所反应"与"有反应"，"较大反响"与"反响强烈"，"显著变化"与"很大变化"之间的差别。语言简明体现在叙述事实时，即力争以较少的文字清楚地表达较多的内容，要删除一些不必要的词句。能用一句话说明的，不用两句话；能用一个字说明的，不用两个字。语言通俗易懂体现为报告的行文自然流畅，尽量选用常见的词句，避免使用晦涩难懂的和过于专业的术语。

9.3.2　提交市场调查报告

征得各方同意并进行修改后就可以定稿并提交市场调查报告。调查人员将定稿后的报告打印为正式报告，而且要对报告中所使用的字体、字号、颜色、字间距等进行细心的选择和设计。报告的编排要求大方、美观、有助于阅读。另外，应该使用质地较好的纸张打印、装订，封面应该选择专门的封面用纸，封面上的字体大小、空白位置应精心设计。因为，不佳的外观或一些小的失误和遗漏都会严重影响读者的兴趣，甚至降低其信任感。

9.3.3　汇报市场调查报告

市场调查报告是市场调查结果的集中表现，主要通过文字、图表等形式将调查结果、研究结论、行动建议等表现出来。在提交书面报告的同时，大多数委托方还要求采用口头形式对研究结果进行汇报。对某些决策者来说，他们对阅读文字报告兴趣不大，希望通过汇报来了解调查结果。

1. 汇报市场调查报告的目的

（1）聚集有关人士，听取各种不同意见，从中获得一些意外的发现，为完善书面报告提供线索。

（2）针对客户事先提出的问题进行现场说明和即时回答，实现与客户的沟通。

（3）讲解书面报告，帮助客户理解书面报告并接纳书面报告。

（4）介绍一些书面报告之外的专业知识或未言明的内容。

2. 汇报市场调查报告的特点

（1）用较短的时间说明所需研究的问题。

（2）较为生动，具有感染力，容易给客户留下深刻的印象。

（3）能够与客户进行面对面的交流，便于客户理解报告。

（4）具有一定的灵活性，一般可根据具体情况对报告内容、实践做出必要的调整。

3. 汇报市场调查报告的技巧

汇报市场调查报告的技巧具体可以归纳为以下几点。

（1）准备详细的演讲提纲。

采用口头汇报方式并不意味着可以随心所欲。报告者需要有一份精心准备的提纲。其内容和风格要与听众相吻合，这就要求报告者首先要了解听众的情况，包括他们的专业技术水平如何，他们理解该项目的困难是什么，他们的兴趣是什么，等等。

（2）采用通俗易懂的语言。

语言应通俗易懂，要有趣味性和说服力。运用声音、眼神和手势等变化来加深听众的印象。

（3）借助图表。

在运用图表时应注意使制作的图表显得十分重要和有权威性，同时要保证图表清晰易懂，可以用颜色不同的图表来更好地与听众进行沟通；与此同时，图表要借助黑板、幻灯片、录像或计算机等可视物加以呈现。

（4）充满自信。

少用道歉的用语；演讲时尽量面对听众，不要低头或者背对听众；与听众保持目光接触。

（5）把握回答问题的时机。

在报告时最好不要回答问题，以免出现讲话被打断、时间不够用等现象。报告结束后，对需要的问题进行回答，以更清楚地表达思想。

课堂活动 30

修改某市场调查
报告初稿

（6）在规定的时间内结束报告。

根据规定的时间准备汇报材料，以满足报告对象需求为目标，做到重点突出。汇报前需要反复练习，力求在规定的时间内结束汇报。

职业技能训练

训练主题： 市场调查报告的提交与汇报。

训练要求： 要求学生了解市场调查报告提交的要求，掌握汇报市场调查报告的技巧。

训练内容： 制作 PPT 汇报所选项目的市场调查报告。

主要准备：

（1）知识准备，掌握市场调查报告的汇报技巧。

（2）组织准备，教师提前布置训练任务，并进行分组，推选或指定组长，组长负责本小组的训练安排。

操作步骤:

第一步: 梳理市场调查报告的汇报点。

第二步: 制作汇报 PPT。

第三步: 讨论委托方可能对报告提出的问题。

第四步: 反复修改汇报稿。

第五步: 汇报《××市场调查报告》。

成果形式:《××市场调查报告》汇报 PPT。

职业道德与营销伦理

每件事都有因果

多年前, 小华在营销策划公司工作。一天, 他的一位朋友找到他, 说自己的公司想做一个小规模的调查。朋友希望小华出面, 把业务接下, 然后朋友自己去运作, 最后的调查报告由小华审查, 他会给小华一笔费用。市场调查报告出来后, 小华很明显地看出其中的不足, 但他做了些文字加工和改动后, 就把它交了上去。几年后, 小华与别人组成一个项目小组, 一起为北京新开业的一家大型商场制订整体营销方案。不料, 对方的业务主管明确提出, 对小华的印象不好, 要求换人。原来, 该主管正是当年那个市场调查项目的委托人。

问题: 该情境对你有何启示?

分析提示: 从小事中, 能看出一个人的本质。一个对自己经手的事情敷衍塞责的人, 日后会为自己的行为付出代价。反之, 一个人凡事竭尽全力, 那他必将为自己赢得越来越多的机遇。

重点实务与操作

□**重点实务**

1. 市场调查报告的写作材料

2. 市场调查报告的构思

3. 市场调查报告的内容

4. 市场调查报告的撰写程序

□**重点操作**

1. 市场调查报告的撰写

2. 市场调查报告的修改

课堂训练

▲**单项业务**

业务 1: 市场调查报告撰写训练

手机是当前大学校园里常见的消费品, 请就大学生手机消费状况这一主题展开调查, 并根据报告撰写的程序和技巧, 撰写一份市场调查报告。

业务 2: 市场调查报告修改训练

将学生分成几个小组, 分别对"大学生手机消费状况"调查报告的初稿进行讨论, 找出报告的不足之处, 参考修改标准, 修改报告并定稿。

▲**综合业务**

中国广电总局、华经产业研究院整理的数据显示, 中国智能电视用户近几年一直呈现上涨态势, 2016 年中国智能电视用户规模为 1.34 亿人, 2021 年, 中国智能电视用户迎来了爆发式的增长, 为 10.83 亿人, 同比 2020 年增长 231%。随着当下科技的快速发展, 智能电视已然成了重要的家用电器。2021 年中国智能电视激活用户规模为 5.53 亿户, 同比 2020 年增长 117%, 增速十分迅速。2016 年中国智能电视保有量为 1.2 亿台, 2020 年中国智能电视保有量为 3 亿台, 同比 2020 年增长 11.11%,

近几年，中国智能电视保有量一直在增长，说明我国智能电视市场发展良好，市场规模正在扩大，行业处于成熟期。

智能电视代表着电视发展的新方向，请调查你所在地区智能电视的发展态势，并撰写相应的市场调查报告。

▲案例分析

在校大学生就业意向调查报告

一、调查目的

大学生的就业问题在高校不断扩招、就业制度改革、毕业生逐年增加的背景下，已成为一个越来越重要的问题。了解当代大学生的就业倾向，有利于了解大学生的择业心态，同时，也可以了解大学生的择业观的形成原因，真正了解学生所需，及早纠正学生不正确的择业观。本调查的目的是真实地掌握大学生就业现状，了解未来几年大学生的就业趋势；真实地掌握企业招聘大学生现状，了解企业用人标准，以尝试在毕业生和企业之间建立一次沟通对话的机会，从而能为大学毕业生、为高校、为企业提供有价值的信息，促进学生就业。

二、调查实施

（1）调查的对象与范围。本次调查覆盖了××大学经济学院、财政金融学院、国际经济与贸易学院等三个学院大三年级与大四年级的学生。按照各个学院总人数的比例，随意抽取同比例的学生进行调查。

（2）调查方法。本次调查主要采用问卷调查的方法，涉及设计问卷、发放问卷、回收问卷、统计并整理调查数据、分析归纳调查结果、撰写调查报告等步骤。

（3）调查内容与问卷设计。本次调查内容主要从"毕业后的选择""就业准备""就业心态""就业去向""就业因素""就业薪酬期望值"等6个方面展开，设计了20个选择题。

（4）调查问卷的发放与回收。本次调查问卷发放与回收工作从2021年4月19日至2021年4月22日进行。从最后调查问卷的回收情况来看，回收率达到85%以上，没有无效问卷，故本次调查结果真实可信，调查分析以调查结果为基础。

三、调查统计与分析

（1）毕业后的选择。根据本次调查，有17%的大学生在毕业后选择直接就业，58%的大学生选择参加研究生考试，部分大学生选择考公务员，还有较少数的大学生选择出国深造、自主创业。由此可见，有超过一半的大学生在毕业后会继续学业。所以，对于选择直接就业的大学生来说，其竞争对手会减少；对于各个就业单位来说，可供选择的应届大学生相对较少。

（2）就业准备。从本次调查来看，有90%的大学生在大四之前就已经开始关注就业了，其中从大一开始关注的占26%，从大二开始关注的占28%，从大三开始关注的占36%。可见，在就业准备上，大部分学生具有主动意识。大学生的就业渠道主要有：人才招聘市场、校园招聘会、网上投简历、亲朋好友的介绍。其中，人才招聘市场与校园招聘会是大学生获取就业机会的主要渠道。在调查中，有的学生提出应增强校园招聘会的针对性，只有专业对口率较高的招聘会才能提高就业的成功率。

（3）就业心态。在对当前大学生就业形势的认识上，有52%的大学生对自己的就业前景感到有信心，33%的大学生对就业前景感到迷茫，另外还有8%的大学生对就业前景感到心灰意冷，7%的大学生还没有考虑过这个问题。这说明虽然当前就业形势严峻，但是过半的大学生还是有信心的，然而那些对未来感到迷茫、失去信心的大学生也是不能忽视的。在专业是否与工作对口的问题上，66%的大学生愿意选择一份与专业有关联但不一定对口的工作，有13%的大学生一定要找与专业对口的工作，另外还有14%的大学生会根据自己的喜好选择工作，有7%的大学生愿意选择与专业无关的工作。其中，选择专业与工作性质有关的比例最高，说明在大学生群体中存在着"学以致用"的工作认识。

（4）就业去向。关于就业单位的意向，国家机关、事业单位、国有企业、民营或私人企业、中外合资企业等均有超过 17% 的大学生愿意选择。在就业区域的选择上，只有不到 15% 的大学生愿意选择上海、广州等城市，有 21% 的大学生选择在北京就业，有将近 30% 的大学生选择在上大学的地方就业，还有 34% 的大学生选择在其他大中城市就业。由这组数据可以看出，大部分学生会避开竞争压力过大的经济发达地区，转而选择中等水平的城市，还有部分大学生想利用自己在大学期间建立的人际关系而选择留在大学所在城市工作。

（5）就业因素。在选择工作时大学生主要考虑的两个因素是经济收入与个人发展机会，它们分别占 37% 和 32%。大学生考虑的因素还有工作地点（占 15%）、工作单位性质（占 9%）等。但是考虑专业对口的比重不到 5%。由此可见，个人的收入与利益在很大程度上影响着大学生对工作的选择。另外，大学生在应聘时最看重企业的发展前景（占 40%），有 7% 的大学生看中个人的发展空间，16% 的人看重薪水，13% 的人看重公司重视人才的程度，只有不到 5% 的人看中公司的名气。

（6）就业薪酬期望值。对于将来就业薪酬的期望值，月薪 3 000 元以下的占 4%，3 000～6 000元的占 56%，6 000～9 000 元的占 26%，9 000 元以上的占 14%。大学生主要依据以下三个因素确定薪酬标准：第一，对自身价值的评价（占 45%）；第二，用人单位的实力（占 29%）；第三，人才市场的行情（占 26%）。这个调查结果说明，大学生对薪酬的要求主要集中在 3 000～6 000 元，这与当地经济发展水平和消费水平是比较相符的。

四、总结与建议

此次调查结果显示，××大学经济类专业大学生对当前严峻的就业形势有比较清醒的认识，就业态度务实，但也发现少部分学生存在对就业形势过分悲观、就业态度相对被动、就业准备不足等问题。对此提出以下几点建议。

（1）大学生转变自身观念。其一，从资源稀缺性角度考虑，大学生应树立正确的就业观。随着高校扩招政策的实施，应届毕业生人数众多，所以大学生应该建立正确的、积极的就业观，摆正心态，正视现实，既不急于求成，也不优柔寡断，面对稀缺的就业资源，果断抓住机会。其二，对就业目标的选择，大学生应该根据自身特点制定适合自己的目标，正确深入地认识自己，选择自己认为可以达到最大效用的就业单位。其三，大学生应该到社会最需要的地方去。从短期来说，其自身的效用可能没有达到最大，但是从长期来看，随着社会经济的不断发展，自身潜力不断开发，是可以学以致用，发挥自身特长，实现自身价值的。

（2）完善高校对大学生的培养与指导。第一，高校对大学生的培养应该与时俱进。各个高校都应及时了解市场动向，获取市场信息，根据市场需求对学生进行相应的教育。如果高校脱离社会，不管市场变化而只顾埋头教书，最终会造成供求结构矛盾，毕业生不符合市场需求，最终会使学生就不了业。第二，加强高校的就业指导工作。就业指导不能只停留在为学生提供有限的需求信息、讲解简单求职技巧等方面，而要结合实际对学生进行深入的、针对性强的指导。同时，高校还应增加就业指导的内容。

① 开设大学生就业指导课，讲授就业形势与择业观点、就业政策与择业程序、就业市场求职向导、择业方法与求职技巧。

② 邀请专家、校友等举办大学生就业指导的专题系列讲座。

③ 广泛邀请用人单位，举办校内供需洽谈会和招聘会。洽谈会和招聘会不要求"大而全"，而是要"精益求精"，便于学生参加。举办洽谈会和招聘会，能够有效提高毕业生的就业成功率，促进毕业生充分就业等。通过这种形式的就业指导，及时准确地把最新的就业信息传达给大学生，可使大学生在第一时间掌握就业动向与就业政策。

（3）政府部门应加强在大学生就业方面的职责。首先，政府部门应该通过制定政策法规等来规范大学生就业市场，取消那些不合理社会壁垒，如性别歧视、户籍档案限制。各级政府应该建立健全法律法规，逐步把大学生就业纳入合法化、合理化的轨道。其次，政府应加强宏观调控，促进人才资源的合理配置。在市场经济中，政府是一只看得见的手。政府可以掌握大部分市场信息，了解市场需求，从而通过宏观调控措施，加以行政政策的辅助，实现人才资源的优化组合。最后，政府也应该为大学生提供就业培训。大学生是我国宝贵的人力资源，大学生失业是人力资源的浪费。

问题：

（1）该调查报告有哪些不足之处？

（2）请就该调查报告的不足之处提出修改意见。

分析要求：

（1）学生分析问题，拟出《案例分析提纲》。

（2）小组讨论，形成小组《调查报告不足之处分析与修改意见》。

（3）班级交流，教师对各小组《调查报告不足之处分析与修改意见》进行点评。

▲决策设计

小米手机的发展战略

十几年前，小米横空出世，改变了手机市场的竞争格局；十几年后，小米正式向苹果学习，重塑安卓手机的运营模式。据 Counterpoint 的数据，2021 年 Q2 季度，苹果赚到了全球智能手机市场四分之三的利润。

所以，面对安卓手机声量雷声大、利润雨点小的现状，小米再次起身做行业中的首尝螃蟹者——目前行业内形成的共识是，国内安卓厂商早晚要正面迎战苹果。

事实上，小米连续三年强推高端旗舰，取得的市场成绩也有目共睹。其 2021 年业绩报告数据显示，小米全球高端智能手机出货量超 2 400 万台，同比实现翻倍增长，渗透率从 2020 年的约 7%增长至 2021 年的约 13%。其中小米境外定价在 300 欧元或以上的高端智能手机出货量同比增长超过 160%，出货量占比较 2020 年占比提升近 6 个百分点。另据 Canalys 数据，2021 年小米零售价 350 美元或以上的境外高端智能手机市场，出货量全球排名第三。

2019 年，小米提出了双品牌发展策略：小米品牌全力转战高端，小米手机以前的性价比品牌形象，则由 Redmi 继承。双品牌战略下，仅仅通过三年时间的发展，用户规模和高端市场均有丰厚斩获。

小米手机能获得快速发展机会，与小米长期注重创新研发的战略有很大关系。雷军承诺，小米在未来五年时间内研发投入不低于 1 000 亿元。财报数据显示，2021 年小米研发支出达到了 132 亿元，同比增长 42.3%。

综上可以看到，在多管举措齐下的情况下，小米正在多向发力，在巩固基本盘优势的同时，通过多种方式争夺增量市场。可以预期，随着这些策略和打法继续深化，小米手机的未来潜力不容小觑。

设计要求：

（1）请就小米手机发展趋势和需求状况展开调查；

（2）小组讨论，撰写《小米手机需求调查报告》；

（3）班级交流，教师对各小组《小米手机需求调查报告》进行点评；

（4）在班级展出附有"教师点评"的各小组《小米手机需求调查报告》，供学生比较研究。

|||| 市调大赛指导模块

优秀市场调查
报告赏析